REVELANDO EL APOCALIPSIS

AMIR TSARFATI
CON EL DR. RICK YOHN

ORIGEN

Penguin
Random House
Grupo Editorial

Título original: *Revelando el Apocalipsis*
Primera edición: marzo de 2023

Esta edición es publicada bajo acuerdo con Harvest Publishing House.

REVEALING REVELATION
Copyright © 2022 Amir Tsarfati
Published by Harvest House Publishers
Eugene, Oregon 97408
www.harvetshousepublishers.com

© 2023, Penguin Random House Grupo Editorial USA, LLC
8950 SW 74th Court, Suite 2010
Miami, FL 33156

Traducción: José García Escobar
Diseño de cubierta: Adaptación de Penguin Random House de la portada original
de Faceout Studios/ Molly von Borstel

A menos que se indique lo contrario, todas las citas bíblicas fueron tomadas de
la Biblia Reina Valera 1960 (RVR1960)

Impreso en Colombia / *Printed in Colombia*

ISBN: 978-1-64473-747-7

ORIGEN es una marca registrada de Penguin Random House Grupo Editorial

Le dedico este libro a Dios, cuyo plan perfecto
revelado en la Biblia es lo que me da paz en un mundo lleno de problemas.

Dedico este libro a mi familia, amigos y a mis compañeros del
ministerio. Su amor, oraciones y apoyo
me dieron la fuerza y los recursos
para realizar aquello para lo que Dios me ha llamado.

Dedico este libro a los valientes pastores que están alrededor del mundo
osadamente enseñando el libro del Apocalipsis con la emoción
y entusiasmo que tienen para enseñar los demás libros de la Biblia.

RECONOCIMIENTOS

Antes que nada, quiero darle gracias al Señor por darme su Palabra. Yo albergo un profundo amor por la Biblia y considero un humilde privilegio haber sido llamado por Dios para estudiar y enseñar la verdad bíblica.

Quiero agradecer al doctor Rick Yohn por su sabiduría y entendimiento de la Biblia que han sido invaluables mientras escribía este libro y muchas veces durante los últimos años. Tu amistad es realmente una bendición para mí. Además, gracias, Steve Yohn por tu ayuda para escribir este libro.

Mi amor y aprecio va para mi esposa Miriam, mis cuatro hijos y mi nuera por su amor y motivación durante los largos días de trabajo y mis extensas ausencias.

Le doy gracias a Mike, H.T. y Tara, Gale y Florence, Donalee, Joanne, Nick y Tine, Jason, Abigail, Jeff, Kayo y Seteve y a todo el equipo de Behold Israel, por su amor, apoyo y dedicación. También gracias a las parejas e hijos de todos ustedes, quienes muchas veces sacrifican tiempo con su familia para seguir compartiendo la Palabra de Dios.

Gracia a Bob Hawkins, Steve Miller y el maravilloso equipo de Harvest House, por haber trabajado tan duro para darle vida a este libro.

Finalmente, muchísimas gracias a los cientos de miles de seguidores, compañeros de oración y simpatizantes del ministerio de Behold Israel. Este ministerio no existiría sin ustedes.

ÍNDICE

CUARTA PARTE: EL REINADO DEL REY (APOCALIPSIS 19–20)

PARTE 5: ETERNIDAD (APOCALIPSIS 21–22)

BIENVENIDO
A LA EXCURSIÓN

El libro del Apocalipsis fue escrito para ser leído.

Puede que parezca algo obvio, pero cuando hablamos del último libro de la Biblia, muchas personas olvidan esta verdad. Claro, piensan que debe leerlo alguien especial. Teólogos, tal vez. Pastores o maestros de profecías. Piensan, además, que este es un texto demasiado complicado, extraño o terrorífico. "Mejor que lo lean los profesionales", dicen.

El problema es que ni siquiera muchos de los "profesionales" lo leen. Para algunos es porque apenas y hablaron de este importante libro en algún curso general del Nuevo Testamento, durante su seminario, entonces no tienen ni idea de lo que escribió el apóstol Juan. Otros prefieren evitarlo pues creen, erróneamente, que no podemos aplicar sus enseñanzas en nuestra vida diaria. ¿Es en serio? Básicamente dicen que el libro del Apocalipsis es irrelevante. Si fuera así, ¿por qué forma parte del canon bíblico? Te reto a mostrarme un solo libro de la Biblia cuyas enseñanzas no aplican a nuestra vida diaria. Te reto a buscar tan solo una parte de la Biblia y decir: "¿Sabes?, creo que, con este pasaje, Dios solo estaba escribiendo por cumplir con la cuota de palabras". Evitar el libro del Apocalipsis es algo muy triste, pues muchos creyentes se pierden de todas las bendiciones que Dios promete darles a quienes lo lean.

Escribí este libro porque quiero que todos reciban esas bendiciones. Es cierto que, al inicio, puede ser intimidante leer el Apocalipsis. Sin embargo, una vez que empiezas, te sorprenderás de lo fácil que es entenderlo. De nuevo, Dios escribió este libro para que lo lean no solo por profesionales. Él quiere que tú también lo leas.

Por muchos años trabajé como guía turístico en Israel. Cuando llevaba a algún grupo a la Cesarea de Filipo, Ein Gedi o Getsemaní, mi objetivo era asegurarme de que al terminar nuestra visita, todos supieran lo que era necesario conocer sobre dichos sitios. Ese es mi objetivo mientras nos acercamos al libro del Apocalipsis. Quiero ser tu guía turístico y descubrir juntos todo el conocimiento, las promesas y maravillosas bendiciones que encontramos en esa carta.

Este libro no es un comentario. Es una guía. Mi objetivo es que todos los que lean este libro al final digan: "Está bien, ahora entiendo. Qué maravilloso el plan de Dios". Este libro fue escrito para personas que desean de corazón estudiar la Palabra de Dios. Si quieres profundizar más en el tema, te motivo a que leas la guía de trabajo que escribí con mi buen amigo el doctor Rick Yohn, un hombre que ha enseñado las profecías de la Biblia por décadas y es coautor de este libro.

Ahora, amigos, suban al bus y busquen su asiento. Estamos por salir y los sitios que verán hoy los sorprenderán.

Una larga carta

En esta era tecnológica, ya no tenemos el hábito de enviar cartas. En vez de eso, mandamos correos electrónicos, mensajes de texto o usamos las redes sociales. Las redes sociales me permiten alcanzar a cientos de miles de personas de inmediato y darles noticias de eventos que ocurren en el Medio Oriente. Esto sería imposible si viviéramos en la época cuando las personas no tenían acceso a los medios digitales. En la época del apóstol Juan, él no tenía esas facilidades tecnológicas. Si querías comunicarle algo a alguien, y no podías hacerlo en persona, la única opción era enviarle una carta de puño y letra.

Debemos estar muy agradecidos de que las redes sociales no existían en el siglo primero. ¿Por qué? Porque las publicaciones suelen ser muy cortas, directas y muchas veces carecen de significado. ¿Puedes imaginar a Pablo escribiendo tonterías en las cuentas de Apolo o Pedro, o haciendo memes que insultan a los "súper apóstoles" de 2 Corintios 11-12 en vez de escribir cartas para la iglesia en Corinto? ¿Qué hubiera pasado si en vez de haber escrito las maravillosas visiones que recibió del salón de trono de Dios, Juan hubiera pasado sus días en Patmos publicando fotos de la vida en la playa y del almuerzo que se preparó con los cangrejitos que atrapó en las pozas que forman las mareas?

Las personas que vivían en el Imperio Romano en el siglo primero acostumbraban escribir cartas y veintidós de los veintisiete libros del Nuevo Testamento tomaron forma con ese contenido. Todos los escritos de Pablo son cartas, igual que los escritos de Pedro, Juan (excepto su Evangelio), del autor anónimo de Hebreos, y Santiago y Judas, los hermanos de Jesús. De hecho, todo lo que integra los Evangelios y Hechos pudo haber estado dentro de un sobre con la dirección de alguna iglesia en el destinatario.

Apocalipsis no es diferente. En un momento glorioso, en una isla rocosa, Jesucristo comisionó a Juan para que enviara una carta a siete de sus Iglesias. Cierta parte del contenido lo dictó Jesús mientras Juan escribía frenéticamente; incluso el apóstol fue testigo de algo de lo que escribió. Pero todo era parte de un mensaje directo de Dios a su pueblo.

Entonces, ¿cómo es posible que tantos cristianos y sus pastores le den la espalda a este precioso libro que forma parte de la verdad de Dios? Sin duda, las iglesias que recibieron por primeras vez esta carta no siguieron el mismo camino leyéndolas superficialmente, sacudiendo su cabeza en señal de desaprobación, desechándolas y diciendo: "Sí, ese Juan siempre estuvo un poco fuera de lugar". Al contrario, podemos imaginar a la iglesia de Éfeso reunida para el servicio. Un silencio reverente se apodera de la congregación cuando se rompe el sello y se desenrolla el pergamino. Todos están expectantes, sentados al borde de su asiento. Esas pueden haber sido las primeras palabras que recibieron del pastor que los formó, el hombre que había casado y sepultado a tantos de la congregación, su maestro por años, el apóstol que fue parte del círculo cercano de los discípulos de Jesús, su Salvador.

El pastor, pergamino en mano, recorre con su vista a la congregación. Su mirada es seria, pero es posible ver que una lágrima está a punto de derramarse sobre su mejilla. Él empieza:

La revelación de Jesucristo... (Apocalipsis 1:1).

Solo cuatro palabras que lo dicen todo. ¿Cómo no te dan ganas de leer lo demás? Jesucristo, Dios mismo, está a punto de revelarle algo al mundo. Lo desconocido está a punto de ser conocido. Lo que no estaba claro, está a punto de aclararse. El Señor, en su infinita sabiduría, determinó que necesitaba mostrarle algunas cosas a su Iglesia, y ahí estaban escritas.

Sin embargo, hay muchos creyentes que no se toman el tiempo para leer esta carta.

Y muchos pastores se niegan a hablar sobre ella.

¡Es increíble! ¿Cómo alguien puede pensar que es una sabia decisión?

La iglesia de los efesios se habría sumergido en esa carta para absorberla. Cada palabra habría sido música para sus oídos y miel para su paladar. Incluso las palabras más amargas, la que condenaban a la congregación, porque se hubieran reconocido como parte de "la revelación de Jesucristo". El mensaje de esa carta hubiera sido el tema de conversación durante semanas, meses, incluso años.

Sin leer esta carta, es imposible conocer al Señor como es hoy y como ha sido siempre. Entonces, habría un enorme vacío en tu conocimiento sobre el carácter de Dios, ya que no podrías conocer el futuro que ha planeado para ti, y serías ignorante de sus planes para el resto del mundo. El Señor es el Gran Comunicador y se ha dado a conocer a través de los tiempos por medio de sueños, visiones, señales, maravillas y su Palabra. ¿Cómo podemos degradar cualquier fragmento de su Palabra hasta anularla e invalidarla?

El sexagésimo sexto libro de la Biblia no solo completa todo lo que Dios quería que supiéramos sobre sus planes, sino que también nos cuenta el resto de la historia de nuestro Mesías. Conocemos a Jesús como nuestro Salvador, quien sufrió y tomó nuestro lugar en la cruz. Conocemos a Jesús como el Cristo resucitado que se fue para preparar un lugar para nosotros en el cielo. ¿Y luego qué? ¿Ahí termina su historia? ¿Qué está haciendo Jesús ahora mismo? ¿Camina por los cielos, mientras espera que sea tiempo de volver a caminar en el Monte de los Olivos? ¿Ve ansioso lo que ocurre alrededor del mundo, buscando la oportunidad para volver a nosotros y ser relevante de nuevo? ¿Y qué pasa con la Iglesia, con la novia de Cristo? ¿Tenemos un futuro? ¿Vamos a ver y experimentar cuando Dios derrame su ira sobre este mundo?

Encontramos las respuestas a todas estas preguntas en el libro del Apocalipsis. Dios no quiere que vivas en ignorancia respecto a sus planes. Él no quiere que vivas lleno de ansiedad, preguntándote si tendrás que experimentar la hora del juicio. Apocalipsis deja muy claro que la respuesta a esta preocupación es no. Si eres parte de la Iglesia, no vas a estar aquí cuando el martillo caiga.

A pesar de tener una reputación desalentadora, esta larga carta contiene promesas y mensajes de esperanza. Cuando termines de leerla, sabrás que Jesús resucitó, tal como lo prometió, y que volverá para llevarnos a casa, tal como lo prometió; sabrás que reinará sobre el mundo y que juzgará a los no creyentes, tal como lo prometió.

Si tú, como hijo de Dios, lees todo el Apocalipsis, te garantizo que al terminarlo tendrás una sonrisa en tu rostro. Así que sumerjámonos en este último libro de la Biblia, que contiene las últimas palabras que escribió nuestro Dios y Creador. Comenzaremos con una vista general del libro, para luego movernos hacia el primer capítulo, donde aprenderás que, como el resto de la vida, todo gira en torno a Jesús.

Una decisión de los "istas" y los historiadores

Siempre que empiezas a leer un libro asumes ciertas cosas. Si tomas un libro de historia, das vuelta hacia la primera página con la expectativa de leer sobre eventos que ocurrieron. Abres una novela suponiendo que disfrutarás de una historia que no es 100% verdadera. De lo contrario, estarías leyendo un libro de historia.

Las premisas que suponemos hacen la diferencia cuando leemos un libro. A través de los siglos, los creyentes se han acercado al último libro de la Biblia con varias suposiciones. Eso que asumimos determina si creemos que lo escrito en Apocalipsis literalmente sucederá o si es una imagen metafórica que representa algún otro tiempo o varias verdades teológicas. Podemos acercarnos a la carta de Juan de cuatro maneras.

El preterista, cuyo título proviene de la palabra "pretérito" o "pasado", piensa que el libro del Apocalipsis es histórico y representa de simbólicamente los primeros siglos de la Iglesia. La mayoría de preteristas creen que el Apocalipsis fue escrito entre 64 y 67 d.C.

y que los eventos que aparecen en el libro ocurrieron en el horrible 70 d.C., cuando Roma destruyó a Jerusalén y su templo. Para llegar a esa conclusión, los preteristas tuvieron que "alegorizar" o "simbolizar" muchos de los capítulos, como los capítulos 20, 21 y 22 que hablan sobre la nueva Jerusalén, el nuevo cielo y la nueva tierra. Desde mi casa puedo ir fácilmente a Jerusalén, de hecho, voy con frecuencia. Puedes encontrar muchas cosas cubriendo las calles de esta gran ciudad, pero oro no es una de esas cosas. El resultado de este enfoque es que el Apocalipsis se convierte en un libro de exageraciones, de historia sin fundamento en lugar de un libro profético.

Los historiadores dicen que las cartas de Juan relatan los eventos y las circunstancias de la Iglesia durante el primer milenio hasta ahora. Si el Apocalipsis terminara antes del cuarto capítulo, estaría de acuerdo con ellos. Sin embargo, a partir del capítulo 4 no encontrarás que la Iglesia se mencione hasta el capítulo 19. Entonces, todo lo que ocurre desde el momento que Juan alcanza el cielo (en Apocalipsis 4:1) en adelante estaría desconectado de la realidad. Apocalipsis simplemente sería una obra de teatro confusa y complicada de extraños acontecimientos que de alguna manera te comunicaban verdades profundas sobre Dios y la Iglesia. ¿Cuáles son esas verdades profundas? Pregúntale a siete historiadores y cada uno tendrá una opinión distinta. Una vez que dices que las palabras en la Biblia no significan lo que normalmente significarían, el proceso de entenderla se convierte en una cuestión de interpretación propia.

Los idealistas dicen que Apocalipsis es una grandiosa imagen del monumental enfrentamiento entre Dios y Satanás. En cierto sentido, es el registro épico que hizo Juan de la lucha eterna entre el bien y el mal, similar a *El señor de los anillos* de J.R.R. Tolkien, solo que con menos hobbits. Al final, el bien triunfa, todos suspiramos y disfrutamos durante la eternidad del reino eterno de Dios. Pero la Biblia no es literatura de ficción. A pesar de que contiene relatos cortos, como las parábolas de Jesús, siempre están claramente identificadas como historias con un tema específico.

Finalmente, los futuristas dicen que todo lo que está escrito en los capítulos 4 al 22, excepto por algunas "señales" claramente identificadas, hablan de eventos futuros reales. Cuando Jesús habló con Juan en Patmos le dijo: "Escribe las cosas que has visto, y las que son, y las que han de ser después de estas" (Apocalipsis 1:19). Solo los futuristas pueden decir que han sido fieles a esta advertencia sin alegorizar, rechazar o ignorar convenientemente cualquier parte de este bíblico libro. De las interpretaciones de los "istas" e historiadores, esta es la interpretación a la que me aferro.

Todo se trata de Jesús

Si le preguntas a un grupo de feligreses cuál es el tema central del Apocalipsis, es posible que escuches gran variedad de respuestas. "Se trata del fin de los tiempos". "Trata de cosas muy desagradables que ocurrirán durante la tribulación". Un integrante de algún grupo de estudio bíblico incluso podría decir: "Describe el castigo de Dios hacia la nación de Israel y la salvación de la humanidad". Todos tendrían razón.

Pero hay un tema central que aparece a través de esta maravillosa carta de dolor y esperanza, ira y amor, juicio y gracia, y no es un *qué* sino un *quién*. El tema central del libro del Apocalipsis es Jesucristo. Desde el inicio hasta el final, Él está ahí, asegurándose de que se cumpla la voluntad del Padre. Le tomó a Juan tan solo cuatro palabras para llegar al nombre que está sobre todos los nombres. Así que mientras lees, recuerda que el tema central de esta carta no es el rapto, ni las tribulaciones, Israel o la Iglesia. No es el nuevo cielo o la nueva tierra. Es el Rey de reyes, el Señor de los señores, el poderoso León de Judá y el Cordero sin mancha.

PRIMERA PARTE

JESÚS Y
SU IGLESIA
(APOCALIPSIS 1-3)

CAPÍTULO 1

UNA SERIE DE INTRODUCCIONES

Juan está a punto de enviarle una carta a las iglesias con todo lo que él sabe, una carta que es diferente a cualquier otra que ha enviado. Mientras escribe, ya pasó la época cuando Pablo y Pedro hacían lo mismo. De hecho, murieron hace décadas. Él conocía sus escritos. Él habría leído la carta a los hebreos y también la que escribió Santiago, el hermano de Jesús. También conocía la carta que escribió otro de los hermanos del Señor, Judas, cuya breve misiva por momentos tiende a lo inusual. Pero incluso el ocasional oscurantismo de la carta de Judas era nada comparado con el golpe de las palabras que Juan envió a la Iglesia.

Por el contenido del Apocalipsis, cuando el Señor inspiró a Juan sobre lo que debía escribir, probablemente decidió la forma de facilitarle el proceso a los lectores, quienes necesitarían varias introducciones antes de llegar a las visiones: una introducción a la carta, una al escritor y otra al autor. Así que Juan tomó una pluma y guiado por el Espíritu Santo empezó a escribir:

"La revelación de Jesucristo, que Dios le dio, para manifestar a sus siervos las cosas que deben suceder pronto; y la declaró enviándola por medio de su ángel a su siervo Juan, que ha dado testimonio de la palabra de Dios, y del testimonio de Jesucristo, y de todas las cosas que ha visto. Bienaventurado el que lee, y los que oyen las palabras de esta profecía, y guardan las cosas en ella escritas; porque el tiempo está cerca.

Juan, a las siete iglesias que están en Asia: Gracia y paz a vosotros, del que es y que era y que ha de venir, y de los siete espíritus que están delante de su trono; y de Jesucristo el testigo fiel, el primogénito de los muertos, y el soberano de los reyes de la tierra.

Al que nos amó, y nos lavó de nuestros pecados con su sangre, y nos hizo reyes y sacerdotes para Dios, su Padre; a él sea gloria e imperio por los siglos de los siglos. Amén. He aquí que viene con las nubes, y todo ojo le verá, y los que le traspasaron; y todos los linajes de la tierra harán lamentación por él. Sí, amén. Yo soy el Alfa y la Omega, principio y fin, dice el Señor, el que es y que era y que ha de venir, el Todopoderoso" (Apocalipsis 1:1-8).

¡Revelación! Revelar algo que antes estaba oculto o era desconocido. Es interesante que la palabra griega usada fue *apokalypsis*, de la cual obtenemos la palabra *apocalipsis*. Piensa en esas dos palabras: *revelación* y *apocalipsis*. Ambas inspiran diferentes emociones. *Revelación* es una palabra llena de alegría y emoción que nos motiva a imaginarnos un regalo o descubrir si el confeti es rosa o celeste, durante una fiesta de revelación de género. Pero la palabra *apocalipsis* es muy diferente. Parece como que cada vez que la pronunciamos suenan efectos especiales como el "tan-tan-tan-tannnnnn" de las películas de suspenso. Tristemente, esto se debe a libros populares o películas de Hollywood. Hay un género literario de nombre "literatura apocalíptica" y *Apocalipsis ahora*, del director Francis Ford Coppola, es todo lo contrario a una fiesta de revelación de género.

Entender el apocalipsis como lo entendemos ahora es el resultado de una interpretación moderna. Cuando el pastor le leyó a su congregación la primera línea de la carta de Juan, las personas no gritaron: "¡¿Apocalipsis?!" y se escondieron debajo de sus asientos. Las personas seguramente demostraron emoción pues un misterio iba a ser revelado. Aquello que estaba oculto iba a salir a la luz.

Por eso es muy triste que tantos creyentes conocen tan poco de esta revelación. Dios le ha revelado algo muy especial a su Iglesia, sin embargo, muy pocos conocen esa revelación o la entienden. Pero no es del todo culpa de los integrantes de la Iglesia. Como vimos en el prólogo, muy pocos predicadores hablan desde el púlpito del libro del Apocalipsis y muy pocos seminarios lo enseñan. El expresidente de la Convención Bautista del sur escribió:

> Si hay algo más lamentable que el trato que recibe Apocalipsis de algunos amigos muy entusiastas, es el hecho de que la mayoría de los predicadores evangélicos se olvidan completamente de este libro. En parte por una reacción al desatado sensacionalismo de algunos traductores imprudentes y en parte por la pereza intelectual e interpretativa. El pastor promedio simplemente nunca llega a hablar del Apocalipsis.[1]

Nunca pensé escribir un libro sobre el Apocalipsis. Pero las personas deben recibir esta información de alguna manera. Maravillosos eventos son revelados a la Iglesia del Señor a través de esta carta y al centro de todos esos eventos está un hombre: Jesucristo.

Jesús: el autor y el eje central de esta carta

Tuve la tentación de llamar este primer capítulo "La carta de Jesús". La razón es porque, como mencioné arriba, Jesús es la figura central del libro del Apocalipsis. Sí, Juan el apóstol es el autor de la carta, pero escribió solo lo que el Señor le dijo que escribiera. Esta carta viene de Jesús y de inicio a fin se trata sobre Él.

Es fácil olvidar que el Apocalipsis es una carta. Primero, porque la llamamos el libro del Apocalipsis y segundo porque es más larga que cualquier otra carta en el Nuevo Testamento. Además, no parece ser una carta, al menos no como las que estamos acostumbrados. Nuestras cartas usualmente empiezan con un "Querido señor Smith...". Primero nos dirigimos a la persona a quien le estamos escribiendo y terminamos la carta con nuestro nombre como remitente. Sin embargo, en la época de Juan era al revés. Piensa en las siguientes cartas que el apóstol Pablo le escribió a la iglesia en Corinto, y la que Pedro escribió sobre la dispersión judía:

> Pablo, llamado a ser apóstol de Jesucristo por la voluntad de Dios, y el hermano Sóstenes, a la iglesia de Dios que está en Corinto... (1 Corintios 1:1-2).

> Pedro, apóstol de Jesucristo, a los expatriados de la dispersión en el Ponto, Galacia, Capadocia, Asia y Bitinia... (1 Pedro 1:1).

El inicio del Apocalipsis es incluso más confuso para quienes aún hoy leen cartas, porque menciona el sujeto de la carta antes de siquiera incluir un saludo:

> La revelación de Jesucristo, que Dios le dio, para manifestar a sus siervos las cosas que deben suceder pronto; y la declaró enviándola por medio de su ángel a su siervo Juan, que ha dado testimonio de la palabra de Dios, y del testimonio de Jesucristo, y de todas las cosas que ha visto (Apocalipsis 1:1-2).

Juan fue claro desde el inicio en que el autor es Jesucristo. Una muy buena canción de blues, escrita al inicio del siglo xx, menciona a "Juan el revelador" (*John the Revelator*), pero no hay un Juan el revelador. Jesús es el Revelador. Juan es solo el secretario con la pluma en la mano.

Revelación: el contenido de la carta

La palabra "de" en la primera línea de la carta motiva una pregunta. ¿Es una revelación sobre Jesús o proviene de Jesús? ¿Él es la revelación o Él es quien revela? La respuesta es ambos. De nuevo, Él es el Revelador. Él es quien le dicta a Juan los capítulos 2 y 3 de la carta, y Él es el superintendente de la revelación de los eventos que ocurren en el resto capítulos. Él empieza con una orden: "Escribe en un libro lo que ves, y envíalo a las siete iglesias…" (Apocalipsis 1:11). Y luego concluye con una afirmación: "Yo, Jesús he enviado mi ángel para daros testimonio de estas cosas en las iglesias. Yo soy la raíz y el linaje de David, la estrella resplandeciente de la mañana" (Apocalipsis 22:16).

De nuevo, Jesús es la figura central del libro. Sí, Apocalipsis habla del fin de los tiempos, pero el primer capítulo empieza con Jesús y el último capítulo termina con Jesús. En el capítulo uno vemos que Él hace una aparición sorpresa y en el capítulo veintidós vemos que de nuevo hace una reaparición sorpresa.

Sin embargo, en la carta no solo vemos las apariciones de Jesús. Él sí aparece varias veces. Pero en Apocalipsis también vemos que Él trae juicio al mundo. Puede que digas: "Vamos a ver, Amir, Jesús es amor. A Él no le gusta juzgar y castigar". Tienes razón. Jesús es amor. Por eso que es aún falta tiempo para que vuelva a la tierra. Dios desea que todos lleguen a Él. Pablo escribió: "Porque esto es bueno y agradable delante de Dios nuestro Salvador, el cual quiere que todos los hombres sean salvos y vengan al conocimiento de la verdad" (1 Timoteo 2:3-4).

Tristemente hay quienes, a pesar del amoroso sacrificio que hizo Jesús en la cruz por el perdón de sus pecados, tomarán la decisión de rechazar a Dios. Para ellos, lo único que les espera es un juicio. ¿Y quién traerá ese juicio? Jesús, el Juez Justo. Hablando de sí mismo, Jesús dijo: "Porque el Padre a nadie juzga, sino que todo el juicio dio al Hijo, para que todos honren al Hijo como honran al Padre. El que no honra al Hijo, no honra al Padre que le envió" (Juan 5:22-23).

Bendición: el beneficio de la carta

Dios nos creó, así que sabe cómo pensamos y qué hace falta para motivarnos. Por eso, cuando nos pide hacer lago, muchas veces cuelga una zanahoria al final de una vara de madera. "Esto es lo que debes hacer porque se alinea con mi santidad. Y, como un pequeño incentivo, voy a incluir esta recompensa por tu obediencia". Eso es lo que encontramos en Apocalipsis 1:3:

> Bienaventurado el que lee, y los que oyen las palabras de
> esta profecía, y guardan las cosas en ella escritas; porque
> el tiempo está cerca".

¿Por qué debemos leer las palabras de esta profecía? ¿Cuál debería ser nuestra motivación para escuchar estas palabras y seguir los mandamientos que menciona? Porque es la Palabra de Dios. Esa debería ser razón suficiente. Pero igual que a un padre le encanta darle regalos a sus hijos cuando hacen lo correcto, Él dice: "A propósito, cuando haces lo que deberías hacer, voy a bendecirte abundantemente".

Esta bendición viene de muchas formas. Una de ellas tener la posibilidad de saber lo que le ocurrirá a este mundo. Dios quiere que sepamos lo que nos depara el futuro. Él quiere que nosotros y nuestras familias estemos preparados para su retorno. En Israel, unas sirenas suenan cuando nuestros inconformes vecinos al sur y al norte deciden bombardearnos. Cuando escuchamos las sirenas, todos corremos al refugio más cercano hasta que pasa el peligro. Entonces tenemos dos bendiciones. Sabemos cuándo ocurrirá un ataque y tenemos refugio donde estar a salvo.

Dios nos ha dado más de dos mil años para prepararnos para la tormenta que acabará con el planeta. Cuando eso ocurra, no habrá lugar donde esconderse. Plagas, terremotos, granizo, fuego y hambre azotarán rampantes alrededor del mundo. El COVID parecerá una gripe insignificante comparada con lo que las personas enfrentarán durante esos siete años de catástrofe global. Hablar de "bendiciones" parece poco para quienes logren escapar de la tribulación.

Pero no estarás a salvo si escuchas las sirenas y te quedas ahí parado, diciendo: "Ay, ya vienen los misiles". Así no vas a protegerte de las bombas que caen sobre tu cabeza. Debemos ir a un refugio. Ahí es cuando la última parte del versículo toma relevancia. No basta con leer y escuchar las palabras de esta carta. Debemos conservarlas. La palabra griega *tereo* significa "guardar, ver, proteger, conservar".

Quien haga esto tomará el mensaje central de esta carta y se aferrará a él con todas sus fuerzas.

¿Cuál es el mensaje central de este libro? Jesús. Recuerda, Él es el autor y el eje central de esta carta. Aquellos que hacen de Jesús su Señor y Salvador, al arrepentirse de sus pecados y entregar su vida a Dios, recibirán la maravillosa bendición de un refugio para resguardarse de la devastación. Pero este refugio no va a ser un búnker subterráneo. Estará en el cielo con nuestro Salvador, en el sitio que Él prometió preparar para nosotros (Juan 14:1-4).

Cerca: el momento de la carta

Cerca.

Puede que esa sea la palabra más difícil de entender en todo el pasaje. Ha atormentado a lectores, a predicadores y analistas durante siglos. De hecho, hay quienes usan este inocente y pequeño adverbio para burlarse de los creyentes que esperan con ansias el retorno de Jesús y el rapto de la Iglesia. Pero no es nada nuevo. Incluso en la época de Pedro, había quienes decían: "¿Cerca? Sí, cómo no". Sin embargo, Pedro no les ponía atención y certeramente corregía a los incrédulos.

> Estos ignoran voluntariamente, que en el tiempo antiguo fueron hechos por la palabra de Dios los cielos, y también la tierra, que proviene del agua y por el agua subsiste, por lo cual el mundo de entonces pereció anegado en agua; pero los cielos y la tierra que existen ahora, están reservados por la misma palabra, guardados para el fuego en el día del juicio y de la perdición de los hombres impíos.
>
> Mas, oh amados, no ignoréis esto: que para con el Señor un día es como mil años, y mil años como un día. El Señor no retarda su promesa, según algunos la tienen por tardanza, sino que es paciente para con nosotros, no queriendo que ninguno perezca, sino que todos procedan al arrepentimiento (2 Pedro 3:5-9).

Ese pasaje es una brillante combinación de corrección culpable. Juan empieza con: "¿No entiendes qué significa 'cerca'? Es porque no entiendes a Dios". Y luego termina con: "Mientras ustedes van aprisa, Dios muestra su maravillosa paciencia para que más y más personas puedan entrar a su reino". Existen los tiempos de Dios y nuestros tiempos. Para los humanos, la palabra "cerca" dejó de ser "cerca" hace unos 1 800 años. Según el calendario de Dios, apenas vamos como por el segundo día de espera. Sin embargo, el momento llegará. Él actuará y cuando lo haga, todo ocurrirá rápidamente.

Un buen "¿Qué tal te va?"

Luego de esa maravillosa introducción, Juan nos presenta un saludo y una bendición. Se identifica como el escritor de la carta, a las siete iglesias en Asia como sus destinatarios y el Dios trino como el Autor. Entonces, una vez que menciona a Jesús, el apóstol no puede dejar de adorar a su Salvador.

> Juan, a las siete iglesias que están en Asia: Gracia y paz a vosotros, del que es y que era y que ha de venir, y de los siete espíritus que están delante de su trono; y de Jesucristo el testigo fiel, el primogénito de los muertos, y el soberano de los reyes de la tierra. Al que nos amó, y nos lavó de nuestros pecados con su sangre, y nos hizo reyes y sacerdotes para Dios, su Padre; a él sea gloria e imperio por los siglos de los siglos. Amén (Apocalipsis 1:4-6).

Pronto Juan termina su parte con una sola palabra. Él dice su nombre y luego sigue con los destinatarios, a quienes también menciona rápidamente. Hablará con más detalle sobre ellos en los próximos dos capítulos. El escritor y los destinatarios puede que sean importantes, pero, sin duda, son personajes secundarios comparados con quienes vienen después.

Dios en tres personas: la bendita trinidad

Algunas personas me han preguntado: "Amir, ¿sabías que la palabra *trinidad* nunca aparece en la Biblia?". Eso es cierto. Tampoco aparece la palabra *tocino*, pero sé que existe y agradezco su existencia. ¿Cómo sé que existe el tocino? Porque hay mucha evidencia de ello, especialmente en el desayuno. Conforme leemos la Biblia, vemos que hay muchos pasajes que confirman la existencia de la trinidad de Dios. Mientras leemos sobre la vida de Jesús, podemos ver al Padre, al Hijo y al Espíritu Santo en su bautismo, su transfiguración, su promesa de la venida del Consejero cuando lo dijo en el discurso del aposento alto y al mencionar la Gran Comisión. Esta salutación en Apocalipsis no fue escrita para que sea prueba de la existencia de la Trinidad. En cambio, el hecho es aceptado como una verdad.

El Eterno les ofrece gracia y paz a los destinatarios de la carta; el Eterno es el Padre que es, era y que ha de venir. Luego, fuera del orden normal, el Espíritu Santo ofrece sus saludos. Acá Él es descrito como los siete Espíritus que están junto al trono del Padre. La implicación es que el Espíritu Santo está listo para ser enviado por el Padre de la misma forma que fue enviado para habitar en los creyentes, el día de pentecostés.

Finalmente, llegamos al Hijo, ubicado en la tercera posición para que Juan pueda fácilmente hablar sobre Él sin tener que hacer sofisticados malabares gramaticales. ¿Qué es lo que aprendemos de Jesús en este pequeño himno de alabanza?

Jesús es el Testigo Fiel. Él representó perfectamente al Padre ante el mundo. El primero de los grandes profetas, Moisés, hizo esta promesa: "Profeta de en medio de ti, de tus hermanos, como yo, te levantará Jehová tu Dios; a él oiréis" (Deuteronomio 18:5). Porque Él es la Palabra de Dios, Jesús no solo actuó según las palabras de su Padre, sino que también habló las palabras de su Padre. Como Él le dijo a su discípulo Felipe: "El que me ha visto a mí, ha visto al Padre" (Juan 14:9).

Jesús es el primogénito entre los muertos. Pablo escribió: "y él es la cabeza del cuerpo que es la iglesia, él que es el principio, el primogénito de entre los muertos, para que en todo tenga la preeminencia" (Colosenses 1:18). Él es preeminente en dos maneras. Primero, ser el primogénito indica que habrá más. Así que, a través de su resurrección, abrió la puerta para nuestra resurrección. También es preeminente porque es el perfecto y único sacrificio posible por nuestros pecados. No solo es el perfecto sumo Sacerdote, sino que también es la ofrenda perfecta. Como el autor de Hebreos escribió: "porque con una sola ofrenda hizo perfectos para siempre a los santificados" (Hebreos 10:14). Como el sumo Sacerdote, Él puso la ofrenda en el altar. Y cuando el Cordero sin mancha fue sacrificado, Él se permitió ser ese sacrificio.

Jesús es el Rey de reyes en esta tierra. La Biblia primero mostró a Jesús como un bebé indefenso, recostado en un pesebre. Pero igual que todas las personas, no fue un niño para siempre. Creció en sabiduría, estatura y poder, y superó a todos los demás. Luego, en el Apocalipsis, Juan reveló en qué se convirtió ese bebé: "De su boca sale una espada aguda, para herir con ella a las naciones, y él las regirá con vara de hierro; y él pisa el lagar del vino del furor y de la ira del Dios Todopoderoso. Y en su vestidura y en su muslo tiene escrito este nombre: REY DE REYES Y SEÑOR DE SEÑORES" (Apocalipsis 19:15-16). Él es ante quien un día cada rodilla se doblará y a quien cada persona reconocerá como el legítimo Rey del trono.

Jesús es el amante de nuestras almas. ¿Cuántos aman a sus hijos? Seguro que todos levantamos nuestra mano. Todos amamos a nuestros hijos y estaríamos dispuestos a morir por ellos. ¿Qué tan dispuesto estarías a dar tu vida por tu enemigo, por una persona que te odia o que pretende con arrogancia ignorar tu existencia? No muchos estaríamos dispuestos a hacer eso. Sin embargo, la Biblia dice que "Dios muestra su amor para con nosotros, en que siendo aún pecadores, Cristo murió por nosotros" (Romanos 5:8). Jesús dio su vida no solo por sus amigos, sino por sus enemigos también. Así de profundo es el amor de Jesús.

Jesús es el Lavador de nuestros pecados. Esa es la característica de Cristo que me brinda más paz. Lo que una vez me separó de mi Dios ya no existe a causa de lo que Él hizo en esa cruz. No solo desaparece de nuestra vida el pecado, sino que se va para no volver nunca más. "Él volverá a tener misericordia de nosotros; sepultará nuestras iniquidades, y echará en lo profundo del mar todos nuestros pecados" (Miqueas 7:19). Para aquellos que dicen: "Bueno, Amir, ¿no podría Dios enviar a un ángel en algo como un submarino espiritual para traerlos de nuevo a la superficie?", no han comprendido la metáfora. Por la sangre de Jesucristo, podemos llegar puros y santos ante la presencia de nuestro justo Creador, lo cual es un derecho y privilegio que nadie puede arrebatarnos.

Jesús es quien otorga tronos a los reyes y quien consagra a los sacerdotes. Esta promesa vuelve a aparecer en Apocalipsis 5, cuando los veinticuatro ancianos en el cielo alaban al Cordero, diciéndole: "nos has hecho para nuestro Dios reyes y sacerdotes, y reinaremos sobre la tierra" (Apocalipsis 5:10). Más adelante en otro pasaje, conocemos el propósito de nuestros nuevos roles. Vamos a reinar sobre la tierra. Nuestra vida después de la muerte no será ociosa, no estaremos lujosamente recostados comiendo bombones que no engordan. Será una vida de aprendizaje, servicio y alabanza. Imagina lo que verás, escucharás y experimentarás conforme pasen los años y puedas cumplir con tu llamando en el reino de Dios. ¿Cómo será exactamente? Sabemos que, como reyes, nuestro liderazgo incluye elementos políticos. Como sacerdotes, hay también un componente espiritual, ya que actuamos como conectores entre Dios y la humanidad. Porque Jesús es el sumo Sacerdote, tiene todo el poder y la autoridad para ubicarnos en estas posiciones.

Las siete Iglesias: los remitentes de la carta

"Juan, a las siete iglesias que están en Asia…" (Apocalipsis 1:4).

Para quienes necesitan más detalles respecto a dónde están ubicadas estas iglesias "en Asia", más adelante en el texto, Jesús lo dice:

> Escribe en un libro lo que ves, y envíalo a las siete iglesias que están en Asia: a Éfeso, Esmirna, Pérgamo, Tiatira, Sardis, Filadelfia y Laodicea (Apocalipsis 1:11).

Estas siete Iglesias que conoceremos mejor en el capítulo dos y tres de la carta, eran congregaciones activas en la época de Juan. Si leemos con atención esta lista, es cada vez más claro que se menciona a las iglesias en orden geográfico, empezado con Éfeso, que era la más cercana a Juan cuando escribió la carta. A pesar de que hoy no puedes encontrar estas iglesias, aún puedes visitar los sitios donde estaban algunas de estas ciudades en Turquía. De hecho, mi esposa y yo fuimos de luna de miel en Pamukkale, conocida en la Biblia como Hierápolis, un resort de aguas termales ubicado al norte de Laodicea.

Éfeso es la iglesia que hoy destaca por su aporte arqueológico. Dicha iglesia es una mina de oro para los amantes de la historia. Puedes pasar todo un día caminando por sus ruinas restauradas. Es particularmente interesante ver los dos teatros. El primer teatro tiene espacio para mil quinientas personas, mientras que el segundo tiene espacio para casi 25 mil. Si conoces el Nuevo Testamento, puedes ir y pararte en la plataforma donde Pablo intentó callar una manifestación o pasear por el *ágora* —el mercado— donde caminaban algunos de los discípulos de Jesús y compraban artículos de primera necesidad.

"Volveré": la promesa del Novio a su Novia

Ha pasado ya un tiempo desde que Jesús dijo: "Voy, pues, a preparar lugar para vosotros. Y si me fuere y os preparare lugar, vendré otra vez, y os tomaré a mí mismo, para que donde yo estoy, vosotros también estéis" (Juan 14:2-3). Cuando digo "un tiempo", no me refiero a semanas, meses o años. Para el tiempo de la escritura de Apocalipsis habían pasado décadas de cuando Jesús dijo esas palabras en el aposento alto, la noche antes de su crucifixión. Y en ese tiempo, Juan era el único que quedaba vivo de quienes escucharon hablar a Jesús. Es comprensible que algunos dijeran: "Ay, Juan, ¿estás seguro de que escuchaste bien lo que dijo?"

El Señor sabía que se necesitaba tranquilidad, así que eso fue exactamente lo que dio:

> He aquí que viene con las nubes, y todo ojo le verá, y los que le traspasaron; y todos los linajes de la tierra harán lamentación por él. Sí, amén (Apocalipsis 1:7).

Cuando vuelva Jesús, no vendrá en una limusina o a bordo de un avión o en una nave espacial. Él vendrá con las nubes. Esa es una imagen que vemos en otras partes de la Biblia:

Miraba yo en la visión de la noche, y he aquí con las nubes del cielo venía uno como un hijo de hombre, que vino hasta el Anciano de días, y le hicieron acercarse delante de él (Daniel 7:13).

Entonces aparecerá la señal del Hijo del Hombre en el cielo; y entonces lamentarán todas las tribus de la tierra, y verán al Hijo del Hombre viniendo sobre las nubes del cielo, con poder y gran gloria (Mateo 24:30).

Jesús le dijo: Tú lo has dicho; y además os digo, que desde ahora veréis al Hijo del Hombre sentado a la diestra del poder de Dios, y viniendo en las nubes del cielo (Mateo 26:64).

Ponle atención a las preposiciones. Él va a venir *con* las nubes y *sobre* las nubes. Él no vendrá *dentro* de las nubes. Su retorno no será un evento privado o momentáneo. Todos los ojos lo verán a Él, incluyendo aquellos que lo "traspasaron":

Y mirarán a mí, a quien traspasaron, y llorarán como se llora por hijo unigénito, afligiéndose por él como quien se aflige por el primogénito (Zacarías 12:10).

Este consuelo que Jesús dio no se dirigió directamente a las preocupaciones que tenían muchas personas en la Iglesia —"Señor, ¿cuándo volverás para llevarnos a tu lado?". Ese evento es el rapto de la Iglesia, cuando Jesús vendrá *sobre* las nubes a tomar a su Novia.

Porque el Señor mismo con voz de mando, con voz de arcángel, y con trompeta de Dios, descenderá del cielo; y los muertos en Cristo resucitarán primero. Luego nosotros los que vivimos, los que hayamos quedado, seremos arrebatados juntamente con ellos en las nubes para recibir al Señor en el aire, y así estaremos siempre con el Señor (1 Tesalonicenses 4:16-17).

De nuevo ponle atención a la preposición *en*. El evento que promete Apocalipsis 1 es la segunda venida de Cristo. En ese momento Él vendrá a traer juicio a la tierra y establecer su reino, el cual dirigirá desde su trono en Jerusalén. Sin duda, es un momento que podemos esperar con ansias, la bendita esperanza no es la segunda venida de Cristo. El rapto es el momento para irnos. Durante la segunda venida, estaremos en las nubes con Jesús.

El inicio y el final

La introducción termina con el siguiente versículo:

> Yo soy el Alfa y la Omega, principio y fin, dice el Señor, el que es y que era y que ha de venir, el Todopoderoso (Apocalipsis 1:8).

La Biblia atribuye estas palabras al Señor Jesucristo. Pero en el versículo 4, la frase "del que es y que era y que ha de venir" es atribuida a Dios Padre. ¿Entonces "el Señor" acá se refiere al Padre o a Jesús, el Hijo? Como siempre, para interpretar la Biblia es importante ponerle atención al contexto.

El verso empieza con la frase "Alfa y Omega". Este título aparece tres veces en el libro del Apocalipsis (1:8; 21:6; 22:13). Las primeras dos veces pueden referirse tanto al Padre como al Hijo. La tercera, sin lugar a dudas, viene de Jesús el Hijo:

> He aquí yo vengo pronto, y mi galardón conmigo, para recompensar a cada uno según sea su obra. Yo soy el Alfa y la Omega, el principio y el fin, el primero y el último (Apocalipsis 22:12-13).

¿Quién viene? Como hemos visto antes, esta frase se refiere a Jesucristo. Por lo tanto, la frase "del que es y que era y que ha de venir" se refiere al Padre y al Hijo. "El Alfa y Omega" se refiere a la eternidad de Dios y su existencia eterna. Él nunca tuvo un inicio, así que siempre fue. Él nunca tendrá un fin, así que siempre será.

"Un momento, Amir, yo sé que tú eres judío y todo eso, así que puede que no sepas de esta cosa llamada Navidad, donde celebramos el nacimiento de Jesús". De hecho, conozco la Navidad y *mazal tov* para José y María. Ese día en Belén, cuando la virgen María dio a luz, fue el inicio de la humanidad de Jesús. Pero el mismo Juan, mucho antes de escribir esta carta desde la isla de Patmos, empezó su evangelio con estas palabras:

> En el principio era el Verbo, y el Verbo era con Dios, y el Verbo era Dios. Este era en el principio con Dios. Todas las cosas por él fueron hechas, y sin él nada de lo que ha sido hecho, fue hecho (Juan 1:1-3).

Jesús, es la Palabra, la que fue, es y será. En este contexto, y según lo que vemos en el resto de Apocalipsis, fue Jesús el que pronunció las palabras del versículo 8. Si alguna vez alguien tuvo dudas sobre si Jesús es Dios, Él usa el título de "el Todopoderoso" para referirse a sí mismo. La palabra griega usada ahí, aparece varias veces en el libro del Apocalipsis y una vez más fuera de esta carta, en 2 Corintios 6:18, cuando Pablo citó al Antiguo Testamento. Esa palabra es usada solo en referencia a Dios. Cuando Jesús se paró frente a Juan, el discípulo veía el rostro del Todopoderoso.

CAPÍTULO 2

UNA REUNIÓN INESPERADA

APOCALIPSIS 1:9-20

Domingo, el primer día de la semana. Ese día, Juan adoraba a Dios con su iglesia en Éfeso. Al inicio de la ceremonia una, dos, tal vez tres personas compartían con los demás algo que el Señor había puesto en su corazón. Luego, Juan, el discípulo, el escritor, el evangelista, el predicador, enseñaba la Palabra de Dios a su congregación.

Después en el ministerio de Juan, el canon de la Biblia incluiría no solo el Antiguo Testamento, sino las cartas de Pablo y Pedro, los Evangelios de Mateo, Marcos, Lucas y el que él mismo escribió, la carta a la diáspora de los hebreos y las epístolas de Santiago y Judas. En otras palabras, ya casi toda la Biblia estaba escrita. Faltaba solo incluir una parte más, una conclusión que haría referencia a lo que había ocurrido y lo que ocurría en ese momento, pero también se enfocaría en lo que Dios tenía planeado para el futuro. Tan pronto fue incluida esta parte, se completó el mensaje que el Señor quería compartir con la humanidad.

Domingo. Pero en vez de estar en Éfeso con su iglesia, Juan estaba en una rocosa y árida isla del mar Mediterráneo. En vez de estar con su congregación, tenía un coro de gaviotas, unas lagartijas y un puñado de cangrejos ermitaños. Aunque es maravilloso adorar a Dios con nuestros hermanos y hermanas cristianos, no necesitas una congregación para adorar al Señor. Así que Juan oraba y adoraba a Dios, cuando de repente todo subió al siguiente nivel:

> Yo Juan, vuestro hermano, y copartícipe vuestro en la tribulación, en el reino y en la paciencia de Jesucristo, estaba en la isla llamada Patmos, por causa de la palabra de Dios y el testimonio de Jesucristo. Yo estaba en el Espíritu en el día del Señor, y oí detrás de mí una gran voz como de trompeta, que decía: Yo soy el Alfa y la Omega, el primero y el último. Escribe en un libro lo que ves, y envíalo a las siete iglesias que están en Asia: a Éfeso, Esmirna, Pérgamo, Tiatira, Sardis, Filadelfia y Laodicea (Apocalipsis 1:9-11).

La frase "en el Espíritu" es una expresión especial. Aparece varias veces en el Nuevo Testamento. El apóstol Pablo la usó repetidas veces en sus epístolas y también Juan en Apocalipsis. Se refiere a cuando una persona es "poseída" por el Espíritu Santo para profetizar. Según a Jesús, David profetizó en el Espíritu (Mateo 22:43). El anciano Simeón profetizó en el Espíritu cuando vio al Mesías niño en los brazos de su madre (Lucas 2:27). Ahora, el apóstol Juan estaba "en el Espíritu" mientras escribía las palabras proféticas de su Salvador. Y mientras su ubicación física puede que haya cambiado tal vez desplazándose de Patmos al cielo, ya sea por visión o realidad (Apocalipsis 4:2), y que luego fuera a la cima de una montaña en la eternidad, desde donde vio a la Nueva Jerusalén descender sobre la tierra (21:10), su ubicación espiritual fue siempre la misma. Él estaba "en el Espíritu", desde el inicio hasta el final.

Cuando Juan entró a ese estado espiritual, una voz le habló, le dijo su identidad y cargo. Primero esa voz se presentó. "Yo soy el Alfa y la Omega, el principio y el fin, el primero y el último". De inmediato Juan se hubiera dado cuenta de lo divino de esa voz, pues las palabras que usó para identificarse habrían sido conocidas para cualquier judío criado en un buen hogar hebreo:

Así dice Jehová Rey de Israel,
y su Redentor, Jehová de los ejércitos:
Yo soy el primero, y yo soy el postrero,
y fuera de mí no hay Dios (Isaías 44:6).

Óyeme, Jacob,
y tú, Israel, a quien llamé:
Yo mismo, yo el primero, y
o también el postrero (Isaías 48:12).

Sin embargo, esta carta fue enviada principalmente a las iglesias gentiles alrededor del mundo. Así que mientras los judíos que eran parte de la Iglesia habrían sabido la identidad de esa voz, los otros miembros de la congregación no hubieran sido capaces de identificarla, a menos que alguien les hubiera dado algunas pistas. Juan, como un buen escritor de suspenso, parece jugar con el misterio al permitir se extienda un poco más.

Tómate un momento e imagina la sorpresa que atravesó el cuerpo viejo y cansado de Juan. Seguramente pensó que nunca iba a escribir algo más en su vida. Él ya había escrito algunos *bestsellers*, ¿pero a quién realmente le importaba lo que tenía que decir ese viejo exiliado atrapado en una isla rocosa? Ya había nueva sangre en la Iglesia. Una nueva generación había empezado a tomar las riendas y seguramente empezaba a reemplazar a la que antes había sido la *nueva* generación. Sin embargo, Dios demostró que aún no había terminado con Juan. Cuando hablamos de servir a Dios, no hay un plan de jubilación. En esa isla, Jesús se le apareció a su anciano discípulo y lo comisionó para la experiencia de su vida.

Y me volví para ver la voz que hablaba conmigo; y vuelto, vi siete candeleros de oro, y en medio de los siete candeleros, a uno semejante al Hijo del Hombre, vestido de una ropa que llegaba hasta los pies, y ceñido por el pecho con un cinto de oro. Su cabeza y sus cabellos eran blancos como blanca lana, como nieve; sus ojos como llama de fuego; y sus pies semejantes al bronce bruñido, refulgente como en un horno; y su voz como estruendo de muchas aguas. Tenía en su diestra siete estrellas; de su boca salía una espada aguda de dos filos; y su rostro era como el sol cuando resplandece en su fuerza. Cuando le vi, caí como muerto a sus pies. Y él puso su diestra sobre mí, diciéndome: No temas; yo soy el primero y el último; y el que vivo, y estuve muerto; mas he aquí que vivo por los siglos de los siglos, amén. Y tengo las llaves de la muerte y del Hades. Escribe las cosas que has visto, y las que son, y las que han de ser después de estas. El misterio de las siete estrellas que has visto en mi diestra, y de los siete candeleros de oro: las siete estrellas son los ángeles de las siete iglesias, y los siete candeleros que has visto, son las siete iglesias (Apocalipsis 1:12-20).

Cuando Juan volteó a ver quién le estaba hablando, vio siete candeleros. Luego, conforme entrecerraba los ojos, también vio una figura "semejante al Hijo del Hombre". Esta descripción aparece cerca de doscientas veces en el Antiguo y Nuevo Testamento. El profeta Ezequiel es el responsable de casi la mitad de ellas, pues es el apodo que Dios le otorgó. Pero con el siguiente libro de la Biblia, Daniel, ocurrió un cambio. Lo que una vez fue un término genérico para referirse a la humanidad o un sobrenombre para un profeta, se convirtió en la descripción de una persona.

Miraba yo en la visión de la noche, y he aquí con las nubes del cielo venía uno como un hijo de hombre, que vino hasta el Anciano de días, y le hicieron acercarse delante de él. Y le fue dado dominio, gloria y reino, para que todos los pueblos, naciones y lenguas le sirvieran; su dominio es dominio eterno, que nunca pasará, y su reino uno que no será destruido (Daniel 7:13-14).

El Mesías, el Hijo del Hombre, ¡viene con las nubes del cielo! ¿No es eso lo que todos estamos esperando, el día que Jesús venga a establecer su reino en la tierra? Estos títulos fueron muy conocidos, y por eso fue tan poderoso cuando Jesús tomó el nombre de "Hijo del Hombre" para sí mismo en los evangelios. Repetidamente vemos que Jesús usa la tercera persona para hablar de sí mismo como el Hijo del Hombre. Así que no fue un error cuando Juan usó la frase. Él no dijo: "Había una figura con forma humana de pie frente a mí, y que seguramente nació de otro ser humano". Él dijo: "Vi a Jesús frente a mí, o al menos alguien que se parece mucho a Él".

Su maestro y amigo enfrentó algunos cambios. La figura que Juan vio se parecía mucho más al Jesús que había visto en el Monte de la Transfiguración que al hombre sobre quien se apoyó en el aposento alto o al que había visto ascendiendo al cielo. El Dios-hombre era el mismo Dios, pero la parte humana de esa figura era diferente. Jesús estaba "vestido de una ropa que llegaba hasta los pies, y ceñido por el pecho con un cinto de oro. Su cabeza y sus cabellos eran blancos como blanca lana, como nieve; sus ojos como llama de fuego; y sus pies semejantes al bronce bruñido, refulgente como en un horno; y su voz como estruendo de muchas aguas. Tenía en su diestra siete estrellas; de su boca salía una espada aguda de dos filos; y su rostro era como el sol cuando resplandece en su fuerza" (Apocalipsis 1:13-16).

El cambio fue dramático y aterrador. Las rodillas del anciano fallaron y cayó al suelo. Entonces algo hermoso ocurrió. Su viejo amigo lo tocó. Un simple toque y algunas palabras tranquilizadoras fueron suficientes. Juan no dice que algún poder sanador salió de los dedos de Jesús o que el poder restaurador de Dios lo haya levantado. Fue solo el suave toque de Jesús y la reconfortante declaración: "No tengas miedo", dicha en el mismo tono que usó para calmar a María Magdalena cuando encontró la tumba vacía. Sin duda, una paz y alegría indescriptibles inundaron a Juan.

Jesús continuó hablando:

> Yo soy el primero y el último; y el que vivo, y estuve muerto; mas he aquí que vivo por los siglos de los siglos, amén. Y tengo las llaves de la muerte y del Hades" (Apocalipsis 1:17-18).

Antes de avanzar, hagamos una pausa y veamos el título "Yo soy el primero y el último". Este título es similar a "Alfa y la Omega, principio y fin" del versículo 8, que proviene del libro de Isaías y que una vez más enlaza a Jesús con Yahvé o Jehová, tal como se menciona en el Antiguo Testamento.

> Así dice Jehová Rey de Israel, y su Redentor, Jehová de los
> ejércitos: Yo soy el primero, y yo soy el postrero, y fuera
> de mí no hay Dios (Isaías 44:6).

Recuerda que Jehová puede ser traducido como "YO SOY". Fue Jesús quien le dijo a sus oyentes judíos que Él Y Dios Padre eran el mismo: "De cierto, de cierto os digo: Antes que Abraham fuese, YO SOY" (Juan 8:58).

Sí, ese era el viejo amigo de Juan, de pie frente a él, quien viajó, pescó, rió y comió con él. Pero Juan también vio a Jesús en toda su gloria, en el esplendor del Hijo del Hombre del que Daniel había escrito. Su cabello era del blanco perfecto de la pureza, a diferencia del cabello gris del anciano Juan. Sus prendas afirmaban su realeza y todo sobre Él hablaba de fortaleza; se veía tan diferente a aquella tarde trágica seis décadas atrás. Juan vio al gran YO SOY.

Pero luego, al parecer hay un cambio. En vez de la gloria de Dios entre los candeleros, al lado de Juan había un hombre. En el versículo 20, cuando Jesús se refiere a las estrellas en su mano, habla en pasado. Por el contexto podríamos incluir a los candeleros en la frase "que viste". Aquí el rabino le dice a su discípulo, "Amigo mío, tengo una tarea más para ti, pero vas a necesitar tu pluma y algunos pergaminos".

> Escribe las cosas que has visto, y las que son, y las que han
> de ser después de estas (Apocalipsis 1:19).

Este mandato coincide con el título que el Señor estableció para sí mismo desde el principio: "El que es y que era y que ha de venir" (versículos 4, 8). Sin embargo, acá, Jesús cambió el orden para que coincidiera con el esquema del libro: "las cosas que has visto" (capítulo 1), "las cosas que son" (capítulos 2-3), y las "cosas que tendrán lugar después" (capítulos 4-22).

Antes de terminar esta escena, Jesús le dio una explicación a Juan de lo que acababa de ver. Por cierto, explicaciones como esta se dan varias veces en la carta, lo que facilita su comprensión. Si el Señor, a través de sus representantes, dice qué significa un pasaje, podemos estar seguros de su significado.

Jesús dijo que las siete estrellas son los ángeles de las siete iglesias y que los siete candeleros de oro son, literalmente, ángeles. Pero yo creo que Él se refiere a los siete mensajeros o pastores de las iglesias. ¿Por qué digo esto? Primero, porque la palabra griega *angelos* significa "ángel" o "mensajero". Segundo, la ubicación de las estrellas en la mano de Jesús habla de dos verdades. Una es que están ahí para ser usadas por Él, como herramientas listas para trabajar, lo que aplica a ángeles y pastores. Y la segunda verdad es que estar en la mano del Señor representa consuelo y protección. En ningún otro lugar de la Biblia vemos a ángeles ubicados en la mano de Dios. Ese es un lugar para sus hijos, particularmente para aquellos que están al frente de su guerra espiritual.

No sabemos qué ocurre después. ¿Acaso Juan y Jesús van a la choza destartalada del discípulo? ¿Comen juntos y hablan del pasado antes de ponerse a trabajar? ¿Juan tiene a la mano lo que necesita para escribir y simplemente empiezan a trabajar? La línea narrativa termina en el 1:20 y volvemos a ella hasta en el 4:1. Como sea, ya estaban acomodados. Sabemos que en algún momento, Jesús empezó a hablar y Juan empezó a escribir, así que comenzó a tomar forma esta carta maravillosa que el Novio le dedica a su prometida.

CAPÍTULO 3

UNA INTRODUCCIÓN A LA IGLESIA: VISIÓN GENERAL

Antes de empezar el ministerio de Behold Israel, trabajé como guía turístico en todo Israel. Amé a ese ministerio por muchas razones, la principal fue que me dio la oportunidad de conocer a muchas personas. Mientras compartía con ellos la historia de Israel y los planes que tiene Dios para esa nación y para el mundo, empecé a notar un patrón en las preguntas que las personas me hacían. Una de las más frecuentes era, y sigue siendo incluso en mis conferencias: "¿Dónde estará la Iglesia durante la tribulación?". Es una excelente pregunta, pero antes de obtener una buena respuesta, y antes de empezar a analizar Apocalipsis 2-3, debemos dar un paso atrás y preguntarnos algo fundamental: ¿Qué es la Iglesia? Lo que ahora para muchos sería un concepto muy básico, cada vez se vuelve más y más confuso.

¿Qué es la Iglesia?

¿Jesús fue bautista, presbiteriano o un metodista? "Ay, Amir, qué tonterías dices. Jesús no fue miembro de una iglesia en particular", podrías decirme. "¡Él fue antidenominacional!". Bueno, amigo mío, la primera parte de tu argumento es cien por ciento correcta y la segunda parte es cien por ciento errónea. Jesús no formó parte de una iglesia porque esta no empezó sino hasta después de su muerte, resurrección y ascensión al cielo.

Jesús fue un judío que creció yendo a la sinagoga. Su Biblia estaba hecha de escrituras hebreas. ¡De hecho, nunca citó al Nuevo Testamento en sus enseñanzas! A pesar de que nunca elevó sus manos junto a los pentecostales o cantó en un coro luterano, Él tenía una relación especial con la Iglesia. En la Biblia, la palabra que aparece como "iglesia" es una traducción del griego *ekklesia*, de la cual obtenemos la palabra *eclesiástico*. Se refiere a un grupo de personas llamadas a tener una relación íntima con Dios a través de Jesucristo. Y esa es la clave; la Iglesia no es un edificio, una religión o una denominación. La Iglesia la conforman personas que recibieron a Jesús como Señor y Salvador.

Podemos ver la cercanía entre Jesús y la Iglesia en dos términos descriptivos que aparecen en el Nuevo Testamento. A veces, el autor se refiere a la Iglesia como el "cuerpo de Cristo" (1 Corintios 12:27) y otras veces como "la esposa" de Cristo o el Cordero (Apocalipsis 21:9). Ambos términos hacen énfasis de la intimidad y alteridad de la Iglesia.

Ser el cuerpo y la esposa, sin embargo, no significa que somos iguales a Cristo. Contrario a lo que afirman algunos sistemas de creencia, no somos y nunca seremos dioses. Piénsalo, como la esposa de Cristo, la Iglesia debe estar separada de Cristo. Como prueba de que puedes encontrar cualquier cosa en el internet, he visto hombres y mujeres casándose consigo mismos, aunque en ningún sentido esto es real o sancionado. Sin embargo, al paso que vamos culturalmente, ¿hace falta mucho para que este tipo de matrimonio sea aceptado? La novia y el novio deben ser dos personas diferentes. Por lo tanto, Jesús no puede ser parte de la Iglesia, si la Iglesia es su esposa. Lo que nos dice la Biblia es que el Señor siente un amor apasionado y sacrificial por quienes que le pertenecen como su prometida (Efesios 5:25-27).

Conociendo el amor que Cristo tiene por su esposa, debemos preguntarnos qué aspectos de los eventos duros y violentos que ocurren en Apocalipsis 4:19 le pertenecen a la Iglesia y qué le pertenecen a Israel y al resto del mundo. "Ey, Ey, Ey", dirán algunos. "Más despacio, Amir. ¿A qué te refieres con 'qué le pertenecen a la Iglesia' y 'qué le pertenecen a Israel'? Son una misma cosa". Muchos de la tradición cristiana reformada sostienen esta creencia que llaman teología del reemplazo y creen en esto. Esta visión dice que cuando los judíos rechazaron a Jesús, Dios los rechazó a ellos. Por lo tanto, todas las promesas que alguna vez fueron de Israel, excepto la promesa de tierra, ahora le pertenecen a la Iglesia.

Esta mentira lleva tiempo dando vueltas. Incluso Pablo tuvo que luchar contra ella en su carta a los romanos. Hablando de Israel como "su pueblo", él escribió: "Digo, pues: ¿Ha desechado Dios a su pueblo? En ninguna manera. Porque también yo soy israelita, de la descendencia de Abraham, de la tribu de Benjamín. No ha desechado Dios a su pueblo, al cual desde antes conoció" (Romanos 11:1-2).

Sin embargo, ahora hay muchos reconocidos y respetados pastores y teólogos que leen las palabras de Pablo y dicen cosas como: "Bueno, eso realmente no significa lo que parece que significa". He abordado esta mentalidad de: "¿En quién confiarás, en mí o tus ojos mentirosos?" en mi libro *Israel y la iglesia,* que trata sobre los diferentes roles que ambos juegan en el plan de Dios. Permíteme exponerte algunas diferentes entre ambos.

Pertenecer a Israel es un derecho de nacimiento. Pertenecer a la Iglesia es un derecho que se obtiene al nacer de nuevo. Israel es una nación que se integra por judíos. La Iglesia es un pueblo integrado por creyentes. El enfoque de Israel es Jerusalén. El enfoque de la iglesia es el cielo. Israel tiene esperanza terrenal en la tierra. La Iglesia tiene esperanza celestial en la eternidad. Israel comenzó con Abraham. La Iglesia comenzó con pentecostés.

Israel y la Iglesia son dos grupos diferentes. Israel es un grupo étnico y la Iglesia es un grupo espiritual. Como ya dije, ambas tuvieron inicios diferentes, y como veremos en Apocalipsis, también culminarán de diferente forma. La Iglesia será removida de la tierra en el rapto, y la salvación de Israel sucederá en la segunda venida de Cristo, cuando todos los que queden de la nación de Israel reconozcan al que fue traspasado por nuestra salvación, y cada uno lo reciba como Señor y Salvador.

Esto es lo que dicen las Escrituras. La única manera de unir las dos entidades es dejar de lado la exégesis—"extraer el significado del texto"—en favor de la alegoría, los significados ocultos y las opiniones. Cuando esto ocurre, la Biblia se convierte en "lo que creo que significa" en vez de lo que dice claramente. La Biblia deja de ser la Palabra de Dios y se convierte en palabras que ponemos en la boca de Dios.

La Iglesia hoy

Si estás casado, es probable que recuerdes la época entre el inicio de tu compromiso y el día de tu boda. Es una época llena de emoción y expectativa, de planes y preparativos—se parece mucho a la época que atravesamos hoy mismo en la Iglesia. Si hemos sido prometidos a Cristo como su novia, entonces hasta que llegue el día de la boda que leemos en Apocalipsis 19, estamos en la época del compromiso. El apóstol Pablo lo explica así: "Y el que nos confirma con vosotros en Cristo, y el que nos ungió, es Dios, el cual también nos ha sellado, y nos ha dado las arras del Espíritu en nuestros corazones" (2 Corintios 1:21-22).

La palabra "arras" es sinónimo de "garantías", que en griego es *arrabon*, una hermosa palabra llena de significado: "promesa, garantía y compromiso". Lo que Pablo nos dice es que el Espíritu Santo, en cierto sentido, es el símbolo del compromiso de Dios, la garantía de que terminará lo que ha empezado. Como el Señor les dijo a sus discípulos: "En la casa de mi Padre muchas moradas hay; si así no fuera, yo os lo hubiera dicho; voy, pues, a preparar lugar para vosotros. Y si me fuere y os preparare lugar, vendré otra vez, y os tomaré a mí mismo, para que donde yo estoy, vosotros también estéis" (Juan 14:2-3).

Jesús estaba preparando a sus discípulos para su partida; quería que ellos supieran que a pesar de que se iba con su Padre, no los abandonaría. Al contrario, enviaría al Espíritu Santo para que viviera en ellos. El Espíritu dentro de ellos era la garantía de que el Señor volvería por su prometida, la Iglesia.

Hoy, el Espíritu dentro de nosotros es el símbolo del compromiso con nuestro Novio, el Señor Jesucristo. Y yo creo que somos la generación que no morirá si no que vivirá la experiencia del rapto de la Iglesia, cuando Jesús venga por su prometida y la lleve a la ceremonia de las bodas.

La Iglesia durante la tribulación

Ahora que hemos establecido qué es la Iglesia, volvamos a la pregunta inicial: ¿Dónde estará la Iglesia durante la tribulación? ¿Experimentará la ira de Dios cuando derrame el juicio sobre la tierra? Muchos creyentes están convencidos de que eso sucederá. Puede que sientan que nosotros, como miembros de la Iglesia, no hemos estado a la altura de una prometida inmaculada, por lo que necesitamos enderezarnos y poner un poco de orden. La tribulación será un tiempo para limar nuestras asperezas y darnos una merecida nalgada como castigo por lo malo que hemos hecho.

Trato de pensar cómo pensaría un novio en esta situación. "Amada mía, no puedo esperar más para casarme contigo, pero no sé si tú estás lo suficientemente comprometida conmigo. Así que te haré sufrir un poco, para que aprendas a amarme más". Dudo que esa sea la perspectiva que los pastores comparten con las parejas durante su orientación prematrimonial.

Pero hay quienes realmente sienten que la Iglesia debería sufrir la tribulación y a ellos les digo: "¡Ah, sí!". Yo, más bien, con gusto tomaré el primer vuelo fuera de este mundo para encontrarme con el Novio en las nubes. Afortunadamente, pensar que el rapto ocurrirá antes de la tribulación no es una idea descabellada, es bíblico. Considera los siguientes pasajes y la preposición "de":

> Porque ellos mismos cuentan de nosotros la manera en que nos recibisteis, y cómo os convertisteis de los ídolos a Dios, para servir al Dios vivo y verdadero, y esperar de los cielos a su Hijo, al cual resucitó de los muertos, a Jesús, quien nos libra de la ira venidera" (1 Tesalonicenses 1:9-10).

Por cuanto has guardado la palabra de mi paciencia, yo
también te guardaré de la hora de la prueba que ha de
venir sobre el mundo entero, para probar a los que moran
sobre la tierra" (Apocalipsis 3:10).

La promesa de Jesús, el Novio, es que Él salvará a su Iglesia *de* la
ira venidera. Él no llevará a la Iglesia *hacia* la ira o incluso *a través* de
la ira. Vamos a ser salvados *de* "la hora de la prueba que ha de venir
sobre el mundo entero, para probar a los que moran sobre la tierra".

Así trabaja Dios. Hay antecedentes de ello. ¿Acaso Dios le dijo
a Noé que iba a salvarlo durante la inundación? "Sigue caminando
sobre el agua. En un año vas a estar de vuelta a tierra firme". ¿Y qué
tal Lot? Cuando Dios hizo llover fuego y azufre sobre Sodoma y
Gomorra, ¿acaso le dijo al sobrino de Abraham: "Solo debes esqui-
var las bolas de fuego. Puede que te chamusques un poquito, pero
al menos sobrevivirás"? ¡Por supuesto que no! Dios salvó a Noé y su
familia *del* juicio de la inundación pidiéndole que construyera un
arca. Dios salvó a Lot y su familia *del* juicio en Sodoma y Gomorra cuando envió ángeles para que los sacaran rápido de la ciudad.
Y Dios salvará a la Iglesia *de* la tribulación llevándonos al encuentro
con Jesús en las nubes.

Pero si nos salvan de este lugar, ¿hacia dónde vamos? Al cielo, por
supuesto. Al lugar que nuestro Novio prometió tener listo para nosotros. Él va a venir por su novia y la llevará a la casa de su Padre. Además,
en ese momento, nosotros, como Iglesia, vamos a comparecer ante la
bimah de Cristo. ¿Qué es una *bimah*? En los tiempos antiguos, era una
plataforma elevada donde un mediador, el alcalde de la ciudad o alguna otra autoridad, entregaba coronas y trofeos a los ganadores de una
carrera. En la Biblia la palabra es traducida como el "tribunal".

Por tanto, procuramos también, o ausentes o presentes,
serle agradables. Porque es necesario que todos nosotros
comparezcamos ante el tribunal de Cristo, para que cada
uno reciba según lo que haya hecho mientras estaba en el
cuerpo, sea bueno o sea malo" (2 Corintios 5:9).

El tribunal de Cristo no determina si entramos al cielo. Ya estaremos ahí en ese momento. Sin embargo, determinará si recibimos o perdemos recompensas, dependiendo de nuestra fidelidad al Señor mientras vivamos en la tierra.

Cuando hayan pasado siete años, será el momento del regreso de Jesús a la Tierra, esta vez como Rey y Juez. ¿Nos dejará para cuidar del cielo mientras Él no está? Claro que no. ¡Volveremos con Él!

Y se afirmarán sus pies en aquel día sobre el monte de los
Olivos,
que está en frente de Jerusalén al oriente;
y el monte de los Olivos se partirá por en medio,
hacia el oriente y hacia el occidente,
haciendo un valle muy grande;
y la mitad del monte se apartará hacia el norte,
y la otra mitad hacia el sur.

Y huiréis al valle de los montes,
porque el valle de los montes llegará hasta Azal;
huiréis de la manera
que huisteis por causa del terremoto
en los días de Uzías rey de Judá;
y vendrá Jehová mi Dios,
y con él todos los santos(Zacarías 14:4-5).

¿Y para qué volveremos? Uno pensaría que al saborear el cielo, no querríamos volver a este planeta, especialmente después de la destrucción durante esos siete años. Pero debemos volver porque tendrá lugar un evento increíble y somos invitados de honor.

Gocémonos y alegrémonos y démosle gloria; porque han
llegado las bodas del Cordero, y su esposa se ha preparado.
Y a ella se le ha concedido que se vista de lino fino, limpio
y resplandeciente; porque el lino fino es las acciones justas de los santos. Y el ángel me dijo: Escribe: Bienaventurados los que son llamados a la cena de las bodas del

Cordero. Y me dijo: Estas son palabras verdaderas de Dios (Apocalipsis 19:7-9).

Luego de la tribulación, iniciará el gran banquete de bodas. Ambos, el Novio (Jesús) y la novia (la Iglesia) descenderán del cielo a la tierra, donde acontecerá el banquete de bodas. El reino milenario de Cristo desde Jerusalén incluirá esa gran fiesta de bodas.

Si la Iglesia está en el cielo, ¿quién quedará en la tierra para la tribulación? Los "dejados atrás" incluyen al Israel incrédulo y a las naciones del mundo. Dios no diseñó la tribulación para la Iglesia. La diseñó para Israel y para el mundo en general. Dios ha sido paciente por miles de años por su gracia y misericordia. Él ha contenido su ira ante la humanidad. La paciencia del Señor lo mantiene en el cielo. Pero un día, el Padre le dirá a su Hijo: "Es hora de ir a traer a Tu novia y traerla a la casa".

El propósito de la tribulación

En la Iglesia tendemos a ser miopes cuando se trata de la interpretación bíblica. En otras palabras, queremos saber dónde encajamos. Esa es una de las razones por las que es tan difícil para algunos cristianos aceptar que la mayoría del libro de Apocalipsis, incluyendo los siete años de la tribulación, no tiene nada que ver con la Iglesia. También plantea la pregunta, si la intención de la tribulación no es purificar la iglesia, entonces ¿cuál es su propósito?

Afortunadamente, Dios nos ofrece una respuesta muy clara. Si investigamos un poco, podemos ver que Dios traerá su ira al mundo por tres razones. Vamos a empezar con Israel.

La tribulación preparará a Israel para su Mesías

La tribulación será una época que llevará a muchos israelitas hacia el Señor. Inicialmente, confiarán en un falso mesías, también conocido como el anticristo. Luego se darán cuenta de que él no es quien dice ser. Considera las promesas que Dios le hizo a su pueblo:

> Mas si desde allí buscares a Jehová tu Dios, lo hallarás, si lo buscares de todo tu corazón y de toda tu alma. Cuando

estuvieres en angustia, y te alcanzaren todas estas cosas, si en los postreros días te volvieres a Jehová tu Dios, y oyeres su voz; porque Dios misericordioso es Jehová tu Dios; no te dejará, ni te destruirá, ni se olvidará del pacto que les juró a tus padres (Deuteronomio 4:29-31).

¡Ah, cuán grande es aquel día!, tanto, que no hay otro semejante a él; tiempo de angustia para Jacob; pero de ella será librado (Jeremías 30:7).

En aquel tiempo se levantará Miguel, el gran príncipe que está de parte de los hijos de tu pueblo; y será tiempo de angustia, cual nunca fue desde que hubo gente hasta entonces; pero en aquel tiempo será libertado tu pueblo, todos los que se hallen escritos en el libro (Daniel 12:1).

Por tanto, cuando veáis en el lugar santo la abominación desoladora de que habló el profeta Daniel (el que lee, entienda), entonces los que estén en Judea, huyan a los montes (Mateo 24:15-16).

Nuestro Dios cumple todas sus promesas. Él ha dado a su pueblo elegido, generación tras generación, la oportunidad de ir hacia su Mesías, pero ellos se han negado. Así que Dios ha enviado una ceguera parcial sobre Israel. ¿Qué podría abrir su mente y corazón ante Cristo? El terrible tiempo de la tribulación. A mediados del tercer año de la tribulación descubrirán que aquel que hizo un pacto con ellos y les prometió que podrían construir su templo y adorar como antes lo hacían, se ha vuelto contra ellos y se ha levantado para ser adorado en el templo.

Este es el momento cuando la plena ira de Dios descenderá sobre la tierra. Mientras la destrucción y la calamidad rodean a todos, 144 000 judíos evangelistas predicarán el Evangelio. Al final de esta terrible devastación, Jesús tocará el Monte de los Olivos, todos los ojos lo verán y se lamentarán.

E inmediatamente después de la tribulación de aquellos días, el sol se oscurecerá, y la luna no dará su resplandor, y las estrellas caerán del cielo, y las potencias de los cielos serán conmovidas. Entonces aparecerá la señal del Hijo del Hombre en el cielo; y entonces lamentarán todas las tribus de la tierra, y verán al Hijo del Hombre viniendo sobre las nubes del cielo, con poder y gran gloria. Y enviará sus ángeles con gran voz de trompeta, y juntarán a sus escogidos, de los cuatro vientos, desde un extremo del cielo hasta el otro (Mateo 24:29-31).

Esta es la misma promesa que el apóstol Pablo dio cuando escribió sobre la eventual salvación de Israel:

Porque no quiero, hermanos, que ignoréis este misterio, para que no seáis arrogantes en cuanto a vosotros mismos: que ha acontecido a Israel endurecimiento en parte, hasta que haya entrado la plenitud de los gentiles; y luego todo Israel será salvo, como está escrito:

Vendrá de Sion el Libertador,
Que apartará de Jacob la impiedad.
Y este será mi pacto con ellos,
Cuando yo quite sus pecados (Romanos 11:25-27).

Algunos críticos de Israel afirman que los que toman este pasaje literalmente están diciendo que Dios salvará a los judíos porque son judíos. Esto no es cierto. Nadie será salvo a menos que acepte personalmente a Jesús como Señor y Salvador. Este pasaje dice que, en ese día, todos en Israel finalmente reconocerán lo que se ha estado perdiendo, y cada judío dará ese paso individual para recibir a Jesús, y confiar en que Él para los salve.

¿Cuándo ocurrirá esto? Pablo dice que sucederá cuando la plenitud de los gentiles haya llegado. La Biblia habla de la "plenitud de los gentiles" (Romanos 11:25) y los "tiempos de los gentiles"

(Lucas 21:24). Es fácil confundirlos, pero no son la misma cosa. La plenitud de los gentiles se refiere a la época cuando el último gentil tenga fe en Cristo. Los tiempos de los gentiles se refiere a algo totalmente diferente.

La tribulación traerá el final para los tiempos de los gentiles

Los "tiempos de los gentiles" empezaron cuando el rey Nabucodonosor destruyó a Jerusalén y tomó cautivo al pueblo de Israel. Desde ese momento hasta 1948, Israel estuvo bajo el control de los gentiles. Dios esparció a su pueblo por todo el mundo por su desobediencia, tal y como prometió que haría (Ezequiel 26:16-19).

¿Acaso el 14 de mayo de 1948, el día que Israel obtuvo la categoría de Estado, puso fin a los "tiempos de los gentiles"? Algunos comentaristas piensan que sí. Sin embargo, la actual paz de Israel es temporal. Dios nos dice que Jerusalén una vez más será rodeada por ejércitos, tal y como ocurrió en 586 a.C., bajo el rey Nabucodonosor, y luego en 70 DC, bajo la décima legión romana, cuando ambas destruyeron Jerusalén.

De nuevo Israel será sitiada, esta vez por Gog, el príncipe de Magog y sus cohortes de Rusia, Irán, Turquía, sudán y Libia, tal como está escrito en Ezequiel 38-39. Estas naciones "vendrán a tomar el botín" (Ezequiel 38:13) en referencia a la actual prosperidad de Israel. Pero Dios intervendrá y destruirá a esos ejércitos.

¿Eso significa que Israel estará a salvo? En absoluto. Una vez que esos poderes sean removidos por la intervención de Dios, quedará abierto el camino para el ascenso del anticristo. Entonces, tal como dijimos, luego de tres años y medio años de tribulación, el anticristo romperá su pacto con Israel y se erigirá para ser adorado. Eventualmente, los ejércitos del mundo se reunirá en un lugar llamado Harr Megiddó o Armagedón, e irán hacia Israel a destruir la ciudad. Dios intervendrá una vez más en favor de su amado pueblo y pondrá fin a los tiempos de los gentiles. Esto ocurrirá cuando Cristo baje del cielo e instale su reino milenario en la tierra.

Jesús habló de este tiempo cuando dijo:

Pero cuando viereis a Jerusalén rodeada de ejércitos, sabed entonces que su destrucción ha llegado. Entonces los que estén en Judea, huyan a los montes; y los que en medio de ella, váyanse; y los que estén en los campos, no entren en ella. Porque estos son días de retribución, para que se cumplan todas las cosas que están escritas. Mas ¡ay de las que estén encintas, y de las que críen en aquellos días! porque habrá gran calamidad en la tierra, e ira sobre este pueblo. Y caerán a filo de espada, y serán llevados cautivos a todas las naciones; y Jerusalén será hollada por los gentiles, hasta que los tiempos de los gentiles se cumplan (Lucas 21:20-24).

Será una época horrible. No entiendo a esos glotones de castigos, esos masoquistas religiosos, que buscan desesperadamente evidencia de que la novia de Cristo, la Iglesia, está destinada a soportar esos días. Tal y como Jesús explica en el pasaje anterior, esos serán días de venganza y tiempos de aflicción. Los judíos deberán soportar esta época para finalmente acudir al Mesías. Los gentiles no salvos la enfrentarán porque es el justo castigo por sus pecados. Pero para los que ya se han entregado a Cristo, la salvación ha llegado; además, en ese momento, ya todos en la Iglesia han sido completamente purificados por la sangre de Jesús. Así que no hay propósito para la Iglesia en la tribulación.

La tribulación castigará a la humanidad por el pecado

¿Cuántas veces has oído a alguien preguntar por qué Dios permite esto? Seguramente también has escuchado que preguntan: "¿Por qué Él no hace algo respecto a la inhumanidad del hombre?" Bueno, ahí está tu respuesta: Él hará algo al respecto. Por ahora, Él espera pacientemente a que la humanidad responda a su llamado. Pero conforme pasa el tiempo, la gente rechaza más y más a Dios, y las personas se odian más entre sí.

Llegará el momento cuando Dios diga: "¡Suficiente!". Entonces derramará sobre la tierra el juicio de los siete sellos y las trompetas y las copas de la ira que vemos en Apocalipsis. Estos juicios serán justas recompensas por la rebelión y la antipatía que este mundo ha demostrado contra su Creador. A través de Isaías, Dios promete juicio sobre las naciones:

> Anda, pueblo mío, entra en tus aposentos,
> cierra tras ti tus puertas;
> escóndete un poquito, por un momento,
> en tanto que pasa la indignación.
> Porque he aquí que Jehová sale de su lugar
> para castigar al morador de la tierra por su maldad contra él;
> y la tierra descubrirá la sangre derramada sobre ella,
> y no encubrirá ya más a sus muertos" (Isaías 26:20-21).

Esta será una época sin precedentes. Amigo mío, no querrás estar aquí cuando suceda. ¿Cómo te aseguras de que escaparás de la ira de Dios? Siendo parte de la Iglesia, la novia de Cristo. ¿Cómo puedes integrarte? Romanos 10:9-10 lo deja muy claro:

> Si confesares con tu boca que Jesús es el Señor, y creyeres
> en tu corazón que Dios le levantó de los muertos, serás
> salvo. Porque con el corazón se cree para justicia, pero con
> la boca se confiesa para salvación.

Todo se resume en Jesús. ¿Confiarás en Él para tu salvación? ¿Lo harás el centro de tu vida? ¿Lo seguirás y lo harás tu Señor y Salvador? Si lo harás, entonces tienes la certeza de que estarás a salvo en el cielo junto a Jesús, antes de que empiece toda esa locura acá en la tierra.

CAPÍTULO 4

CARTAS DE AMOR
A LA NOVIA

La mujer llegó a casa del trabajo agotada, pero no sin un poco de emoción. Luego de parquearse en la entrada, salió del auto y volteó a ver hacia la calle en vez de hacia su casa. Corrió al buzón, lo abrió y metió la mano en ese espacio oscuro. Sacó todo lo que encontró y cerró el buzón rápidamente. Tomó su bolso y su taza de viaje que había dejado en el techo del auto, y entró a su casa. Dejó la taza, su bolso y las llaves sobre el mostrador de la cocina. Se sentó en ahí mismo, respiró profundo y empezó revisar el correo.

"Facturas, estados de cuenta, basura…" murmuró mientras una tras otra, las cartas pasaba de sus manos a la mesa. Luego contuvo el aliento. Ya toda la correspondencia estaba sobre la mesa cuando sus ojos vieron su nombre escrito en un sobre; era la letra de su esposo. En la esquina superior izquierda estaba la dirección del remitente y empezaba con APO—*Army Post Office* (Servicio postal del ejército). Para no dañar el valioso contenido del sobre, tomó un cuchillo muy delgado, lo deslizó con cuidado al borde entre el doblez del sobre y lo abrió.

"A mi queridísimo amor…" leyó y sus lágrimas comenzaron a brotar. Ella sabía que no había nadie en la tierra que la amara más, y eso hacía que cada palabra escrita por su esposo fuera aún más preciosa. Cuando terminó de leer, llevó su tesoro a la habitación y la puso sobre su mesa de noche, de donde la tomaría para leerla una y otra vez, antes de guardarla junto a otras cartas dentro de una caja que había hecho con especial cuidado para resguardarlas.

Lo que estamos a punto de leer en Apocalipsis son las cartas de amor del Novio a su futura esposa. Ahí hay palabras de admiración y exhortación. El Novio anima a su prometida, pero también la desafía. A través de todo este proceso, el amor que Jesús siente por su Iglesia nunca podrá ser cuestionado. Nosotros le pertenecemos y Él nos pertenece.

Hay un patrón en cada uno de los siete breves mensajes que Jesús dictó a Juan. Vemos (1) la ubicación de la iglesia, (2), el que se dirige a la iglesia, (3) lo que Jesús sabe sobre la iglesia, (4) una palabra de aliento a todas las iglesias menos a dos, (5) una reprimenda a todas las iglesias, (6) un reto al arrepentimiento a todas las iglesias menos a dos, y (7) una promesa a los fieles.

El Señor comienza con la iglesia natal de Juan, Éfeso, y luego continúa en orden geográfico, dirigiéndose al norte, para luego bajar en el sentido de las agujas del reloj. ¿No es interesante que su primera carta de amor se dirija a una iglesia que, de hecho, había perdido la pasión del primer amor?

La Iglesia de Éfeso

Éfeso era la mejor y la peor de las ciudades. Por un lado, tenía un magnífico puerto y mercado. Su población era abundante, aunque siempre fluctuaba, ya que los marineros llegaban al puerto, se tomaban un tiempo de descanso y luego zarpaban. La reputación de Éfeso se extendió a lo largo y ancho, ya que era el hogar de lo que más tarde se consideraría una de las siete maravillas del mundo: el Templo de Diana. Con columnas que se elevan sesenta pies hacia el cielo, esta asombrosa estructura atrajo a fieles de todo el imperio.

Este templo, sin embargo, era el centro de la peor parte de Éfeso. Diana, también conocida como Artemisa, era una diosa de la fertilidad. Así que gran parte del culto a ella implicaba la inmoralidad sexual y la prostitución en el templo… Esto combinado con el flujo constante de marineros que a veces pasaban largos periodos en el mar, convirtió a Éfeso en una alcantarilla de pecado y libertinaje. Si a veces te preguntas de qué forma podrías alcanzar a personas en una cultura obsesionada con el pecado, como la nuestra, solo piensa en Pablo, quien en su segundo viaje misionero paseaba por esta ciudad que hace lucir a Las Vegas como un campamento de verano para niños.

Como era usual, Pablo se enfocó primero en los judíos en las sinagogas, hasta que arremetieron contra él. "Pero oponiéndose y blasfemando estos, les dijo, sacudiéndose los vestidos: Vuestra sangre sea sobre vuestra propia cabeza; yo, limpio; desde ahora me iré a los gentiles" (Hechos 18:6).

¿Quiénes eran estos gentiles? Eran paganos que hacían lo que todos en Éfeso: rendir culto a Artemis. Pablo no les dio la espalda simplemente porque estaban atrapados en el pecado y la confusión. Él se dio cuenta de que el enemigo los había engañado y que seguían la dirección que le diablo les mostraba. Pablo les mostró otro camino, uno de verdad y justicia. Durante los próximos dos años, trabajó con los paganos enseñándoles la salvación por la fe en Cristo y cómo vivir como siervos de Jesús. Más tarde, nuestro autor del Apocalipsis, Juan, intervino como pastor y sirvió en esa iglesia hasta su exilio, cincuenta millas al oeste, en Patmos.

A finales del primer siglo, la congregación de Éfeso estaba compuesta por gente teológicamente sólida y trabajadora. Sabían en qué creían y por qué lo creían.

> Yo conozco tus obras, y tu arduo trabajo y paciencia; y que no puedes soportar a los malos, y has probado a los que se dicen ser apóstoles, y no lo son, y los has hallado mentirosos; 3 y has sufrido, y has tenido paciencia, y has trabajado arduamente por amor de mi nombre, y no has desmayado (Apocalipsis 2:2-3).

¡Qué elogio tan maravilloso el que sale de los labios de nuestro Señor! A la mayoría de los pastores les encantaría tener una congregación así. Eran activos en el servicio, morales en su conducta, además de sólidos y precisos en su teología. Pero algo faltaba. A pesar de que el cerebro y los músculos trabajaban en armonía, había un problema con el corazón. El amor que la primera generación de creyentes tenía por el Señor había empezado a desaparecer. La segunda generación mantuvo la teología y el compromiso con el servicio, pero su pasión tenía una fuga, como un neumático perforado por un clavo.

> Pero tengo contra ti, que has dejado tu primer amor.
> Recuerda, por tanto, de dónde has caído, y arrepiéntete,
> y haz las primeras obras; pues si no, vendré pronto a ti, y
> quitaré tu candelero de su lugar, si no te hubieres arrepen-
> tido (Apocalipsis 2:4-5).

Eso tuvo que sentirse como una patada en la espinilla para la congregación que escuchaba al pastor leyendo la carta. Probablemente, había un poco de orgullo espiritual en la congregación. Después de todo, décadas antes, Pablo había escrito una de sus cartas sagradas a dicha iglesia, en la que decía: "Por esta causa también yo, habiendo oído de vuestra fe en el Señor Jesús, y de vuestro amor para con todos los santos, no ceso de dar gracias por vosotros, haciendo memoria de vosotros en mis oraciones" (Efesios 1:15-16). ¿Qué había ocurrido entre una generación y otra de creyentes?

Semejante cambio suele ocurrir en la transición de la generación visionaria que construye todo, a la siguiente generación, la que disfruta de los frutos. La segunda generación no conoce las dificultades y las pruebas. No tienen la oportunidad de que su fe sea desafiada y de ver al Señor obrando. Piensa en la diferencia que hay entre el Rey David y el Rey Salomón. David fue un rey guerrero que sabía lo que era mirar a la muerte a la cara. El reinado le había costado lucha y sangre. Salomón era un rey de palacio que sabía lo que era mirar a la cara a un reino lleno de fieles seguidores. Toda la sabiduría del mundo no pudo impedir que el segundo gobernante de la línea davídica le quitara su amor al verdadero Dios y se lo diera a los dioses y falsos ídolos de sus esposas extranjeras.

La advertencia que el Novio le dio a su novia efesia incluía un castigo severo si se negaban a arrepentirse de haber abandonado a su primer amor. Él pondría fin a la iglesia. Quitaría los candeleros de su lugar. La historia nos dice que los efesios creyentes han de haber respondido de forma positiva a esta advertencia, porque de nuevo se convirtieron en una iglesia próspera.

Todos podemos nombrar iglesias como aquella a la que Cristo escribió en Éfeso.

O tal vez tú formas parte de una iglesia similar a la de los efesios, donde hay estudios bíblicos en la iglesia y en los hogares. Una congregación con varios grupos talentosos de alabanza y adoración turnándose cada domingo; que celebra numerosos servicios simultáneos, tal vez incluso en diferentes campus, y en línea. Una iglesia que ofrece formación para el crecimiento del liderazgo cristiano, además de grupos de hombres y mujeres, suficiente voluntariado para los estacionamientos y servidores que dan la bienvenida, banco de alimentos para ayudar a quienes lo necesitan, y un gran presupuesto para misiones. Todos estos pueden ser fuertes elementos de una iglesia activa.

Pero a veces las actividades cristianas pueden impedir que los creyentes pasen tiempo con Cristo. Las iglesias pueden tener tanto que hacer que las personas simplemente no tienen tiempo para estar con el Señor. Los estudios bíblicos son lo suficientemente grandes como para llenar el santuario. Sin embargo, las noches de oración muchas veces ocurren en un pequeño salón de clases de la escuela dominical donde los pocos participantes deben sentarse en diminutas sillas hechas para niños. Entregan boletos para que todas las personas tengan un asiento asegurado durante el concierto de una banda invitada, pero quien guía las noches de adoración y contemplación debe pedir a los escasos asistentes que se acerquen para que el salón no se sienta tan vacío.

Esto no solo ocurre a las iglesias. También puede sucedernos a nosotros. Muchas veces he escuchado que 10% de la congregación hace 90% del trabajo, y me parece que es cierto. Aunque debemos estar agradecidos por ese diez por ciento de servidores, ellos deben cuidarse de no estar tan ocupados por Dios que pierdan el contacto con Dios. Si eres tan diligente con el ministerio que te quedas sin tiempo para la oración íntima y la lectura de la Palabra, estás sacrificando lo grande en el altar de lo bueno. Si el servicio a Dios no se construye sobre el fundamento del tiempo diario con Él, será inevitable arrastrar amargura, ira, territorialismo y motivos equivocados para congregarse. Jesús le enseñó esta verdad a Marta, la gran "hacedora", cuando habló de su hermana María y dijo: "Pero solo una cosa es necesaria; y María ha escogido la buena parte, la cual no le será quitada" (Lucas 10:42). ¡¿Qué fue eso?! María estaba sentada a los pies de Jesús, aprendiendo a amarlo al estar en su presencia.

Recordar, arrepentirse y rehacer, eso era lo que Jesús pedía a los efesios. Recuerda tu primer amor. Recuerda la emoción de saber que estás bien con el Señor y que tus pecados son perdonados. Experimenta en tu corazón, una vez más, que se borra el miedo a la muerte y se refuerza la alegría de la vida eterna.

Arrepiéntete, deja de hacer lo que estabas haciendo y empieza a hacer lo correcto. Deja el pecado atrás y vive en santidad. Muchas personas que se dicen cristianas quieren jugar en ambos equipos. Tienes una mentalidad de "pecar el sábado y orar el domingo". Pero eso no funciona con Dios, porque el arrepentimiento no sale de los labios en una oración de perdón. Sale del corazón con una actitud de pesar y humildad. Toma la decisión de terminar con el pecado y vivir para Cristo.

Entonces, vuelve a hacer. La iglesia de los efesios pasó del avivamiento a la reprimenda. el regreso al avivamiento estaba a solo un cambio de corazón. Es igual para ti. Si has dejado que tu amor por Jesús disminuya o si nunca has conocido a Jesús lo suficientemente bien como para establecer esa relación de "primer amor", permite que hoy sea el día de tu acercamiento.

Nota que el Señor no les dio a los efesios una larga lista de tareas penitenciales para volver a su lado. Él simplemente los llamó para que volvieran. Deja lo que estás haciendo ahora y vive la vida a la manera de Dios. Pasa tiempo con Él, sumérgete en su Palabra, establece una relación a su lado. Te sorprenderás de lo rápido que crecerá tu amor por Él.

La Iglesia de Esmirna

El señor luego giró su atención al norte, a Esmirna, la mayor ciudad de Asia Menor. Tenía un buen puerto y era el centro político de la región. Homero nació ahí en el 750 a.C.. En el siglo IV a.C., los mermadas atacaron esta poderosa ciudad hasta que no fue más que una aldea desgarrada. Tres siglos después, Alejandro Magno decidió restaurar Esmirna y darle una nueva vida. Como muchas otras ciudades griegas, tenía varios templos y un gran teatro con capacidad para 20000 espectadores.

El nombre Esmirna deriva de la palabra *mirra*, un líquido para embalsamar, una de las principales exportaciones de la ciudad. Recordemos que fue uno de los tres regalos que le trajeron a Jesús los sabios de Oriente. Junto con el oro que era digno de un rey y el incienso que se utilizaba para adorar a los dioses o ídolos, se dio mirra a los padres de este especial bebé en uno de los mayores actos de presagio poético de todos los tiempos.

La iglesia de Esmirna sufría. La persecución que sufría era grande.

> Yo conozco tus obras, y tu tribulación, y tu pobreza (pero tú eres rico), y la blasfemia de los que se dicen ser judíos, y no lo son, sino sinagoga de Satanás. No temas en nada lo que vas a padecer. He aquí, el diablo echará a algunos de vosotros en la cárcel, para que seáis probados, y tendréis tribulación por diez días. Sé fiel hasta la muerte, y yo te daré la corona de la vida. El que tiene oído, oiga lo que el Espíritu dice a las iglesias. El que venciere, no sufrirá daño de la segunda muerte (Apocalipsis 2:9-11).

El Novio vio el sufrimiento de su novia por causa de su nombre. Él alabó a esta iglesia por su fidelidad en medio de una gran persecución y pobreza, pero no le advirtió: "Sin embargo…". No hacía falta.

Lo que tampoco añadió fue: "No te preocupes, te protegeré del sufrimiento" o "Está bien, no dejaré que te hagan daño". En vez de eso, dijo: "Sé fiel hasta la muerte, y yo te daré la corona de la vida". ¡Guau!

Escuché muchos cristianos hablar de su sufrimiento porque no podían reunirse cuando querían o porque el gobierno los obligó a usar mascarillas y vacunarse. Aunque no creo que la posición del gobierno fuera exigir este tipo de cosas, ¡no era una persecución! Permíteme decirlo de nuevo: que el gobierno te diga cuántas personas pueden estar en el templo y te obligue a ponerte una mascarilla puede que ser tonto, inconstitucional y carente de respaldo científico, ¡pero no es una persecución contra la iglesia! ¿Cómo lo sé? Porque sucede lo mismo en templos, mezquitas, teatros y restaurantes. Créeme, cuando haya persecución en contra de la iglesia, lo sabrás.

Si quieres entender la persecución, habla con un cristiano de sudán del sur o el norte de Nigeria o Irán o Corea del Norte o China. Te hablarán del verdadero sufrimiento. También te contarán cómo Dios ha caminado con ellos a través del dolor y la pérdida. Estos queridos hermanos y hermanas entienden qué significa ser "fiel hasta la muerte". Siguen confiando en Dios porque conocen la bendita promesa que viene con esa amonestación: "y te daré la corona de la vida".

La Iglesia en Pérgamo

Continuando hacia el norte de Esmirna, Jesús se enfocó en Pérgamo, localizada a unas dos millas tierra adentro del mar Egeo. Una gran ciudad con muchos templos, una universidad y una biblioteca de 200 000 volúmenes. Su exportación más importante era el pergamino y del nombre de la ciudad deriva el nombre del material de escritura fabricado de pieles de animales. Pérgamo también era notable por otro hecho: es donde Satanás tenía su trono.

> Y escribe al ángel de la iglesia en Pérgamo: El que tiene la espada aguda de dos filos dice esto: Yo conozco tus obras, y dónde moras, donde está el trono de Satanás; pero retienes mi nombre, y no has negado mi fe, ni aun en los días en que Antipas mi testigo fiel fue muerto entre vosotros, donde mora Satanás (Apocalipsis 2:12-13).

Este Antipas de quien habla el Señor era un verdadero hombre de Dios. Pero como vimos con Esmirna, eso no evita el sufrimiento. Las personas de la ciudad tomaron a este hombre e intentaron obligarlo a denunciar al Señor. Cuando se negó, lo quemaron vivo en un altar de bronce con forma de toro. A pesar de esta persecución, muchos de la congregación permanecieron fieles a Dios, mantuvieron sus ojos en Él y vivieron con rectitud.

Desafortunadamente, tuve que incluir la palabra "muchos" en la frase anterior porque a pesar de que la fe era fuerte, el pecado y los errores teológicos también lo eran. Había un gran contingente de miembros de la iglesia que vivían como incrédulos, comiendo alimentos ofrecidos a ídolos y participando en el pecado sexual.

> Pero tengo unas pocas cosas contra ti: que tienes ahí a los que retienen la doctrina de Balaam, que enseñaba a Balac a poner tropiezo ante los hijos de Israel, a comer de cosas sacrificadas a los ídolos, y a cometer fornicación. Y también tienes a los que retienen la doctrina de los nicolaítas, la que yo aborrezco (Apocalipsis 2:14-15).

Esta iglesia tenía tres problemas: (1) la doctrina de Balaam, (2) la idolatría y, (3), la inmoralidad. Muchos solo conocen a Balaam como aquel hombre cuyo burro le dirigió unas cuantas palabras (Números 22:27-30), pero él fue una figura importante y destructiva para los israelitas. Balac, el rey de Moab, contrató a Balaam, el profeta, para maldecir a la nación errante. Pero Balaam se negó a pronunciar nada sobre el pueblo de Dios que el Señor mismo no le hubiera pedido que dijera. Sin embargo, aunque el profeta no maldijera a los israelitas, tenía un plan B para derribarlos. Pensó: *Tal vez no puedo maldecirlos, pero puedo corromperlos*. Él enseñó al rey Balac a poner una piedra de tropiezo animando al pueblo a comer lo sacrificado a los ídolos y a cometer inmoralidad sexual.

Antes de que Moisés apareciera para sacar al pueblo de Egipto, adorar ídolos era común entre los hebreos.

Por eso se apresuraron a hacer un ídolo con forma de becerro cuando pensaron que Moisés no bajaría de la montaña. Estaban atrapados en los pecados de la nación donde vivían. Precisamente es con lo que tuvo que lidiar la iglesia de Pérgamo y otras más. Solían comer lo que había sido ofrecido a ídolos falsos y participaban en rituales sexuales de adoración a los dioses. Igual que los hebreos, se necesitó mucho para convencerlos de volver a sus viejas costumbres. Todo lo que se necesitó fue traer a algunas hermosas mujeres extranjeras que dijeran: "¿Saben? Yo adoro a mis ídolos con sexo. ¿Alguien quiere adorar conmigo?". Repentinamente, los hombres de Israel eran muy devotos de los dioses ajenos.

Jesús también los condenó por aferrarse a la doctrina de los nicolaítas. Es muy posible que el fundador de esta secta gnóstica haya sido Nicolás de Antioquía, un líder durante los primeros años de la iglesia y uno de los siete líderes designados por los discípulos para servir (Hechos 6:5-6). Dos de los primeros padres de la Iglesia, Ireneo y Clemente de Alejandría, señalan a Nicolás como el fundador de esta herejía, e Hipólito en su libro *Refutación de todas las herejías* dijo que Nicolás se había "alejado de la sana doctrina y tenía el hábito de inculcar la indiferencia tanto de la vida y como de la comida". Hipólito se refería a la creencia gnóstica de que la carne no es real, así que cualquier cosa que hagas con tu cuerpo es un juego limpio porque no cuenta como pecado.

Tristemente esta creencia nicolaíta es muy similar a lo que encontramos hoy en la iglesia. Cada vez más denominaciones religiosas aceptan el aborto. La inmoralidad heterosexual y homosexual están desenfrenadas. Recientemente, una persona transgénero fue elegida para ser obispo de la Iglesia Evangélica Luterana. La tendencia es alejarse de las Sagradas Escrituras. Si permaneces fiel a la moral bíblica, pronto serás parte de un grupo minoritario dentro de la iglesia.

Como creyentes, debemos tener cuidado de no caer en antiguos errores. A menudo, basta con un solo acto para desencadenar antiguos hábitos o iniciar otros nuevos. Debemos ser diligentes. Debemos comprometernos con la rectitud. Y debemos permanecer en la Palabra y orar todos y cada uno de nuestros días porque no podemos pelear solos contra el mundo, la carne y el diablo. Pero también sabemos que, tal y como el mismo Juan dijo: "Hijitos, vosotros sois de Dios, y los habéis vencido; porque mayor es el que está en vosotros, que el que está en el mundo" (1 Juan 4:4).

La Iglesia en Tiatira

Cuando Pablo, Silas y Timoteo llegaron a Filipos, durante el segundo viaje de Pablo como misionero, fueron al río y ahí conocieron a un grupo de mujeres; una de ellas destacó de las demás.

> Entonces una mujer llamada Lidia, vendedora de púrpura, de la ciudad de Tiatira, que adoraba a Dios, estaba oyendo; y el Señor abrió el corazón de ella para que estuviese atenta a lo que Pablo decía. Y cuando fue bautizada, y su familia, nos rogó diciendo: Si habéis juzgado que yo sea fiel al Señor, entrad en mi casa, y posad. Y nos obligó a quedarnos" (Hechos 16:14-15).

Como originaria de Tiatira, no debería sorprendernos que Lidia negociara con telas púrpura. Su ciudad natal era conocida por las industrias de la lana y los tintes. Situada al sureste de Pérgamo, en el río Lico, Tiatira era una ciudad pequeña, pero con gran poder económico. Estaba muy bien organizada, cada artesano de la ciudad debía formar parte de un gremio.

La iglesia de Tiatira era muy activa en servir a los demás, y parecía que continuaba con la hospitalidad de su primer integrante.

> Yo conozco tus obras, y amor, y fe, y servicio, y tu paciencia, y que tus obras postreras son más que las primeras (Apocalipsis 2:19).

Obras, amor, fe, servicio y perseverancia. ¿Qué más podría pedir una iglesia de sus integrantes? A la mayoría de las iglesias actuales les encantaría escuchar estos elogios del Señor. Sin embargo, esta iglesia tenía un problema evidente: toleraba el pecado.

> Pero tengo unas pocas cosas contra ti: que toleras que esa mujer Jezabel, que se dice profetisa, enseñe y seduzca a mis siervos a fornicar y a comer cosas sacrificadas a los ídolos. Y le he dado tiempo para que se arrepienta, pero

no quiere arrepentirse de su fornicación. He aquí, yo la arrojo en cama, y en gran tribulación a los que con ella adulteran, si no se arrepienten de las obras de ella. Y a sus hijos heriré de muerte, y todas las iglesias sabrán que yo soy el que escudriña la mente y el corazón; y os daré a cada uno según vuestras obras. Pero a vosotros y a los demás que están en Tiatira, a cuantos no tienen esa doctrina, y no han conocido lo que ellos llaman las profundidades de Satanás, yo os digo: No os impondré otra carga (Apocalipsis 2:20-24).

La iglesia de Tiatira permitía que una mujer que se hacía llamar profetisa les diera clases e influenciara a otras personas. Igual que Jezabel, la esposa de Acab, el famoso rey de Israel, esta mujer motivaba a las personas a rendir culto a otros dioses y a realizar actos inmorales, como muchos de los cultos religiosos de esa época. No solo logró que muchos miembros de la congregación la siguieran, sino, además, que se negaran rotundamente a arrepentirse de sus actos. Esa fue una rebelión moral, y la congregación no quería o no podía hacer nada al respecto.

Nota a lo que Jesús le dijo a la iglesia: "Y le he dado tiempo para que se arrepienta". Nuestro Dios es paciente y no disfruta disciplinar a la gente. Él preferiría que volviéramos a Él por voluntad propia después de reconocer nuestro pecado y arrepentirnos. Sin embargo, hay un punto donde Dios eventualmente dirá: "Ya es suficiente. Has tenido tiempo. Te di muchas oportunidades para cambiar tus actitudes y acciones, pero te niegas a hacerlo. Por lo tanto, esto es lo que haré". No quieres llegar a ese punto con tu iglesia y no quieres llegar a ese punto en tu vida. Dios te ofrece el perdón, sin importar lo que hayas hecho. Cambia hoy. Deja que Él te limpie de pecado. Ubícate en el camino de la rectitud, esperanza y gozo.

La Iglesia de Sardis

Jesús continuó su dirección sureste otras treinta millas hasta Sardis. Alguna vez la capital del antiguo reino de Lidia, Sardis fue una de las ciudades más grandes y nobles del este. Esta ciudad era famosa por sus tintes, textiles y joyas, y porque uno de sus mayores oficios era la sabiduría humana. Sardis fue conocida como el centro de la filosofía y el estudio, y el gran filósofo griego Tales vivió ahí mucho tiempo. Pero como ocurre con frecuencia, con el estudio de los misterios vienen los cultos y la idolatría. En Sardis ocurrían orgías y actos depravados como parte de prácticas de cierto tipo de paganismo.

La iglesia de Sardis tenía una buena reputación. Sin embargo, Jesús sabía cuán inmerecido era ese estatus.

> Escribe al ángel de la iglesia en Sardis: El que tiene los siete espíritus de Dios, y las siete estrellas, dice esto: Yo conozco tus obras, que tienes nombre de que vives, y estás muerto. Sé vigilante, y afirma las otras cosas que están para morir; porque no he hallado tus obras perfectas delante de Dios (Apocalipsis 3:1-2).

¡Auch! Como un hermoso árbol de navidad que se ve festivo por fuera, pero por dentro muere rápidamente, el barniz de buena salud que cubría a la iglesia de Sardis ocultaba un interior que empezaba a pudrirse. Fácilmente Jesús pudo haber bautizado a los feligreses con el mismo epígrafe que dio a los fariseos: "sepulcros blanqueados", que por fuera, a la verdad, se muestran hermosos, mas por dentro están llenos de huesos de muertos y de toda inmundicia(Mateo 23:27).

Esa es la verdad para muchas iglesias de hoy. ¿Cómo sabemos si somos parte de una iglesia sana? Busca señales de vida. ¿Hay amor entre los miembros de la iglesia y ofrecen ese amor a las personas fuera de la congregación? ¿Hay pequeñas facciones dentro de la iglesia? ¿Qué tal bienvenidos se sienten quienes visitan la iglesia? No solo veas las actividades. Un robot puede realizar muchas de las actividades que hacemos los humanos, incluso sin tener corazón. ¿Qué ves cuando entras a tu iglesia? ¿Solo ves un edificio hermoso, un pastor carismático y una banda bien ensayada? ¿O acaso ves a Jesús en el calor de la gente que te rodea, en la pasión de los líderes en el púlpito y en el compromiso del pastor con la Palabra de Dios?

Mientras buscas vida dentro de tu iglesia, tómate el tiempo para examinarte a ti mismo. ¿Hay evidencia de Cristo en ti? Santiago retó a los lectores de su carta: "Muéstrame tu fe sin tus obras, y yo te mostraré mi fe por mis obras" (Santiago 2:18). ¿Pasas tiempo orando y en la Palabra de Dios? ¿Usas tus dones espirituales para bendecir no por obligación, o por culpa, sino por amor? ¿Estás dando sacrificialmente para apoyar la obra de Dios? ¿Es evidente tu fe en tu vida?

La Iglesia de Filadelfia

Luego de escuchar la mordaz reprimenda que recibió la iglesia de Sardis, los miembros de la iglesia de Filadelfia han de haber estado nerviosos. Ellos sabían de geografía. Sabían que eran los siguientes en la lista de Jesús.

Filadelfia estaba a unas treinta millas al sureste de Sardis. Situada en la entrada de la gran meseta de la que hoy es Turquía, esta ciudad estaba en medio de un distrito de viñedos y era hogar de una próspera industria de vinos. Filadelfia conocía la adversidad. La ciudad tuvo que ser reconstruida muchas veces luego de fuertes terremotos.

Cuando el pastor de la iglesia leyó las palabras: "Al ángel de la iglesia en Filadelfia, escribe…", es probable que todo el mundo estuviera tenso. Pero conforme el pastor leyó la carta, se relajaron y puede que a más de alguno se le escapara un suspiro de alivio. Les fue bien, al mismo nivel que a Sardis le fue mal. Así como Jesús no tenía nada positivo que decir de Sardis, no tenía nada negativo que decir de Filadelfia.

> Yo conozco tus obras; he aquí, he puesto delante de ti una puerta abierta, la cual nadie puede cerrar; porque aunque tienes poca fuerza, has guardado mi palabra, y no has negado mi nombre. He aquí, yo entrego de la sinagoga de Satanás a los que se dicen ser judíos y no lo son, sino que mienten; he aquí, yo haré que vengan y se postren a tus pies, y reconozcan que yo te he amado (Apocalipsis 3:8-9).

Mientras el apóstol Pablo se desplazaba de un lugar a otro para difundir el Evangelio, pidió a otros que intercedieran por él para que Dios abriera nuevas puertas al ministerio:

> Perseverad en la oración, velando en ella con acción de gracias; orando también al mismo tiempo por nosotros, para que el Señor nos abra puerta para la palabra, a fin de dar a conocer el misterio de Cristo, por el cual también estoy preso, para que lo manifieste como debo hablar" (Colosenses 4:2-4).

Este era el tipo de puerta que estaba abierta de par en par para Filadelfia. Por su ubicación, dicha iglesia estaba en la entrada de los reinos de Lidia, Misia y Frigia. Cualquier mercante que fuera y saliera de dichas regiones debía pasar por la ciudad. Esto le dio una gran oportunidad a la iglesia de Filadelfia para alcanzar a muchas personas a lo largo del Imperio Romano con el Evangelio. La puerta de la evangelización estaba abierta para ellos, y los habitantes de Filadelfia la aprovechaban al máximo.

Esta debería ser la oración de todos nosotros: "Señor, abre una puerta de oportunidad para que pueda amar a otros y compartir la verdad de tu Evangelio". ¿Puedes imaginar lo que ocurriría en el mundo si quienes están dentro de la iglesia buscaran "puertas abiertas" para hablar del Señor a aquellos que viven sin esperanza? La mayoría en esta tierra no saben que un día Jesús volverá. Sabemos la verdad y tenemos el llamado a ser sus heraldos en un mundo perdido.

La Iglesia de Laodicea

Finalmente, Jesús llegó a la más meridional de las siete iglesias. Ubicada a un lado del río Licos, Laodicea era una ciudad adinerada y conocida por su producción de tejidos de lana. En año 60 DC un terremoto diezmó la ciudad, pero los sobrevivientes la reconstruyeron sin la ayuda de Roma. Ubicada a nueve millas y media de Colosas, Laodicea era la ciudad hermana más rica y popular de los colosenses. A pesar de que Pablo nunca visitó las iglesias en ninguna de las dos ciudades, consideró que ambas eran dignas de una carta suya, aunque solo una fue inspirada por el Espíritu Santo, lo que la hace digna de formar parte de la Biblia (Colosenses 4:16).

En lo alto de Laodicea hay montañas coronadas con nieve blanca y brillante. Abajo fluyen manantiales de agua caliente que surgen de la tierra. A medida que la nieve se derrite y el agua helada cae en cascada por la montaña, el caudal se funde con las aguas termales. ¿El resultado? Un tibio y mediocre río.

Desafortunadamente, así como a veces los dueños de perros terminan pareciéndose a sus mascotas, la iglesia en Laodicea tomó las características espirituales del lugar donde estaba ubicada. Jesús les escribió:

> Yo conozco tus obras, que ni eres frío ni caliente. ¡Ojalá fueses frío o caliente! Pero por cuanto eres tibio, y no frío ni caliente, te vomitaré de mi boca" (Apocalipsis 3:15-16).

La imagen de este pasaje claramente muestra la frustración que sentía el Señor con los cristianos. Cuando Jesús habló del discipulado, sus estándares eran altos: "Entonces Jesús dijo a sus discípulos: Si alguno quiere venir en pos de mí, niéguese a sí mismo, y tome su cruz, y sígame. Porque todo el que quiera salvar su vida, la perderá; y todo el que pierda su vida por causa de mí, la hallará" (Mateo 16:24-25).

Si buscas la receta para una vida grandiosa, las palabras que Jesús le dijo a sus discípulos te la darán. El engañador dice: "Piensa en aquello a lo que estás renunciando. Piensa en el sacrificio. ¿No tienes una lista de deseos que quieres cumplir?". Lo que no te dice ese engañador es que fuimos creados para la vida del discipulado. Es perfecta para nosotros, como anillo al dedo. Proporciona todo lo necesario para darnos alegría, paz y propósito. No hay pérdida en negarnos a nosotros mismos, solo hay ganancias. Si estás atrapado en la mediocridad y tibieza de Laodicea, es hora de prender la llama, encenderla para Jesús, y experimentar la vida para la que fuiste hecho.

SEGUNDA PARTE

UN VIAJE
AL CIELO
(APOCALIPSIS 4–5)

CAPÍTULO 5

LA PUERTA ABIERTA
DEL CIELO

APOCALIPSIS 4

El capitán corrió y los miembros de la tripulación iban detrás de él. Pisándoles los talones iba el enemigo: creaturas extrañas con sofisticadas armas. Se escuchó un grito desde la retaguardia, el capitán volteó a ver y vio que uno de sus hombres, que vestía una camisa roja, cayó al suelo impactado con un rayo láser. El momento era crítico. No había forma de escapar de sus enemigos, especialmente porque estaban en su territorio. Llevando la mano a su cinturón, el capitán cogió su comunicador. Abriéndolo, gritó: "¡Transpórtanos, Scotty!".

Cada integrante de la tripulación comenzó a disolverse en un millón de partículas antes de desaparecer, dejando atrás un confuso contingente de espeluznantes criaturas. Un instante después, dentro de la sala de teletransportación de USS Enterprise, reaparecieron las micropartículas y pronto dieron forma otra vez a cada cuerpo de la tripulación. Una vez más, el capitán James T. Kirk apenas logró escapar de la muerte.

Algo le ocurre a la Iglesia entre los capítulos tres y cuatro de Apocalipsis. La palabra "Iglesia" aparece diecinueve veces en los capítulos uno, dos y tres, y luego no vuelve a aparecer sino hasta el capítulo veintidós. ¿A dónde fuimos? Simplemente nos "teletransportaron".

La palabra que usamos es *rapto*, y sí, para aquellos que rápidamente dispararon sus manos al aire, el rapto es un concepto que está en la Biblia. Pablo escribió:

> Porque el Señor mismo con voz de mando, con voz de arcángel, y con trompeta de Dios, descenderá del cielo; y los muertos en Cristo resucitarán primero. Luego, nosotros los que vivimos, los que hayamos quedado, seremos arrebatados juntamente con ellos en las nubes para recibir al Señor en el aire, y así estaremos siempre con el Señor" (1 Tesalonicenses 4:16-17).

Después de que los muertos en Cristo hayan sido resucitados con Él, aquellos de la Iglesia que aún estemos vivos seremos "arrebatados" con nuestros hermanos y hermanas muertos en el Señor y nos encontraremos con nuestro Salvador en las nubes. La palabra griega que fue traducida como "arrebatados" es *harpazo*. Cuando el Nuevo Testamento fue traducido al latín, la palabra se convirtió en *rapturo*, de donde viene la palabra *rapto*. Scotty no va a controlar un rayo teletransportador, pero cuando llegue el momento, la Iglesia será removida de la tierra mientras Jesús cumple la promesa que le hizo a su novia: "Vendré otra vez, y os tomaré a mí mismo, para que donde yo estoy, vosotros también estéis" (Juan 14:3).

Juan nos da un vistazo a lo que significa ser arrebatado cuando escribe:

> Después de esto miré, y he aquí una puerta abierta en el cielo; y la primera voz que oí, como de trompeta, hablando conmigo, dijo: sube acá, y yo te mostraré las cosas que sucederán después de estas (Apocalipsis 4:1).

En un momento, Juan estaba de pie sobre tierra firme y al siguiente instante estaba en la presencia de Dios. Será un día glorioso cuando Jesús nos diga: "Vengan acá arriba y les mostraré el lugar que he preparado para ustedes".

Subiendo de nivel

Hasta ahora, nos hemos centrado en "las cosas que has visto" (capítulo uno) y "las cosas que son" (capítulos dos y tres). Es hora de ponerle atención a las "cosas que tendrán lugar después".

Juan es teletransportado hacia arriba y llega al salón del trono de Dios. ¡Imagínate qué experiencia debe haber sido! Juan había oído hablar del cielo y había predicado sobre el cielo. Pero ahora está viendo el hogar de Dios y al glorioso Rey sentado en su trono. Solo un puñado de personas en la historia han sido invitadas a presenciar este lugar, el más sagrado, y cada vez se añaden más detalles a la descripción de la sala del trono de Dios.

Un día, el profeta Isaías entró en el templo del Señor. No era su primera vez dentro, pero sin duda fue la más memorable.

> En el año que murió el rey Uzías vi yo al Señor sentado sobre un trono alto y sublime, y sus faldas llenaban el templo. Por encima de él había serafines; cada uno tenía seis alas; con dos cubrían sus rostros, con dos cubrían sus pies, y con dos volaban. Y el uno al otro daba voces, diciendo: Santo, santo, santo, Jehová de los ejércitos; toda la tierra está llena de su gloria" (Isaías 6:1-3).

No sabemos cuántos serafines había ahí, tal vez cinco, tal vez cinco mil o tal vez quinientos mil. Cada uno clamaba alabanzas al Santo, al único Dios, cuyo manto se extendía hasta llenar el interior del gran templo de Salomón. Por desgracia, la inmensidad del atuendo de Dios y una sala llena de humo son realmente los únicos detalles que obtenemos de Aquel en el trono y de la grandiosa cámara en la que se sentaba.

Un siglo más tarde, Ezequiel dio más detalles. En una visión, el profeta fue tomado de su exilio y llevado al templo de Jerusalén. Allí vio cuatro criaturas que, en un capítulo posterior, identificó como querubines, cada uno con cuatro caras y cuatro alas (Ezequiel 10:14). Por encima de ellos había una extensión en el cielo, una división en la atmósfera física que se abría a la dimensión espiritual.

Y sobre la expansión que había sobre sus cabezas se veía la figura de un trono que parecía de piedra de zafiro; y sobre la figura del trono había una semejanza que parecía de hombre sentado sobre él. Y vi apariencia como de bronce refulgente, como apariencia de fuego dentro de ella en derredor, desde el aspecto de sus lomos para arriba; y desde sus lomos para abajo, vi que parecía como fuego, y que tenía resplandor alrededor. Como parece el arco iris que está en las nubes el día que llueve, así era el parecer del resplandor alrededor. Esta fue la visión de la semejanza de la gloria de Jehová" (Ezequiel 1:26-28).

Colores, fuego, arcoíris, ¿tienes la sensación de que Ezequiel intentaba describir la grandeza de lo que tenía frente a él? Era como intentar describir el sentimiento del amor o el color verde. Algunas imágenes simplemente están más allá de las palabras.

Luego llegó Daniel, y su visión nos llevó de la simple televisión en color a la de alta definición. Era contemporáneo a Ezequiel, pero tenía una posición diferente. Ezequiel era un profeta de la gente, mientras que Daniel era un consejero real. Pero los escritos de ambos estaban dirigidos a los judíos con una futura audiencia más amplia, la de todos los que pertenecen a Dios. Es por este enfoque del fin de todos los tiempos que era tan importante para ambos recordar que Dios está en su trono. No importa la visión que comuniquen a sus lectores, no importa lo violenta y caótica que pueda sonar, no hay razón para el pánico. El Señor está en control, como ha sido siempre.

La visión de Daniel lo llevó a un tribunal y le presentó al Anciano de días:

Estuve mirando hasta que fueron puestos tronos,
y se sentó un Anciano de días,
cuyo vestido era blanco como la nieve,
y el pelo de su cabeza como lana limpia;
su trono llama de fuego,
y las ruedas de este, fuego ardiente.
Un río de fuego procedía y salía de delante de él;

millares de millares le servían,
y millones de millones asistían delante de él;
el Juez se sentó,
y los libros fueron abiertos" (Daniel 7:9-10).

Pero la imagen de Daniel no terminaba con Dios en su trono y su vasta multitud de servidores angélicos. Alguien más entró en escena; Alguien que un día vendría a la tierra y cambiaría todo:

Miraba yo en la visión de la noche,
ʹy he aquí con las nubes del cielo venía uno como un hijo
[de hombre,
que vino hasta el Anciano de días,
y le hicieron acercarse delante de él.
Y le fue dado dominio, gloria y reino, para que todos los pueblos,
naciones y lenguas le sirvieran;
su dominio es dominio eterno,
que nunca pasará, y su reino uno
que no será destruido (Daniel 7:13-14).

¡Jesús reencarnado había entrado! Pero ¿qué estaba haciendo allí en la sala del trono en presencia del Anciano de los Días? El Antiguo Testamento dejó esa pregunta en el aire. Incluso en el Nuevo Testamento no se nos da una respuesta a lo que el Hijo del Hombre estaba haciendo allí. El apóstol Pablo pudo haber presenciado "el resto de la historia" cuando fue arrebatado (harpazo/rapturo/raptured) al cielo, pero no tenía permitido hablar de lo que veía (2 Corintios 12:2-5). No fue hasta que Juan fue invitado a "subir aquí" que finalmente tenemos una vista completa de esa increíble sala del trono, donde está el Padre en el trono, y también el Hijo del Hombre, quien ocupa el lugar que le correspondía en el plan redentor de la humanidad.

Y al instante yo estaba en el Espíritu; y he aquí, un trono establecido en el cielo, y en el trono, uno sentado. Y el aspecto del que estaba sentado era semejante a piedra de

jaspe y de cornalina; y había alrededor del trono un arco
iris, semejante en aspecto a la esmeralda (Apocalipsis 4:2-3).

Juan vio el cielo en colores brillantes. Aquel sentado en el trono
tenía la apariencia de jaspe y un sardo, que es una variedad de cornalina. Aunque el jaspe suele ser de color marrón, en Apocalipsis 21:11,
se dice que el jaspe es claro como el cristal. La cornalina es roja como
un rubí. Las piedras de jaspe y cornalina son las primeras y las últimas piedras del pectoral del sumo sacerdote (Éxodo 28:15-20). Alrededor del trono había un suntuoso arco iris verde que Juan comparó
con una hermosa esmeralda.

Debido a que Juan no brinda una descripción física de Aquel en
el trono como lo hizo Daniel, hay quienes dicen que Juan vio a Jesús,
no al Padre. Pero en el siguiente capítulo, veremos a Cristo entrar la
sala para tomar un rollo de Aquel en el trono. Así que, a menos que
Jesús se esté entregando algo a sí mismo, es mejor entender que es
Dios el Padre quien está gobernando desde esa elevada posición.

Los ancianos en la habitación
El Padre no estaba solo en la sala. Tenía un amplio séquito sentado con Él.

> Y alrededor del trono había veinticuatro tronos; y vi sen-
> tados en los tronos a veinticuatro ancianos, vestidos de
> ropas blancas, con coronas de oro en sus cabezas (4:4).

Veinticuatro ancianos rodeaban el trono. Cada uno con un estefa-
no (*stephanos*) de oro, y una corona de victoria sobre su cabeza. Claro, la pregunta es: ¿quiénes son estos hombres? Algunos creen que
representan a la Iglesia. Otros dividen los veinticuatro en dos grupos
de doce: las tribus de Israel y los apóstoles de la Iglesia. Para aumentar la confusión, hay quienes no los ven como personas en absoluto,
sino como un grupo especial de ángeles que ministran.

Quienes dicen que los ancianos representan a la Iglesia primero
hablan de la relación que tienen estos hombres con el Cordero de

Dios. En Apocalipsis 5:9, se lee que los ancianos le dicen al Cordero: "Digno eres de tomar el rollo y abrir sus sellos; porque tú fuiste inmolado, y con tu sangre nos has redimido para Dios". Stanley Toussaint, exprofesor del Antiguo Testamento que daba clases en el Seminario Teológico de Dallas, no está de acuerdo con que esta sea evidencia de una relación especial, principalmente porque la palabra "nos" no está en la versión más antigua y la mejor de los manuscritos griegos. La mayoría de las traducciones modernas dicen que el Cordero rescató a la "gente" o compró a los "hombres" o algo similar, es decir que el Salvador nos salvó a todos, no solo a los ancianos.[2]

En segundo lugar, los defensores de la visión eclesiástica también señalan las coronas. Son coronas de victoria que hablan de que la Iglesia vence al mundo. Luego los vemos rindiendo sus merecidas coronas a los pies del Cordero. Hay problemas con ambos argumentos. Tomando este último primero, vemos que cuando los ancianos se postran para adorar al Cordero, en 5:8, ya han rendido sus coronas ante el Padre en 4:10. Además, estos ancianos no son los únicos que llevan estefanos (*stephanos*) de oro. El Anticristo lleva uno en 6:2, como posiblemente las langostas que salen del del abismo en el capítulo 9. Mientras que las coronas ciertamente pueden hablar de la Iglesia, también es cierto que hay muchísimas otras razones para recibir coronas, así que no es posible asegurar una explicación.

Otra prueba de que estos ancianos podrían representar a la Iglesia se encuentra en el hecho de que están usando vestimentas blancas. Sin embargo, los ángeles visten igual (Juan 20:12). Así que, una vez más, lo uno no necesariamente significa lo otro. Toussaint concluye que estos son seres celestiales con autoridad, pero hasta ahí llega nuestro conocimiento.[3] Ya que solo podemos afirmar con certeza aquello de lo que estemos seguros, en esta cuestión presumamos cómodamente nuestra incertidumbre, convencidos de que algún día tendremos una respuesta.

Siete lámparas, un mar y cuatro criaturas

Juan añade otro detalle intrigante que ningún otro profetas mencionó:

> Y del trono salían relámpagos y truenos y voces; y delante del trono ardían siete lámparas de fuego, las cuales son los siete espíritus de Dios (Apocalipsis 4:5).

Siete lámparas ardían representando los siete espíritus de Dios. En el Apocalipsis, nos encontramos por primera vez con estos espíritus en el saludo de la carta: "Juan, a las siete iglesias que están en Asia: Gracia y paz a vosotros, del que es y que era y que ha de venir, y de los siete espíritus que están delante de su trono; y de Jesucristo el testigo fiel, el primogénito de los muertos, y el soberano de los reyes de la tierra" (Apocalipsis 1:4-5). Aparecen de nuevo con Jesús cuando le habla a Sardis (3:1) y como ojos en el Cordero, al que conoceremos en el próximo capítulo (5:6).

Los siete espíritus que describe Juan representan al Espíritu Santo. El número siete a lo largo de este libro comunica plenitud o perfección, así que en la sala del trono de Dios, la plenitud del Espíritu Santo es evidente. ¿Cuál es el carácter septenario que conforma al Espíritu Santo? Isaías lo enumera así:

> Y reposará sobre él el Espíritu de Jehová;
> espíritu de sabiduría y de inteligencia,
> espíritu de consejo y de poder,
> espíritu de conocimiento y de temor de Jehová
> (Isaías 11:2).

¡El Padre en el trono y el Espíritu Santo al frente! ¿Puedes imaginar semejante visión? Pero Juan no había terminado de describir la maravilla de la que fue testigo. También ante el trono se extendía un mar de vidrio, claro como el cristal, y rodeándolo había cuatro criaturas de aspecto muy extraño.

> Y delante del trono había como un mar de vidrio semejante al cristal; y junto al trono, y alrededor del trono,

cuatro seres vivientes llenos de ojos delante y detrás. El primer ser viviente era semejante a un león; el segundo era semejante a un becerro; el tercero tenía rostro como de hombre; y el cuarto era semejante a un águila volando. Y los cuatro seres vivientes tenían cada uno seis alas, y alrededor y por dentro estaban llenos de ojos; y no cesaban día y noche de decir: Santo, santo, santo es el Señor Dios Todopoderoso, el que era, el que es, y el que ha de venir (Apocalipsis 4:6-8).

Antes de enfocarme en las criaturas, quiero examinar más de cerca sus palabras. El primer foco de alabanza del cielo es la santidad de Dios. Ese es su carácter; su ser glorioso. Dios vive completamente apartado del pecado. Cuando Isaías fue invitado a ser testigo del salón del trono de Dios, escuchó la misma alabanza de los serafines, quienes alzaban su voz: "Santo, santo, santo, Jehová de los ejércitos; toda la tierra está llena de su gloria" (Isaías 6:3). Es esta "alteridad" absoluta al pecado lo que encarna la perfección de Dios y que siempre se nos escapará a este lado de la eternidad.

La segunda parte de la alabanza celestial del Apocalipsis viene unos versos más adelante y es pronunciada por los veinticuatro ancianos:

Señor, digno eres de recibir
la gloria y la honra y el poder;
porque tú creaste todas las cosas,
y por tu voluntad existen y fueron creadas
(Apocalipsis 4:11).

Lo que vemos es una imagen perfecta de la alabanza. Empieza con quién es Dios —santo y digno de gloria—, luego continúa con lo que Él ha hecho. Él ha creado todas las cosas de forma impecable. Para ver la brillantez de la creación, toca ahora una superficie dura. Piensa en la composición molecular necesaria en tu mano y en esa superficie para que se produzca ese golpe fuerte. Es alucinante la combinación de inteligencia, creatividad y poder necesaria para pasar de la nada a lo que somos y al mundo en que vivimos.

Volvamos a las criaturas. ¿Qué son estas cosas que se ciernen alrededor del trono? Si has estudiado profecías del Antiguo Testamento, es posible que algo en lo profundo de tu mente te diga: "¡Ey! Creo que ya había visto a estos seres antes". Si es así, presta atención a esa vocecita, pues tiene razón. Ezequiel estaba junto al río Quebar cuando se encontró con las criaturas descritas aquí en el Apocalipsis:

> Y miré, y he aquí venía del norte un viento tempestuoso, y una gran nube, con un fuego envolvente, y alrededor de él un resplandor, y en medio del fuego algo que parecía como bronce refulgente, y en medio de ella la figura de cuatro seres vivientes. Y esta era su apariencia: había en ellos semejanza de hombre. Cada uno tenía cuatro caras y cuatro alas. Y los pies de ellos eran derechos, y la planta de sus pies como planta de pie de becerro; y centelleaban a manera de bronce muy bruñido… Y el aspecto de sus caras era cara de hombre, y cara de león al lado derecho de los cuatro, y cara de buey a la izquierda en los cuatro; asimismo había en los cuatro cara de águila (Ezequiel 1:4-7, 10).

¿Qué son estos seres de aspecto extraño? Desgraciadamente, como ocurre con de otras cuestiones que surgen en la lectura de este maravilloso libro del Apocalipsis, no existe un "texto de prueba" que nos proporcione una respuesta exacta. Si el Señor quisiera que lo supiéramos sin lugar a dudas, Él lo habría dejado tan claro como en Juan 3:16. Permítanme presentarles cuatro interpretaciones posibles, y luego les diré cuál es la mejor.

La primera opción es que estas criaturas representan los atributos de Dios. Las cuatro caras son las de un león, un becerro, un hombre y un águila. El león muestra majestuosidad y fuerza. El ternero o buey es un siervo, que revelan la naturaleza sacrificial de Dios. Recordemos las palabras de Jesús cuando dijo que "no vino a ser servido, sino a servir" (Mateo 20:28). El rostro de un hombre revela inteligencia y soberanía. El del águila volando revela la soberanía y supremacía de Dios. Todo tiene sentido y encaja en un bonito y sencillo paquete. El problema con este punto de vista es que hay que leer bastante el texto para llegar a esta explicación. Como dijimos con las coronas, el hecho de que algo sea similar no significa que "esto es lo mismo a lo otro".

La segunda opción es que estas criaturas representan los cuatro Evangelios. El león representa el Evangelio de Mateo, que fue escrito a los judíos sobre su Rey como el León de la tribu de Judá. El buey o becerro representa el Evangelio de Marcos, que muestra a Jesús como un siervo que hace la voluntad de su padre. El hombre representa el Evangelio de Lucas, que fue escrito para la humanidad en general y muestra a Jesús como el Hijo del Hombre. El águila es vista como representante del Evangelio de Juan, que revela a Jesús como Dios. Este argumento parece convincente, y yo mismo lo he utilizado cuando enseño sobre los cuatro Evangelios.

Sin embargo, no todo el mundo está de acuerdo sobre el público al que se dirige cada escritor, ni que la naturaleza de cada Evangelio pueda ser categorizada tan sucintamente. La otra cuestión difícil es el motivo de Dios para representar los cuatro Evangelios de forma separada y distinta, como cuatro seres que lo rodean.

La tercera opción considera que las criaturas simbolizan las doce tribus de Israel. Cuando los israelitas vagaban por el desierto antes de entrar en la Tierra Prometida, organizaron sus campamentos de forma similar a lo que leemos sobre la disposición de las criaturas en el Apocalipsis. Números 2 nos dice que en el lado este estaba la tribu de Judá junto con Simeón y Gad. El símbolo de Judá era un león. Al sur estaban Rubén, Simeón y Gad, bajo el símbolo de Rubén, un hombre. Efraín, Manasés y Benjamín estaban al oeste y Efraín estaba simbolizado por un buey. Y, finalmente, al norte estaban Dan, Aser y Neftalí. No es de extrañar que el símbolo de Dan fuera un águila. Esta es una conexión muy convincente y lógica, hasta que te das cuenta de que los símbolos de cada tribu no provienen de la Biblia, sino de la tradición. No se sabe cuándo y de dónde se origina la tradición.

La cuarta opción ve en las criaturas un grupo especial de ángeles. Estos ángeles no solo sirven al Señor, sino que también lo adoran. Esto encaja perfectamente con lo que sabemos de los ángeles y su propósito. También encaja en el contexto bíblico más amplio. Cuando Isaías vio el trono, lo vio rodeado de serafines (Isaías 6:2-3). Cuando Ezequiel vio las criaturas con ruedas fuera del templo, estaba seguro de que eran querubines (Ezequiel 10:20).

Basándonos en el contexto bíblico y en las actividades de estas criaturas, la idea de que sean ángeles tiene mucho sentido. Están allí para exaltar y adorar al Señor, además de estar listos a su disposición. Robert L. Thomas resume:

> Una combinación de estas cuatro teorías resulta en identificar los cuatro seres del Apocalipsis: ellos forman parte de una orden angelical exaltada, comprometida con la alabanza, que tienen una relación especial con aquellos seres angelicales que describe Ezequiel e Isaías y cuya función especial, en el contexto del Apocalipsis, es otorgar justicia divina en el reino de la creación animada".[4]

Ahora, el escenario cambiará ligeramente. Se presentarán más individuos, y la acción se intensificará. Me recuerda un poco a la moda del *flashmob* de hace unos años. Alguien entraba en un lugar público muy concurrido y comenzaba a cantar en voz alta. Al principio no muchos le harían caso, pero luego, de entre la multitud, dos o tres más se unirían a la canción, posiblemente incorporando una coreografía. Luego, se unían más y más hasta que había un enorme grupo de artistas rodeado de admiradores, la mayoría con sus teléfonos móviles grabando el evento.

Los primeros grupos empiezan a cantar y la alabanza va en aumento. Muy pronto, la actuación alcanzará su crescendo cuando un invitado especial ¡derribe la casa con su brillante intervención!

CAPÍTULO 6

EL LEÓN
Y EL CORDERO

El servicio de adoración en la sala del trono de Dios fue suficiente para sacudir el techo, suponiendo que la habitación tiene un techo. Gritos de "santo" y cantos de alabanza llenaban los oídos de Juan, y sus ojos seguían contemplando con asombro la belleza de su entorno. Entonces, se produjo una crisis. Fue una situación suficientemente preocupante como para que Juan perdiera el control y llorara de tristeza, no de alegría.

> Y vi en la mano derecha del que estaba sentado en el trono un libro escrito por dentro y por fuera, sellado con siete sellos. Y vi a un ángel fuerte que pregonaba a gran voz: ¿Quién es digno de abrir el libro y desatar sus sellos? Y ninguno, ni en el cielo ni en la tierra ni debajo de la tierra, podía abrir el libro, ni aun mirarlo. Y lloraba yo mucho, porque no se había hallado a ninguno digno de abrir el libro, ni de leerlo, ni de mirarlo (Apocalipsis 5:1-4).

Mientras los hermosos sonidos de la adoración se disolvían, el apóstol volvió su atención a quien estaba sentado en el trono. Había algo en su mano derecha: un pergamino escrito por ambos lados. Normalmente, solo se escribe en la intimidad de la cara interna del pergamino, pero este no es el caso (aunque para mantenerlo cerrado había siete sellos). Los testamentos romanos en aquella época tenían siete sellos, por lo que es muy posible que este documento legal no pudiera abrirse hasta la muerte de la persona que lo escribió.

Curioso por su contenido, Juan esperó a que se leyera el pergamino. Una voz convocó: "¿Quién es digno de abrir el pergamino y desatar sus sellos?". Juan vio a su alrededor para ver quién iba a ofrecerse. Pero nada sucedió. Quietud. Silencio.

La tragedia de que los planes de Dios se detuvieran en seco afectó mucho a Juan. Lloró ante la indignidad de la creación del Señor. Tal vez lloró de culpa por su propia historia pecaminosa que eliminó su nombre de la lista de "dignos". Pero cuando parecía que su visita celestial iba a ser interrumpida por falta de personal cualificado, Juan oyó que uno de los ancianos le decía: "No llores. He aquí que el León de la tribu de Judá, la Raíz de David, ha logrado abrir el rollo y desatar sus siete sellos" (Apocalipsis 5:5).

De inmediato cambió el humor de Juan. Reconoció aquellos títulos mesiánicos que habían sido tan populares y poderosos desde la época de su juventud. Primero estaba el León de la tribu de Judá. Cuando el patriarca Jacob estaba en su lecho de muerte, reunió a sus hijos alrededor. Uno por uno, pronunció una bendición sobre cada hijo. Cuando Judá se acercó a su padre, Jacob dijo:

> Judá, te alabarán tus hermanos;
> Tu mano en la cerviz de tus enemigos;
> Los hijos de tu padre se inclinarán a ti.
> Cachorro de león, Judá;
> De la presa subiste, hijo mío.
> Se encorvó, se echó como león,
> Así como león viejo: ¿quién lo despertará?
> No será quitado el cetro de Judá,
> Ni el legislador de entre sus pies,
> Hasta que venga Siloh;
> Y a él se congregarán los pueblos.

Atando a la vid su pollino,
Y a la cepa el hijo de su asna,
Lavó en el vino su vestido,
Y en la sangre de uvas su manto.
Sus ojos, rojos del vino,
Y sus dientes blancos de la leche (Génesis 49:8-12).

Judá es la tribu real. Mientras que el primer rey de Israel provenía de la tribu de Benjamín, la línea real de David provenía de Judá. Esta era la línea permanente, como lo demuestra la promesa de Jacob de que "el cetro no se apartará de Judá". Por eso las multitudes estaban tan entusiasmadas aquel día cuando Jesús entró en Jerusalén montado sobre el pollino de un asno. Ellos lo aclamaron como su rey, su león. Pero cuando Jesús no mostró sus dientes y derrocó a los odiados romanos, las personas rápidamente se desilusionaron. Por eso los gritos de "Hosanna" se convirtieron en "¡Crucifíquenlo!". La gente no se dio cuenta de que la venida del León tendría que esperar hasta su regreso. La primera vez que Jesús estuvo aquí se enfocó en un papel muy diferente.

La segunda apelación mesiánica que pronunció el anciano fue la Raíz de David. Este título redujo el linaje de Jesús de la tribu a la familia. No era solo un judío de la tribu de Judá; era parte de la realeza. Este título llevaba escrito el nombre del Mesías desde el momento en que Isaías lo pronunció por primera vez: "Saldrá una vara del tronco de Isaí, y un vástago retoñará de sus raíces" (Isaías 11:1). Isaí era el padre del Rey David. Es esta descendencia de la que habló Isaías, sobre quien descansaría el Espíritu Santo, el que juzgaría con rectitud y justicia.

León de Judá, Raíz de David, Juan sabía que estos eran títulos del Mesías. Así que cuando siguió el dedo extendido del anciano, estaba listo para ver a su salvador, señor y amigo en toda su gloria. Pero la figura que vieron sus ojos era muy diferente a lo que esperaba.

El Cordero digno

Como los judíos en la entrada triunfal, Juan había dejado que sus expectativas se centraran en el Rey Guerrero. En cambio, vio al Cordero del sacrificio.

Y miré, y vi que en medio del trono y de los cuatro seres vivientes, y en medio de los ancianos, estaba en pie un Cordero como inmolado, que tenía siete cuernos, y siete ojos, los cuales son los siete espíritus de Dios enviados por toda la tierra. Y vino, y tomó el libro de la mano derecha del que estaba sentado en el trono (Apocalipsis 5:6-7).

Un cordero, una de las criaturas más indefensas y dóciles. Proporcionan lana durante un tiempo hasta que llegue el momento de su sacrificio. Jesús, Dios mismo, "se despojó a sí mismo, tomando forma de siervo, hecho semejante a los hombres; y estando en la condición de hombre, se humilló a sí mismo, haciéndose obediente hasta la muerte, y muerte de cruz" (Filipenses 2:7-8). El Dios todopoderoso se hizo impotente. El Señor soberano se hizo sumiso.

Él proveyó sabiduría y enseñanza por un tiempo hasta que llegó el momento de su sacrificio. Al igual que la carne del cordero proporciona vida física, la carne y la sangre de Jesús proporcionan "la vida eterna, y [Él] lo resucitará en el último día" (Juan 6:54).

Juan habría reconocido a Jesús en este papel. Había visto al Salvador en la cruz, desgarrado, maltratado, ensangrentado. Jesús entró en la habitación como el sacrificio redentor. El Cordero inmolado era un recordatorio de justicia frente a lo que estaba a punto de ocurrir. Jesús había sufrido y muerto en la en la cruz para que cada persona que estaba a punto de experimentar la ira tuviera una oportunidad de redención. Pero rechazaron el don gratuito que tanto le costó al Salvador y le dieron la espalda a la misericordia de Dios. Lo que sea que estuvieran a punto de enfrentar, se basaría en su propia elección.

Otra razón para que Jesús viniera como el Siervo sufriente y el Sacrificio suficiente fue para mostrar visiblemente el carácter completo de Dios, el Todopoderoso Señor en el trono que se hizo uno de nosotros, como se dice Filipenses 2:7-8. Soberanía perfecta y humildad perfecta. Aquel que acepta legítimamente la alabanza y el honor, y que se entregó voluntariamente al sacrificio. El Dios que es amor mostraba su amor a flor de piel.

El Cordero estaba en el trono rodeado por las cuatro criaturas y los ancianos. Había algunas propiedades físicas inusuales para el Cordero: siete cuernos, que representan su poder completo, y siete ojos, que son los siete espíritus de Dios o el Espíritu Santo, de los que hablamos antes. Alcanzando al que está sentado en el trono, el Cordero quitó el pergamino de su mano.

¡El lugar estalló!

La maravilla de ver al Hijo, que tiene el Espíritu Santo descansando sobre Él, recibiendo el rollo de la mano del Padre provocó que criaturas y ancianos cayeran al suelo en éxtasis. El Dios trino unido en persona y propósito ante sus ojos. Espontáneamente, la adoración estalló. Las criaturas y los ancianos tenían cada uno "cuencos de oro llenos de incienso que son las oraciones de los santos" (Apocalipsis 5:8). ¿Quiénes son esos santos cuyas oraciones ofrecen un aroma tan agradable al Creador?

Stanley Toussaint los nombra como creyentes que pertenecen a la Iglesia de hoy y que oran para que venga el reino de Dios. En el Padre Nuestro, nuestra petición es que "Venga tu reino. Hágase tu voluntad, como en el cielo, así también en la tierra" (Mateo 6:10). En el griego original, esta petición es más bien una orden. Es una apelación enfática para que Dios "¡traiga su reino a la tierra!"[5]. Toussaint ve estas oraciones como las voces de dos milenios de cristianos pidiendo que ocurran los eventos que el Cordero está a punto de poner en movimiento.

Una segunda opción es que se trate de las oraciones de los santos que aparecen en Apocalipsis 7. Estos santos habían sido martirizados por el anticristo. A pesar de que los sellos seguían puestos en el pergamino, la persecución en contra de estos santos de la tribulación ya había empezado. De nuevo, no podemos estar seguros de ninguna de las dos opciones.

En una gran proeza de equilibrio, las criaturas y los ancianos sostenían los cuencos de incienso en una mano y un arpa en la otra. Con destreza divina, empezaron a tocar las arpas. Luego las voces se unieron en una melodía que en parte es un himno de asombro y en parte una canción de amor:

Digno eres de tomar el libro
y de abrir sus sellos;
porque tú fuiste inmolado,
y con tu sangre nos has redimido para Dios,
de todo linaje y lengua y pueblo y nación;
y nos has hecho para nuestro Dios reyes y sacerdotes,
y reinaremos sobre la tierra" (Apocalipsis 5:9-10).

Este coro de adoración empieza a expandirse y a crecer. Cierra tus ojos e imagina que estás sentado en la sala de conciertos David Geffen, en el Lincoln Center de Nueva York. La Orquesta Filarmónica de Nueva York ha terminado de ensayar y el maestro está ya en el escenario. Golpea el atril con su batuta y levanta las manos. Todos los músicos tienes sus instrumentos en posición.

Señalando las cuerdas, el director mueve sus manos con delicadeza. Los violines empiezan a tocar una suave y dulce melodía. Pronto las violas y los violonchelos entran en la partitura musical junto con los contrabajos. Conforme la sinfonía aumenta velocidad y volumen, el director voltea a ver a los instrumentos de viento. Las flautas cantan, seguidas por los oboes, clarinetes, saxofones y la abundante profundidad de los fagots. La melodía está en pleno apogeo, y el director lanza un brazo hacia los metales. Las trompetas atraviesan el tejido de la canción rodeadas por el rango alto de los fiscornos, los trombones, los barítonos más profundos y el grave bajo de las tubas. Para entonces, el cabello del director está revuelto y sus brazos se mueven con energía conforme la orquesta alcanza el crescendo y la conclusión de la partitura. Finalmente, ambas manos hacen llamar a las percusiones. Los timbales resuenan mientras los platillos chocan, culminando en un estremecedor *bong* producto del mazo que cae sobre el gong.

El dinámico servicio de adoración en el que se encontraba Juan empezó algo así, con reservas, pero rápidamente se intensificó. Lo que comenzó con las criaturas y ancianos se expandió a "muchos ángeles", que se convirtieron en "diez mil veces diez mil, y miles de miles" (versículo 11). El canto que entonaron era puro amor y alabanza al Cordero:

El Cordero que fue inmolado es digno
de tomar el poder, las riquezas, la sabiduría,
la fortaleza, la honra, la gloria y la alabanza (Versículo 12).

Los adoradores alabaron al Señor por su dignidad. Esta es la definición misma de la adoración. La palabra adorar viene del inglés antiguo *weorþ* ("digno") y *scipe* ("barco"). Cuando adoramos a nuestro Salvador, estamos reconociendo que Él es el que fue, es y siempre será digno de nuestra adoración y lealtad.

Esto llevó al crescendo final que incluyó a "toda criatura que está en el cielo y en la tierra y debajo de la tierra y las que están en el mar, y todo lo que hay en ellos" (versículo 13). No hay una sola persona, mamífero, ave, reptil, pez o insecto que no haya participado en el siguiente coro. Admito que no sé cómo será esto. ¿Acaso todas las personas cantarán, todos los perros ladrarán, cada pájaro piará y cada pez hará burbujas, y cada insecto zumbará las siguientes palabras? ¿El hecho sobrenatural de su creación y existencia misma grita este estribillo? ¿Se convertirán todos de repente en el burro de Balaam y cantarán con la voz de los humanos? No tengo idea, pero no puedo esperar a escucharlo.

¿Qué es lo que cantó este coro de toda la creación?

Al que está sentado en el trono, y al Cordero,
sea la alabanza, la honra, la gloria y el poder,
por los siglos de los siglos (Apocalipsis 5:13).

Cuando sonó el gong y la sinfonía llegó a su fin, las criaturas cerraron la celebración con un adecuado "¡Amén!". Sin embargo, los ancianos no estaban listos para dejar de alabar durante ese tiempo bendito. Se volvieron a postrar y "adoraron al que vive por los siglos de los siglos" (versículo 14).

Una triste despedida

Es difícil dejar atrás Apocalipsis 4 y 5. Son lo más destacado del libro que nos revela un servicio de adoración santo y celestial como ninguno que hayamos experimentado antes. También es difícil dejarlo atrás por lo que viene más adelante. El pergamino está en las manos del Cordero. Los sellos están a punto de abrirse. El martillo de justicia e ira de Dios están a punto de caer. Si bien es cierto que quienes somos parte de la Iglesia experimentaremos lo siguiente que aparece en el Apocalipsis, sigue siendo difícil imaginar a los que amamos, incluso a los que no amamos tanto, enfrentando lo que se desatará con la apertura de los sellos y el sonido de las trompetas y el derramamiento de las copas de oro.

Antes de seguir, tomemos un momento para recordar lo que Juan ha experimentado hasta este punto. En el primer capítulo "el discípulo que Jesús amaba" recibió una increíble sorpresa. Una voz lo llamó, y él se volvió para encontrar a su glorioso Salvador y querido Amigo caminando entre las siete iglesias, sosteniendo a los siete pastores o líderes en su mano. Para cada una de esas iglesias de Asia Él tenía un mensaje especial, generalmente buenas y malas noticias, pero no siempre.

Habiendo completado las porciones de "lo que era" y "lo que es" de la carta, Juan fue transportado a la sala del trono de Dios para comenzar a registrar "lo que será". Alrededor del trono donde se sentaba el Señor había belleza y música, alabanza y adoración como nada que podamos experimentar de este lado de la eternidad. Justo cuando parecía que el culto no podía ser mejor, llegó el invitado de honor: el León de Judá que también es el Cordero que fue sacrificado. Él y nadie más, entendimos, era digno de abrir el pergamino de los siete sellos. Esa verdad no solo desató un torrente de alabanzas en el cielo, sino también las alabanzas de toda criatura en la tierra.

Espero que hayas disfrutado de la celebración, porque ahora, rápidamente, todo se va a poner muy oscuro.

TERCERA PARTE

LOS JUICIOS DEL CORDERO
(APOCALIPSIS 6-18)

CAPÍTULO 7

EL CORDERO ABRE LOS SELLOS

APOCALIPSIS 6

Intenta pensar dónde estabas cuando escuchaste por primera vez del COVID-19. ¿Puedes recordar qué estabas haciendo cuando las noticias sobre este virus llegaron a tus oídos? Si no recuerdas, no te preocupes. Sospecho que eres parte de la mayoría. El COVID no nos golpeó como los ataques del 11 de septiembre, el inicio de la guerra de Yom Kippur o el asesinato de John. F. Kennedy. El virus fue más sigiloso y su propagación más gradual. Pero mira lo que ha causado en el mundo.

Desde inicios del 2020, las personas en este planeta se han vuelto COVID-locas. Si escuchas las palabras de algunas personas y ves lo que hacen, te será fácil pensar que el virus ataca al cerebro tanto como al cuerpo. ¡Todo esto por un virus! ¿Te imaginas cómo será este mundo cuando el Cordero comience a abrir los sellos del pergamino, y las plagas y pestes comiencen a multiplicarse? Imagina a tu país tratando de contener seis o siete virus más mortales que el COVID, luego agrégale escasez de alimentos, colapso económico y desastres naturales a una escala nunca antes vista desde el diluvio universal.

Por eso es tan difícil escribir sobre estos capítulos. Esto no es hipotético o teórico. Personas reales experimentarán estos eventos reales, y muchas de estas personas podrían ser cercanas a nosotros, personas a quienes amamos, a quienes les dimos la vida o quienes nos dieron la vida a nosotros. Miles de millones de personas morirán y miles de millones sobrevivirán para soportar el justo juicio de Dios. Cuando leas estos capítulos permite que te motiven a hablarle a quienes te rodean sobre la esperanza que representa Cristo. Si ya te han rechazado alguna vez, vuelve a intentarlo. Cualquier persecución o marginación que recibas vale la pena si el resultado es que uno de tus seres queridos sea salvo de los siete años que durará la ira de Dios.

Un cambio de humor

La actitud de esta carta cambia una vez entramos al sexto capítulo. Apenas hemos experimentado una increíble y edificante experiencia de adoración, alabanza, reverencia y voces que exaltan: "Digno es el Cordero". Pero ahora el Cordero ha tomado el rollo de la mano del que está sentado en el trono y su pulgar está listo para romper el primer sello.

En los capítulos 6, 8, 9 y 10 encontraremos tres series de siete juicios cada uno: los juicios del sello, los juicios de la trompeta y los juicios de la copa. Todos ellos están vinculados entre sí, ya que el séptimo sello y la séptima trompeta abren cada uno la siguiente serie. Durante la tribulación, justo cuando el mundo piensa que tal vez lo peor ha pasado, iniciará la siguiente serie de juicios.

Cada serie de juicios va a ser peor y más devastadora que la anterior. En los juicios del sello matarán a un tercio de la población mundial. Las trompetas acabarán con otro tercio y devastarán a la tierra. Finalmente, vendrán las copas, que Juan describe como "las siete últimas plagas, porque en ellas la ira de Dios se completa" (Apocalipsis 15:1). Traerán llagas inimaginables, sangre, oscuridad y miseria hasta que una voz misericordiosa grite desde el cielo: "Hecho está" (Apocalipsis 16:17).

Una vez más, antes de que el Cordero rompa el primer sello, ¡te imploro que te pongas al día y estés bien con Dios! Si no reconoces a Jesús como tu Salvador, estos juicios caerán sobre ti. Y recuerda, estos castigos durarán solamente siete años. Luego de eso vendrá el día cuando todos aquellos que han rechazado la gracia y misericordia de Cristo serán juzgados por su rebelión y sentenciados a una eternidad lejos de Dios y todo lo que es bueno, agradable y perfecto. Esa última etapa va a hacer que lo que estamos a punto de leer parezca un juego de niños.

Llegan los jinetes

Todos los ojos estaban sobre el Cordero. Ya no estaba ante todos como el prisionero bajo las falsas acusaciones del sanedrín judío o la mano violenta del gobierno romano. Este es el Cordero restaurado a su lugar de autoridad debido a su carácter, su posición y su persona. Sólo Él es digno de abrir los sellos del pergamino. Y eso es lo que procedió a hacer:

> Vi cuando el Cordero abrió uno de los sellos, y oí a uno de los cuatro seres vivientes decir como con voz de trueno: Ven y mira" (Apocalipsis 6:1).

Lo que Juan vio a instancias de la criatura fue el primero de un cuarteto de personajes que se han convertido en leyenda. Los cuatro jinetes del apocalipsis han venido a representar la fuerza, el terror y la inminente perdición, y aparecen en todos lados, desde la literatura y los cómics, hasta la televisión y en películas, incluso lleva ese nombre un cuarteto infame que causó estragos en el campo de fútbol de Notre Dame en la década de 1920. Esta ficcionalización ha permitido que el mundo relegue a dichos jinetes a la categoría de cuento. Pero cuando galopen desde el cielo, todos sabrán que son muy reales.

No es la primera vez que vemos jinetes de este tipo. En Zacarías 1 el profeta ve "un varón que cabalgaba sobre un caballo alazán, el cual estaba entre los mirtos que había en la hondura; y detrás de él había caballos alazanes, overos y blancos" (versículo 8). Cuando preguntó quiénes eran esos jinetes, le dijeron que eran unos que vagaban por la tierra. Luego, en el capítulo 6, vemos a cuatro carruajes y "en el primer carro había caballos alazanes, en el segundo carro caballos negros, en el tercer carro caballos blancos, y en el cuarto carro caballos overos rucios rodados" (versículos 2 y 3). Igual que los primeros jinetes, estos carruajes jalados por caballos de colores vagaban por la tierra.

Pero cuando los jinetes vuelvan a aparecer sobre la tierra, su labor será distinta. En vez de explorarla, para enviar informe a quien se sienta en el trono, ellos traerán juicio sobre la tierra. ¿Son estos los mismos jinetes que vio Zacarías? Es poco probable, especialmente por la identidad del que iba en el caballo blanco.

> Y miré, y he aquí un caballo blanco; y el que lo montaba
> tenía un arco; y le fue dada una corona, y salió venciendo,
> y para vencer (Apocalipsis 6:2).

El jinete del caballo blanco, antes de salir del cielo, recibió un *estefanos*. Recuerda, esta es la corona de la victoria, no la corona de un rey. Él sale a conquistar y resulta victorioso sobre gran parte del mundo. ¿Quién es el jinete? Es el anticristo. "Pero, Amir, ¿qué está haciendo el anticristo en el cielo?". Es una buena pregunta. No está en el cielo. Este jinete es una representación del anticristo y su campaña de engaño e intriga le otorgarán lealtad y devoción mundial, incluyendo la de los judíos.

Decir que el jinete es una representación del anticristo es muy diferente a la alegorización que los amilenialistas utilizan para diluir el libro del Apocalipsis. Los amilenialistas dicen que esta carta fue más bien escrita usando lenguaje simbólico y figurativo, que se relaciona con los eventos espirituales que actualmente ocurren en el reino de Dios, y que los juicios que aparecen ahí no deben ser tomados de forma literal. Dicen también que debemos ver con más profundidad, leer entre las líneas y detrás de las palabras para saber lo que Juan realmente quería decir cuando las escribió. Para los amilenialistas "lo que será" no empieza sino hasta el capítulo 20.

Pero el Apocalipsis no puede ser alegorizado. Es un relato dado por Dios a Juan de lo que ha planeado para su futuro juicio sobre este mundo. Debe ser interpretado de forma literal. Sí, hay ocasiones donde vemos simbolismos, pero son pocos y el contexto nos ayuda a aclarar esos momentos. Así que cuando digo que el jinete que va en un caballo blanco representa al anticristo, no lo digo de la misma forma cuando digo que el jinete que va en el caballo pálido representa la muerte. Aunque se le da el nombre Muerte, él no es la muerte. La muerte no es una persona que camina cubierta con un sudario y cargando una hoz. *Muerte* es solo la palabra que usamos para describir lo que ocurre cuando una vida llega a su fin. Los cuatro jinetes no llevarán a cabo el juicio, sino preceden y representan los hechos trágicos que están a punto de caer sobre el mundo.

> Cuando abrió el segundo sello, oí al segundo ser viviente, que decía: Ven y mira. Y salió otro caballo, bermejo; y al que lo montaba le fue dado poder de quitar de la tierra la paz, y que se matasen unos a otros; y se le dio una gran espada (Apocalipsis 6:3-4).

Hay dos palabras griegas que significan espada. Una es *rhomphaia* y describe una larga espada usada en batallas. Este es el tipo de arma que sobresale de la boca de Jesús cuando llega a derribar las naciones del mundo (19:15). La otra palabra es *machaira*, que describe una espada corta o daga. En vez de ser usada en batallas mayores, era empleaea para contacto cercano o para asesinar. El jinete del caballo rojo lleva una espada corta. Por eso es que la traducción del adjetivo griego *megas,* el cual significa "grande", tiene más sentido que "largo" o "enorme", los cuales aparecen en algunas biblias. El arma que llevaba este jinete era muy poderosa, pero no era una enorme daga.

Cuando venga el jinete del caballo rojo, él no marca el comienzo de la Tercera Guerra Mundial. En vez de eso, él va a traer división, subterfugio y disturbios civiles. La frase "las personas deberían matarse las unas a las otras" tiene un significado muy personal e individual. La paz va a desaparecer, no solo entre naciones, sino entre ciudades, barrios y hogares.

> Cuando abrió el tercer sello, oí al tercer ser viviente, que decía: Ven y mira. Y miré, y he aquí un caballo negro; y el que lo montaba tenía una balanza en la mano. Y oí una

voz de en medio de los cuatro seres vivientes, que decía:
Dos libras de trigo por un denario, y seis libras de cebada
por un denario; pero no dañes el aceite ni el vino (Apocalipsis 6:5-6).

Muchos de nosotros vimos escasez en tiendas locales cuando
empezó la pandemia causada por el COVID-19. Las personas hacían
filas enormes afuera de grandes supermercados pues intentaban
comprar alimentos básicos y papel de baño, por ejemplo. Cuando
venga el jinete negro, la gente añorará la época en que encontraban
todo lo que necesitaban en las estanterías de los supermercados.

El tercer jinete traerá escasez y hambruna. Las monedas del mundo caerán y la inflación subirá vertiginosamente. Dos libras de trigo es suficiente para que una persona viva, y un denario equivale al
salario de un día. ¿Cómo una persona podrá alimentar a su familia
si apenas ganan lo suficiente para comprar comida para una boca?
Y eso aplica solo para los que van a tener la fortuna de conservar su
empleo. Para aquellos que piensan "Bueno, me olvido del trigo y
compro cebada, a tres por uno, cuando esté en oferta", deben entender que se necesitan seis libras de cebada para obtener los mismos
nutrientes que dos libras de trigo. El aceite y el vino no van a sufrir
cambios, pero ¿quién va a tener suficiente dinero para comprarlos?

Cuando las líneas de suministro colapsen, iniciará el caos. Excepto por un pequeño grupo de personas, la mayoría en el mundo no
estará lista para proveerse. Primero vendrán las protestas, luego los
saqueos, y después los robos violentos para obtener suministros básicos. La anarquía prevalecerá y los líderes de los gobiernos se quedarán sin soluciones.

Cuando abrió el cuarto sello, oí la voz del cuarto ser viviente, que decía: Ven y mira. Miré, y he aquí un caballo ama-
rillo, y el que lo montaba tenía por nombre Muerte, y el
Hades le seguía; y le fue dada potestad sobre la cuarta parte
de la tierra, para matar con espada, con hambre, con mor-
tandad, y con las fieras de la tierra (Apocalipsis 6:7-8).

Cuando los siguientes jinetes se adelantaron, un escalofrío debió subir por la columna vertebral de Juan. ¿Por qué dos jinetes en vez de uno? Cada uno participará en la partida de las personas de esta tierra. Muerte reclama el cuerpo. Hades toma el alma. Cuando den la vuelta al mundo, se llevarán con ellos una cuarta parte de los habitantes de la tierra. Piensa en ello. Actualmente, la población mundial es de unos ocho mil millones. Esto significa que durante el período de los juicios del sello, dos mil millones de personas morirán. Las muertes por COVID se cuentan por millones, y mira lo que ha hecho a nuestro mundo. Imagina que por cada persona que ha muerto en esta pandemia, van a morir otras quinientas o hasta mil durante el juicio de los sellos.

¿Qué provocará esta muerte masiva? Se dan cuatro tácticas a esta pareja mortal. La violencia, ya sea debido a la guerra, los disturbios civiles o el crimen, provocará una matanza sangrienta. La escasez y hambruna provocarán que millones de personas mueran de hambre. Esta escasez no ocurrirá solo en países tercermundistas. La carencia sustituirá a la abundancia de las naciones del primer mundo y las ciudades más pobladas sufrirán algunas de las peores privaciones cuando los almacenes dejen de reabastecerse.

En la Biblia encontramos la palabra "muerte". Pero decir que la gente va a morir a causa de la muerte es como decir que un pájaro va a volar a causa del vuelo. La palabra griega utilizada aquí es *thanatos*, que normalmente significa "muerte". Sin embargo, también puede significar "pestilencia", la cual, puesta en este contexto, cobra mucho más sentido. Como ya dijimos, por muy trágica que ha sido la pandemia del COVID-19, para muchas personas esto no es nada comparado con lo que viene.

Para mí, el último enemigo letal que el mundo enfrentará es el más aterrador. Debido a la falta de alimento por los estragos ambientales que se avecinan, los depredadores del reino animal tendrán que encontrar fuentes de alimento. Encontrarán a sus nuevas presas agrupadas en las ciudades o vagando por el campo en busca de provisiones. Manadas de perros hambrientos recorrerán los barrios en busca de presa. "Leones y tigres y osos" no será solo una linda cancioncilla para niños. Será una advertencia que los padres darán a sus hijos antes de salir de casa.

Cuando esto ocurra, pensarías que las personas acudirán a Dios en masa. Pero ocurrirá lo contrario. En lugar de volverse hacia Dios, la mayoría se volverá contra el pueblo de Dios.

La muerte del justo versus la justicia de la muerte

Cuando el quinto sello se levante del pergamino, se revelará un sucio secreto de la tribulación. Mientras Dios ha estado llevando su justo castigo sobre los malvados, el anticristo ha estado llevando a cabo su injusta persecución sobre los justos.

> Cuando abrió el quinto sello, vi bajo el altar las almas de los que habían sido muertos por causa de la palabra de Dios y por el testimonio que tenían. Y clamaban a gran voz, diciendo: ¿Hasta cuándo, Señor, santo y verdadero, no juzgas y vengas nuestra sangre en los que moran en la tierra? Y se les dieron vestiduras blancas, y se les dijo que descansasen todavía un poco de tiempo, hasta que se completara el número de sus consiervos y sus hermanos, que también habían de ser muertos como ellos (Apocalipsis 6:91-11).

Cuando hablamos de nuestra salvación debemos considerar dos plazos. Uno es la muerte. Ese plazo es definitivo. Si no has recibido a Jesús como tu Señor y salvador a la hora de tu muerte, entonces será demasiado tarde. No habrá segunda oportunidad.

El segundo plazo es el rapto. Si no le has entregado tu vida a Cristo cuando venga por su Iglesia, entonces te quedarás atrás. Sin embargo, a pesar de que no habrá una segunda oportunidad para experimentar el rapto, tendrás otra oportunidad para obtener la salvación. Cuando Jesús tome a los verdaderos cristianos, quienes queden en la tierra recordarán las palabras que aprendieron en la iglesia de niños o que escucharon de sus seres queridos cuando hablaban de Jesús y su perdón. Algunos de ellos reconocerán el error de su rebeldía y se arrepentirán de sus pecados. Dios, en su gracia y misericordia, los aceptará en su familia si ellos confían en su Hijo, Jesucristo.

Sin embargo, estos cristianos enfrentarán la peor situación. No solo sufrirán violencia, carencia y los desastres de la tribulación, sino además serán perseguidos por su fe. Confía en mí, no quieres entregarle tu vida a Cristo en el último momento. No pienses: "Bueno, si se me pasa el rapo, puedo aceptar a Cristo durante la tribulación". Recuerda que el quinto sello revela que habrá una multitud de mártires en el cielo y nadie se convierte en mártir por morir plácidamente en su vejez.

Este grupo de santos de la tribulación se describe como "bajo el altar". ¿Por qué están escondidos allí? Primero, porque tienen que estar en algún lugar. No estoy siendo sarcástico. Pero estos nuevos creyentes no son parte de la Iglesia. El barco ya zarpó. Jesús vino y tomó a su novia mientras esos hombres y mujeres aún vivían en pecado. Por lo tanto, Jesús no preparó un lugar para ellos como el que les dijo a sus discípulos, que está en la habitación superior (Juan 14:1-4). No están invitados al tribunal de Cristo, y tampoco son invitados de honor en la boda. Si bien Dios los ama y son parte de su familia, ellos escaparon, tal y como Job dijo, "por la piel de [sus] dientes" (Job 19:20).

En segundo lugar, aunque debajo del altar pueda parecer un lugar extraño para esconderlos, creo que tiene mucho sentido. En el tabernáculo terrenal y en el templo había dos altares. Está el altar de bronce, donde la sangre era derramada y se hacían sacrificios. Un segundo altar estaba dentro del Lugar Santísimo, cerca del *Sanctasanctórum*. Este era el altar de oro del incienso, cuyo humo era un maravilloso aroma ante el Señor. Estos santos mártires ya han derramado su sangre por su testimonio y han caminado con Cristo. Ahora están debajo del altar de incienso gimiendo sus plegarias que, tal y como vimos en 5:8, son una ofrenda que se eleva hacia el trono de Dios.

Sus plegarias son una súplica de justicia contra aquellos que los asesinaron por su fe. La respuesta de Dios es maravillosa y tan típica de su carácter. Él no les dijo: "Estoy atrasando mi juicio final porque debo hacer sufrir a los malvados por más tiempo". En vez de eso, Él dijo: "Atraso el final porque estoy esperando que más pecadores me busquen". Sí, Él sabía lo que eso significaba para los recién convertidos: una muerte violenta digna de un mártir. Pero Dios siempre considera todo. Puede que estas personas tengan una muerte horrible, pero la vida después de esa muerte será hermosa.

La apertura del sexto sello detonó eventos debajo y la sobre la tierra:

Miré cuando abrió el sexto sello, y he aquí hubo un gran terremoto; y el sol se puso negro como tela de cilicio, y la luna se volvió toda como sangre; y las estrellas del cielo cayeron sobre la tierra, como la higuera deja caer sus higos cuando es sacudida por un fuerte viento. Y el cielo se desvaneció como un pergamino que se enrolla; y todo monte y toda isla se removió de su lugar (Apocalipsis 6:12-14).

Un terremoto masivo hará temblar a toda la tierra. Si alguna vez has experimentado un terremoto, y no importa si es apenas un leve temblor, sabes que no se siente "genial". Este terremoto será notable por su alcance e intensidad. Los edificios colapsarán y el movimiento provocará deslaves. Quienes vivan cerca del mar van a ser tragados por las olas de los tsunamis. Por muy terrible que sea este terremoto, que forma parte del sexto sello, ocurrirán al menos otros tres terremotos durante la tribulación y estos serán más devastadores que el primero (8:5; 11:13; 16:18-19).

No solo la tierra será afectada. El sol se oscurecerá y la luna será tan roja como la sangre. Esto nos recuerda a las profecías del profeta Joel:

El sol se convertirá en tinieblas,
y la luna en sangre,
antes que venga el día grande y espantoso de Jehová
(Joel 2:31).

Luego, él compara estos eventos cósmicos con los terremotos:

Muchos pueblos en el valle de la decisión;
porque cercano está el día de Jehová en el valle de la decisión.
El sol y la luna se oscurecerán,
y las estrellas retraerán su resplandor.
Y Jehová rugirá desde Sion,
y dará su voz desde Jerusalén,
y temblarán los cielos y la tierra;

pero Jehová será la esperanza de su pueblo,
y la fortaleza de los hijos de Israel (Joel 3:14-16).

Esto describe el masivo temblor de la tierra. Luego una lluvia de meteoritos golpeará nuestro planeta. Será como estar en un sándwich de catástrofe, con la devastación que viene de abajo y de arriba. No es de extrañar que el sol y la luna queden oscurecidos por el humo de tanto incendio. A esto hay que añadir las erupciones volcánicas que lanzarán cenizas a la atmósfera, lo que oscurecerá aún más el sol y la luna y afectará a los patrones climáticos.

¿Cómo reaccionará la gente ante tal devastación? Como muchas veces pasa, en vez de correr hacia Dios, las personas se alejarán más de Él.

Y los reyes de la tierra, y los grandes, los ricos, los capitanes, los poderosos, y todo siervo y todo libre, se escondieron en las cuevas y entre las peñas de los montes; y decían a los montes y a las peñas: Caed sobre nosotros, y escondednos del rostro de aquel que está sentado sobre el trono, y de la ira del Cordero; porque el gran día de su ira ha llegado; ¿y quién podrá sostenerse en pie? (Apocalipsis 6:15-17).

Muchas personas reconocerán las causas de la calamidad. Entenderán que están experimentando un juicio físico por sus pecados espirituales. Pero en vez de decir: "Dios, hemos pecado. ¡Perdónanos! ¡Nos arrepentimos y te seguiremos!", intentarán esconderse del todopoderoso Juez que todo lo ve y todo lo sabe. ¿Qué pasaría si en vez de eso, las personas se entregaran a la misericordia de Dios? Recuerda lo que Dios les dijo a los mártires. Durante la tribulación, el Señor retrasará el juicio final hasta alcanzar un número de convertidos. Para aquellos que estén vivos en la tierra en este momento, la salvación estará solo a un brazo de distancia. Pero elegirán la oscuridad de las cavernas en lugar de la luz de Cristo.

CAPÍTULO 8

EL PRIMER INTERLUDIO

APOCALIPSIS 7

Al final de Apocalipsis 6 aparece una pregunta: "¿y quién podrá sostenerse en pie?". Juan está a punto de responder.

Este capítulo es el primer de tres interludios en el libro de Apocalipsis (7:1-17; 10:1-11:13; 12:1-14:20). Interrumpe el fluir del juicio de los sellos, pero no necesariamente el fluir de la narrativa del libro. Durante los juicios, justo cuando una devastación aún mayor está a punto de ocurrir, Dios llama a un tiempo de espera.

> Después de esto vi a cuatro ángeles en pie sobre los cuatro ángulos de la tierra, que detenían los cuatro vientos de la tierra, para que no soplase viento alguno sobre la tierra, ni sobre el mar, ni sobre ningún árbol. Vi también a otro ángel que subía de donde sale el sol, y tenía el sello del Dios vivo; y clamó a gran voz a los cuatro ángeles, a quienes se les había dado el poder de hacer daño a la tierra y al mar, diciendo: No hagáis daño a la tierra, ni al mar, ni a los árboles, hasta que hayamos sellado en sus frentes a los siervos de nuestro Dios (Apocalipsis 7:1-3).

Cuatro ángeles estaban listos para darle el próximo golpe a la tierra. "Los cuatro rincones de la tierra" no es una afirmación bíblica de que la tierra es plana. Simplemente es una frase antigua que hacía referencia a cada parte del globo terráqueo. Antes de que estos ángeles fueran enviados a hacer su trabajo, otro ángel gritó: "¡Esperen! ¡Debemos hacer algo antes!". Acá es donde encontramos la primera respuesta a la pregunta: "¿Quién es capaz de mantenerse en pie?".

144 000 evangelistas judíos

Después de los cuatro jinetes, en la categoría de "grupos del Apocalipsis de los que más se habla y menos se entiende" están los 144 000 judíos sellados para servir a Dios. En vez de ver a esta multitud de jóvenes israelitas, Juan escucha hablar de ellos:

> Y oí el número de los sellados: ciento cuarenta y cuatro mil sellados de todas las tribus de los hijos de Israel.
>
> De la tribu de Judá, doce mil sellados.
> De la tribu de Rubén, doce mil sellados.
> De la tribu de Gad, doce mil sellados.
> De la tribu de Aser, doce mil sellados.
> De la tribu de Neftalí, doce mil sellados.
> De la tribu de Manasés, doce mil sellados.
> De la tribu de Simeón, doce mil sellados.
> De la tribu de Leví, doce mil sellados.
> De la tribu de Isacar, doce mil sellados.
> De la tribu de Zabulón, doce mil sellados.
> De la tribu de José, doce mil sellados.
> De la tribu de Benjamín, doce mil sellados
> (Apocalipsis 7:4-8).

A pesar de los justos juicios de Dios sobre la humanidad, el Señor sigue dando a la gente la oportunidad de volver a Él. Esta es una demostración de la justicia y el amor de Dios. Él es justo cuando juzga a la humanidad por sus pecados. Sin embargo, es también lo suficientemente misericordioso y amoroso como para enviar 144 000 judíos evangelistas para llevar el mensaje de salvación al mundo. Incluso cuando derrama su ira, Dios sigue atrayendo gente hacia Él.

Cuando piensas en ello, ¿qué más podría haber hecho Dios para llevar a su creación a una relación personal con Él? En el Antiguo Testamento, Dios introdujo el camino hacia su presencia a través del mobiliario del tabernáculo y luego en el templo, empezando por el altar de bronce, donde se sacrificaban animales para cubrir los pecados de quien los llevaba. Luego, envió a su Hijo único a la cruz para pagar el precio de nuestros pecados.

Es más, Dios levantó profetas, apóstoles, evangelistas y maestros de la Biblia para compartir el mensaje de la salvación e instruir a la humanidad en la vida correcta. Pero el mundo no quería saber nada de Dios. La humanidad ha sido cautivada por los placeres del pecado y ha hecho todo lo posible por rechazar a Dios. Entonces Él debe lidiar con la depravación de la humanidad. Sin embargo, continúa ofreciendo salvación durante toda la tribulación, sellando a este grupo de judíos para que compartan el Evangelio con el mundo.

Estos 144 000 judíos evangelistas serán sellados con la marca de la protección de Dios. Así como nadie pudo dañar al Señor Jesucristo hasta "su tiempo", así nadie podrá dañar a estos misioneros.

Aunque el pasaje nombra específicamente a las doce tribus de Israel, hay algunos intérpretes que creen que estos 144 000 individuos forman la Iglesia. Eso es lo que pasa cuando espiritualizas un pasaje para hacerlo encajar en tus creencias doctrinales en lugar de leerlo al pie de la letra. ¿Cuál es la doctrina cuadrada que estos intérpretes intentan encajar en el agujero redondo de este pasaje? Es su Teología del Reemplazo, que dice que la Iglesia ha tomado el lugar de Israel en los planes de Dios. La única manera de hacer que esta doctrina reformada encaje en la Escritura, especialmente cuando se trata de la profecía, es alegorizar y espiritualizar muchas partes de la Biblia. Una lectura literal de la Palabra de Dios simplemente no permitirá esta comprensión.

Piensa en las ramificaciones si Dios reemplazara a Israel con la Iglesia. Primero, el pacto eterno que Dios hizo con Abram dejaría de ser eterno. Si el pacto con Abram ya no es eterno, entonces no podemos confiar en que la vida eterna que Él le prometió a sus creyentes sea efectivamente eterna.

Además, si Dios quitó su mano de Israel, ¿entonces cómo podemos explicar que se han cumplido tantas profecías que involucran a Israel y aparecen en la Biblia? Ezequiel profetizó que Dios iba a preparar la tierra para el regreso de Israel (Ezequiel 34:26; 36:8-9). Antes de que los judíos iniciaran su retorno a finales del siglo xix y principios del siglo xx, toda esa área era un páramo lleno de matorrales y pantanos donde crecían mosquitos de malaria. Incluso cuando Israel se convirtió en una nación, en 1948, solo 14% de la tierra era cultivable.[6] Hoy Israel es un país autosuficiente en términos de agricultura y un gran exportador de alimentos.

A través del mismo profeta, el Señor prometió devolver a los judíos a su tierra desde todas las naciones en las que los había dispersado (Ezequiel 34:13-16; 36:24; 37:12-14, 21). Desde la independencia de Israel, la población de esa nación ha crecido de 806 000 a 9 246 000 en el 2020.[7]

Dios dijo que Él iba a traer prosperidad a Israel cuando los judíos estuvieran en su tierra (Ezequiel 36:11-12). Hoy, Israel es un poder mundial bien establecido y la envida del Oriente Medio.

En Isaías 66:8, Dios prometió que crearía la nación de Israel en un día. Ese día fue el 14 de mayo de 1948, cuando el país declaró su independencia. Él además ha protegido a Israel de sus enemigos durante todas las guerras y ataques que han ocurrido desde entonces.

No solo las promesas del Antiguo Testamento afirman la continuidad de Israel. La palabra *Israel* es usada cerca de setenta veces en el Nuevo Testamento y siempre se refiere a un Israel étnico. En Gálatas 6:16, Pablo usa la frase "Israel de Dios" para referirse a aquellos judíos que han puesto su fe en Jesucristo y no han dependido de la circuncisión para llegar al cielo. Aplicar esta frase a la Iglesia es inconsistente con la forma en que la palabra "Israel" es usada en el Nuevo Testamento.

John F. Walvoord está muy en desacuerdo con la idea de que la Iglesia haya sustituido a Israel. Escribió:

El hecho que las doce tribus de Israel son nombradas durante la tribulación es otra evidencia de que el término 'Israel', como es usado en la Biblia, es sin duda una referencia a los descendientes de Jacob, quien primero recibió el nombre Israel. Gálatas 6:16 no es la excepción. La idea de que la iglesia es el verdadero Israel no se basa en ninguna referencia explícita que aparezca en la Biblia y los gentiles nunca usan la palabra 'Israel' y esta solo se refiere a quienes son descendientes raciales de Israel o Jacob.[8]

De igual forma, Robert L. Thomas escribió:

El término 'Israel' debe ser usado para referirse a los descendientes físicos de Abraham, Isaac y Jacob. Esta es la comprensión natural y el uso normal de la palabra en el Nuevo Testamento, así como en el Antiguo Testamento. Esto explica la división tan detallada del pueblo de Dios en doce familias que responden de forma individual a las doce tribus de Israel en vv.5-8, y es la explicación que prefiere la primera tradición cristiana. Vincular este término a la Iglesia a través de los doce apóstoles (comparar Mateo 19:28) es improbable porque en Apocalipsis 21:12, 14 hay una clara diferencia entre ambos grupos de doce. También concuerda la clara distinción que hace Pablo entre los dos grupos del pueblo de Dios, Israel y la Iglesia, como aparece en Romanos 9-11.[9]

¿Habrá realmente 144 000 de estos jóvenes? Hay quienes quieren poner un "-ish" al final del número. Dicen que simplemente significa un montón de varones. De hecho, un comentarista reformado escribió:

El número es muy exacto y artificial como para ser tomado de forma literal. Es inconcebible que precisamente doce mil hombres sean seleccionados de cada una de las tribus de los hijos de Israel. Si es literal, es necesario suponer que esto se refiere a las doce tribus de los hijos de Israel. Pero dar por cierto esto es absurdo. Diez de estas tribus fueron llevadas lejos y se perdió la distinción que hay entre unas y otras, una distinción que no puede ser recuperada, y los hebreos nunca han experimentado, no desde la época de Juan, circunstancias en las cuales podríamos aplicar a esta descripción.[10]

Tengo que reírme cuando leo esto. Este comentarista usó la palabra *inconcebible* cuando se habla de la posibilidad de que haya exactamente 144 000. Es como si dijera: "Claro, Dios es soberano y todopoderoso, ha creado todo de la nada, ha sostenido y mantenido este universo desde su creación, creó un plan perfecto para la salvación de la humanidad, pero ¿escoger doce mil judíos de cada tribu? ¡Inconcebible!".

El comentarista continúa diciendo que es absurdo pensar que estos sean judíos reales porque los judíos están perdidos, dispersos a los cuatro vientos. Sería imposible pensar que tantos judíos podrían reunirse, dice. Le daré al comentarista el beneficio de la duda en este punto. Él escribió su comentario reformista a mediados del siglo XIX. Por lo tanto, no existía cuando Dios, milagrosamente, reunió a su pueblo que estaba disperso por todos los rincones del mundo, como dijo que lo haría en Ezequiel 36-37. El comentarista no se enteró de la creación de Israel, aquel día de 1948. Él murió mucho antes de que la población de ese país alcanzara los nueve millones de habitantes, y de esos nueve millones, siete millones son judíos que volvieron a la Tierra Prometida. Que Dios cumpliera su promesa a los judíos le parecía imposible a él, entonces decidió alegorizar la promesa. Luego, Dios hizo nuevamente a la nación de Israel.

Una mirada atenta a la lista de tribus ha hecho que algunos se pregunten por qué José y su hijo Manasés son mencionados, pero el otro hijo de José, Efraín, queda fuera. Además, ¿dónde está la tribu de Dan? Al mirar las Escrituras, descubrirás varios listados tribales de Israel que no coinciden entre sí (Génesis 35; 1 Crónicas 4-7; Ezequiel 48; Apocalipsis 7). Es posible que la tribu de Efraín quedara fuera porque era la tribu más idólatra o porque su nombre se convirtió en inter-cambiable para el reino del norte durante el período de la monarquía dividida. Sin embargo, la tribu de Efraín no está del todo excluida porque se habrían incluido en el epígrafe de José.

Charles C. Ryrie adopta la misma postura de "no preocuparse" cuando se trata de la tribu de Dan. Él explica:

> Sea cual sea la razón por la que la tribu de Dan fue omiti-da de la lista de tribus de las cuales iban a salir los 144 000 judíos, eso no significa que Dios dejará de tratar con esa tribu. Los danitas recibirán una porción de la tierra en el reino milenario. En Ezequiel 48:1, cuando empiezan a dividir la herencia, Dan está al frente de la lista de las tri-bus (comparar también 48:32). Así que su exclusión acá no es permanente, pues los obsequios y el llamado que Dios hace a su pueblo, incluyendo la tribu de Dan, son sin arrepentimiento.[11]

Hemos tocado brevemente el "sellado" de estos evangelistas. ¿Qué significa esto exactamente? Podemos obtener una pista si vemos al Antiguo Testamento, cuando la gloria del Señor estaba a punto de salir del templo de Jerusalén:

> Y la gloria del Dios de Israel se elevó de encima del que-rubín, sobre el cual había estado, al umbral de la casa; y llamó Jehová al varón vestido de lino, que tenía a su cin-tura el tintero de escribano, y le dijo Jehová: Pasa por en medio de la ciudad, por en medio de Jerusalén, y ponles una señal en la frente a los hombres que gimen y que cla-man a causa de todas las abominaciones que se hacen en medio de ella (Ezequiel 9:3-5).

Cuando llegó el juicio, los que habían sido marcados por Dios fueron salvos. El resto se enfrentó a la justa retribución por sus pecados.

Del mismo modo, los 144 000 en Apocalipsis 7 serán sellados para indicar que son propiedad de Dios y para protegerlos de aquellos que buscan hacerles daño.

¿Por qué alguien quisiera hacerles daño? Porque se distinguirán de todos los demás en su dedicación a la rectitud y la pureza. Serán vivos ejemplos del fracaso del código moral del mundo. Algunas personas los odiarán porque representarán todo lo que está mal en su propia vida. Como Jesús dijo a sus discípulos en el aposento alto: "Si el mundo os aborrece, sabed que a mí me ha aborrecido antes que a vosotros. Si fuerais del mundo, el mundo amaría lo suyo; pero porque no sois del mundo, antes yo os elegí del mundo, por eso el mundo os aborrece" (Juan 15:18-19).

Sin embargo, es en parte debido al testimonio de este primer grupo de personas que "podrán mantenerse en pie" que podemos ser introducidos al segundo grupo.

Una multitud de mártires

¿Qué tan aliviado estás de saber que no vas a tener que soportar los horrores de la tribulación? Solo imagina la alegría de quienes quedaron atrapados en la tribulación durante meses o años a causa de sus pecados, pero ahora están sanos y salvos junto a Dios, cuya gracia los alcanzó a través del juicio y los alejó del fuego. No es de extrañarse que nos encontremos con otra espontánea adoración.

> Después de esto miré, y he aquí una gran multitud, la cual nadie podía contar, de todas naciones y tribus y pueblos y lenguas, que estaban delante del trono y en la presencia del Cordero, vestidos de ropas blancas, y con palmas en las manos; y clamaban a gran voz, diciendo: La salvación pertenece a nuestro Dios que está sentado en el trono, y al Cordero (Apocalipsis 7:9-10).

Esta gran multitud de mártires creyentes está conformada por judíos y gentiles. Fueron asesinados por aquellos que son hostiles a Dios. Entonces el Señor les dio la bienvenida a su presencia. Pasaron de vivir un infierno en la tierra al salón del trono en el cielo. Como los mártires del capítulo 6, ellos claman al Señor. Sin embargo, el mensaje de este grupo no es para pedir más juicio, sino una alabanza por su salvación.

Aunque la situación física de esta multitud sea diferente a la nuestra, nuestra situación espiritual es idéntica a la que ellos vivieron. El destino de todos, en algún momento, fue pasar una eternidad lejos de Dios. Luego, por el sacrificio de Jesús, nuestra muerte eterna se convirtió en vida eterna. El profeta Isaías lo dijo de una manera muy hermosa:

> Todos nosotros nos descarriamos como ovejas,
>   cada cual se apartó por su camino;
> mas Jehová cargó en él el pecado de todos nosotros.
> Angustiado él, y afligido, no abrió su boca;
> como cordero fue llevado al matadero;
> y como oveja delante de sus trasquiladores,
> enmudeció, y no abrió su boca (Isaías 53:6-7).

Un verdadero reconocimiento del amor de Dios y de nuestra salvación nos llevará a la adoración. Es imposible que no sea así. No puedo evitar sonreír al imaginarme a todos estos hombres y mujeres y niños de las naciones del mundo reunidos en un coro ante el Señor. Me recuerda a las conferencias que doy alrededor del mundo. En muchos de ellos, ni siquiera hablo el idioma de los que viven allí, pero sigo participando en la adoración, dejando que mi hebreo se fusione con su idioma. Aunque las palabras sean diferentes, todo se funde en una alegre adoración a Aquel que nos ha dado nueva vida. Por eso no me sorprende ver lo que ocurre después.

Los ángeles, los ancianos y las criaturas están tan abrumados ante la pureza y la sinceridad de la adoración de los mártires y el recuerdo de la grandeza de la gracia de Dios, que se postran en el suelo y se unen a otra doxología séptuple similar a la que leemos en 5:12:

> Y todos los ángeles estaban en pie alrededor del trono, y
> de los ancianos y de los cuatro seres vivientes; y se pos-

traron sobre sus rostros delante del trono, y adoraron a
Dios, diciendo:

> Amén. La bendición y la gloria y la sabiduría y la acción
> de gracias y la honra y el poder y la fortaleza
> sean a nuestro Dios por los siglos de los siglos.
> Amén (Apocalipsis 7:11-12).

La alabanza genuina lleva a otros a la alabanza genuina. Muchas
veces he estado en iglesias donde el servicio de adoración parecía una
gran producción. Puede que los músicos sean excelentes y los cantantes tengan voces hermosas, pero en vez de adorar están presentándose
en un concierto. Honran a Dios con sus labios, pero su corazón están
lejos de Él (Isaías 29:13). Eso provoca que la congregación honre a
Dios con voces fuertes, pero corazones vacíos.

La verdadera adoración engendra adoración, y la adoración de
este grupo de mártires fue suficiente para que toda la casa se arrodi-
llara. ¿Quién es exactamente este grupo de alabanza? Ya inclinamos
nuestras manos, pero Juan sigue en la oscuridad.

> Entonces uno de los ancianos habló, diciéndome: Estos
> que están vestidos de ropas blancas, ¿quiénes son, y de dón-
> de han venido? Yo le dije: Señor, tú lo sabes. Y él me dijo:
> Estos son los que han salido de la tribulación, y han lavado
> sus ropas, y las han emblanquecido en la sangre del Corde-
> ro. Por esto están delante del trono de Dios, y le sirven día
> y noche en su templo; y el que está sentado sobre el trono
> extenderá su tabernáculo sobre ellos. Ya no tendrán hambre
> ni sed, y el sol no caerá más sobre ellos, ni calor alguno; por-
> que el Cordero que está en medio del trono los pastoreará, y
> los guiará a fuentes de aguas de vida; y Dios enjugará toda
> lágrima de los ojos de ellos (Apocalipsis 7:13-17).

Hay varias ideas interesantes que podemos extraer de este pasaje. Primero, date cuenta de que estos son santos de la tribulación, no

santos de una iglesia. Ellos han salido de la gran tribulación. Para entonces la iglesia ya disfruta del lugar que Jesús preparó para su novia. Segundo, están al servicio del Señor día y noche, en su templo. El cielo no es un lugar donde los creyentes se sientan en las nubes a tocar harpas. Es un lugar de servicio. Es una eternidad para expresar gratitud a nuestro Señor a través del cumplimiento de las responsabilidades que Él nos encomiende.

Tercero, ellos siempre estarán en la presencia del Señor, porque Él morará en medio de ellos. Nunca más tendrán que preocuparse de no tener comida o agua. Nunca más tendrán frío, no sufrirán de melanomas por estar mucho tiempo bajo el sol. Tampoco se enfrentarán a la pérdida y derramarán lágrimas porque un ser querido les ha sido arrebatado.

En Apocalipsis 7, vemos a 144 000 hombres en la tierra y una multitud en el cielo. ¿Qué tienen en común? Ambos le pertenecen al Señor. Ya sea que estén sellados en la frente o vestidos con túnicas blancas, Dios tiene sus ojos puestos en ellos. Él los escogió y pidió que estuvieran a su servicio, ya sea como un testimonio de rectitud en un mundo impío o como un testimonio de alabanza en la santidad del salón del trono del Señor.

Al pasar al siguiente capítulo, el séptimo y último sello será abierto, desencadenando un resultado inesperado.

CAPÍTULO 9

LAS TROMPETAS SUENAN

APOCALIPSIS 8-9

Silencio.

Luego de los cantos y las peticiones de alabanza. Luego del tumulto de criaturas, ancianos y mártires, y las decenas de miles de ángeles levantando su voz, el Cordero rompe el séptimo sello, tira del enchufe y hasta los grillos celestiales guardan silencio.

> Cuando abrió el séptimo sello, se hizo silencio en el cielo como por media hora (Apocalipsis 8:1).

¿Te imaginas el silencio en el cielo? Debe ser la primera vez. La razón del silencio no se nos revela. El Cordero de Dios aún sostiene el pergamino. Seis de los siete sellos han sido abiertos. Todos los ángeles están en su lugar para llevar a cabo más juicios. Pero no se escuchan órdenes. Nadie habla.

Un momento de paz

Cuando lees el Apocalipsis, descubres un montón de imágenes y sonidos. De hecho, hay una fórmula de "vistas y sonidos" en todo este libro.

Y alrededor del trono había veinticuatro tronos; y vi sentados en los tronos a veinticuatro ancianos, vestidos de ropas blancas, con coronas de oro en sus cabezas. Y del trono salían relámpagos y truenos y voces; y delante del trono ardían siete lámparas de fuego, las cuales son los siete espíritus de Dios (4:4-5).

Y el ángel tomó el incensario, y lo llenó del fuego del altar, y lo arrojó a la tierra; y hubo truenos, y voces, y relámpagos, y un terremoto (8:5).

Y el ángel tomó el incensario, y lo llenó del fuego del altar, y lo arrojó a la tierra; y hubo truenos, y voces, y relámpagos, y un terremoto (11:19).

Entonces hubo relámpagos y voces y truenos, y un gran temblor de tierra, un terremoto tan grande, cual no lo hubo jamás desde que los hombres han estado sobre la tierra (16:18).

Estas imágenes y sonidos son un recordatorio del poder y la magnificencia de Dios. El pueblo de Israel vio algo similar en el Monte Sinaí.

Aconteció que al tercer día, cuando vino la mañana, vinieron truenos y relámpagos, y espesa nube sobre el monte, y sonido de bocina muy fuerte; y se estremeció todo el pueblo que estaba en el campamento. Y Moisés sacó del campamento al pueblo para recibir a Dios; y se detuvieron al pie del monte. Todo el monte Sinaí humeaba, porque Jehová había descendido sobre él en fuego; y el humo subía como el humo de un horno, y todo el monte se estremecía en gran manera. El sonido de la bocina iba aumentando en extremo; Moisés hablaba, y Dios le respondía con voz tronante. Y descendió Jehová sobre el monte Sinaí, sobre la cumbre del monte; y llamó Jehová a Moisés a la cumbre del monte, y Moisés subió (Éxodo 19:16-20).

Al ver y oír el poder de Dios, los israelitas estaban aterrorizados. "Habla tú con nosotros, y nosotros oiremos; pero no hable Dios con nosotros, para que no muramos" (Éxodo 20:19). ¿Qué tan seguido nos comportamos de esta manera? Cuando tenemos problemas nos encanta tener un Dios poderoso a nuestro lado. Pero en el día a día, cuando su fuerza y santidad puede recordarnos de nuestras fallas y debilidades, preferimos que Él esté en un segundo plano. "Deja que el pastor hable con Él y nos diga qué le dijo". Imagina cuánto perdieron los hebreos por pedir que hubiera un intermediario entre ellos y Dios santísimo.

> Cuando abrió el séptimo sello, se hizo silencio en el cielo como por media hora. Y vi a los siete ángeles que estaban en pie ante Dios; y se les dieron siete trompetas. Otro ángel vino entonces y se paró ante el altar, con un incensario de oro; y se le dio mucho incienso para añadirlo a las oraciones de todos los santos, sobre el altar de oro que estaba delante del trono. Y de la mano del ángel subió a la presencia de Dios el humo del incienso con las oraciones de los santos (Apocalipsis 8:1-4).

Puede que cielo haya estado callado por treinta minutos, pero no se quedó quieto. Siete ángeles estaban de pie ante Dios. La palabra griega para "estar de pie" es *histemi* y es el verbo conjugado en tiempo perfecto. Lo que significa es que esos ángeles han estado allí durante algún tiempo. Estaban esperando allí, y siguen esperando allí anticipando el momento cuando sean llamados a cumplir su misión especial. En preparación para ese momento, cada uno de ellos recibió una trompeta.

Luego viene otro ángel con un incensario. ¿Qué representa el incienso? Como hemos visto antes, es la plegaria de los santos. El hecho de que el ángel reciba mucho incienso significa que no se trata de las oraciones de unos pocos individuos, sino de una multitud. ¿Qué oración le ofrecían la multitud de mártires al Señor? "¿Hasta cuándo, Señor, santo y verdadero, no juzgas y vengas nuestra sangre en los que moran en la tierra?" (Apocalipsis 6:10). Y al final de ese descanso de media hora el Señor dijo: "¡Ahora!".

Y el ángel tomó el incensario, y lo llenó del fuego del altar, y lo arrojó a la tierra; y hubo truenos, y voces, y relámpagos, y un terremoto (Apocalipsis 8:5).

Cuando terminó ese "tiempo fuera" celestial, sonó una explosión. ¡Qué imagen tan impresionante la del poder de la oración! Dios aseguró a los mártires que Él había escuchado sus peticiones, pero que el tiempo aún no había llegado. Prometió que cuando el número adecuado de personas se hubiera arrepentido y acudido a Él, entonces desataría el justo pago a sus verdugos. Al final de esa media hora de paz, el número de personas arrepentidas fue el que Dios deseaba. Las plegarias de los santos de la tribulación fueron reunidas y lanzadas hacia la tierra.

El sonido de las trompetas

El primer ángel llevó su trompeta a sus labios y sopló. Lo que ocurrió fue algo inimaginable.

Y los siete ángeles que tenían las siete trompetas se dispusieron a tocarlas. El primer ángel tocó la trompeta, y hubo granizo y fuego mezclados con sangre, que fueron lanzados sobre la tierra; y la tercera parte de los árboles se quemó, y se quemó toda la hierba verde (Apocalipsis 8:6-7).

Con el sonido de esa primera trompeta, un tercio del mundo enfrentará daños irreversibles, empezando por la vegetación. Hoy, cuando escuchamos de incendios forestales, expertos miden el daño en hectáreas o millas. Pero cuando suene la primera trompeta, el daño será medido en países o incluso continentes. La ecología de todo el planeta será puesta de cabeza. Habrá un colapso económico, escasez de alimentos y daño a propiedades a causa de los incendios. Si acaso trabajas en una compañía de seguros, te sugiero que empieces a buscar un nuevo trabajo.

El segundo ángel tocó la trompeta, y como una gran montaña ardiendo en fuego fue precipitada en el mar; y la tercera parte del mar se convirtió en sangre. Y murió la tercera parte de los seres vivientes que estaban en el mar, y la tercera parte de las naves fue destruida (Apocalipsis 8:8-9).

La canción de la segunda trompeta traerá una devastación de agua salada. Algo masivo, venenoso y ardiente será lanzado al mar. Puede que sea un meteorito o material expulsado de una erupción volcánica. Sea lo que sea, sabemos que no será un desastre natural. Los desastres naturales son eventos al azar que ocurren en un mundo impersonal. Esto será intencional. El hecho de que será "lanzado" significa que alguien va a lanzarlo al mar. El tsunami resultante será lo suficientemente grande como para volcar, hundir o llevar lejos de la costa un tercio de todos los barcos en el mundo. En 2016, el número de barcos en el mar era, aproximadamente, de 50 000.[12] Esto significa que casi 17 000 barcos y sus tripulaciones serán destruidas en este evento cataclísmico. El daño a las líneas de suministro será irreparable.

Pero lo importante no es el tamaño de esta "gran montaña" sino su composición. Hay algo en ella que causará que el mar se convierta en sangre y que un tercio de la vida marina se extinga. Las compañías de pesca cerrarán. Colapsarán las economías de muchos países costeros. El mundo se va a tambalear. Y solo dos trompetas habrán sonado hasta este punto.

> El tercer ángel tocó la trompeta, y cayó del cielo una gran estrella, ardiendo como una antorcha, y cayó sobre la tercera parte de los ríos, y sobre las fuentes de las aguas. Y el nombre de la estrella es Ajenjo. Y la tercera parte de las aguas se convirtió en ajenjo; y muchos hombres murieron a causa de esas aguas, porque se hicieron amargas (Apocalipsis 8:10-11).

Una tercera trompeta suena e inicia la devastación de la fresca agua dulce. Una estrella llamada Ajenjo cae sobre la tierra, aunque puede ser un meteorito. En la Biblia el ajenjo es usado para ilustrar amargura, como vemos en las palabras del profeta Jeremías: "Me llenó de amarguras, me embriagó de ajenjos" (Lamentaciones 3:15). La estrella contaminará un tercio de toda el agua dulce del mundo. El hecho de que "muchos hombres murieron a causa de esas aguas" indica que lo sucio de las aguas será demasiado fuerte para las técnicas modernas de descontaminación o lo sistemas de purificación de agua, por lo tanto, muchas ciudades y países ya no existirán. Mientras la destrucción de las fuentes de alimentación provocará muertes en semanas, la pérdida de agua potable empezará a cobrarse vidas a escala masiva en pocos días.

> El cuarto ángel tocó la trompeta, y fue herida la tercera parte del sol, y la tercera parte de la luna, y la tercera parte de las estrellas, para que se oscureciese la tercera parte de ellos, y no hubiese luz en la tercera parte del día, y asimismo de la noche (Apocalipsis 8:12).

Cuando el cuarto ángel suene su trompeta, los cielos como los conocemos cambiarán para siempre. Tinieblas cubrirán un tercio del sol, la luna y las estrellas. Es fascinante contemplar este juicio. La primera parte del versículo parece decir que un tercio de la luna está oscura, que un tercio del sol y un tercio de las estrellas en el cielo dejaron de brillar, lo que parece imposible. La tierra se congelaría de inmediato si un tercio del sol dejara de brillar. La segunda parte del verso puede que tenga la clave de qué está pasando: "no hubiese luz en la tercera parte del día, y asimismo de la noche". Pienso que es muy posible que un tercio del día y un tercio de la noche sea absoluta oscuridad. Durante esas horas la luz del sol desaparece, su reflejo en la luna desaparece, y la luz de las huestes celestiales se oscurece.

La primera aflicción

Es difícil imaginar lo que siente Juan mientras ve el sufrimiento de la humanidad. Claro, hay entendimiento sobre la justicia de Dios y que los pecadores reciben el castigo que merecen. Pero habría que ser muy frío para no empatizar, al menos hasta cierto punto, con la situación de los que se quedan en la tierra. Juan sabía, sin embargo, que solo iba a empeorar. Después de todo, cerca de él había tres ángeles que aún no habían tocado sus trompetas. Y luego otro ángel voló cerca para recordarles a todos que venía lo peor.

> Y miré, y oí a un ángel volar por en medio del cielo, diciendo a gran voz: ¡Ay, ay, ay, de los que moran en la tierra, a causa de los otros toques de trompeta que están para sonar los tres ángeles! (Apocalipsis 8:13).

En el libro de Apocalipsis, no solo hay tres series de juicios, sino hay también tres aflicciones. La palabra "ay" proviene del término griego *ouai*. Es una expresión de dolor y enojo. Es un grito de angustia, una aflicción. Representa el grito de alguien que no sabe a dónde ir porque los gobiernos han colapsado, los hospitales están llenos, no hay medicina para los enfermos, y las organizaciones humanitarias se han desintegrado porque todos simplemente tratan de sobrevivir.

Tan pronto el ángel pasó gritando "ay, ay, ay" por aquellos que aún están en la tierra, empezó la primera de tres aflicciones.

> El quinto ángel tocó la trompeta, y vi una estrella que cayó del cielo a la tierra; y se le dio la llave del pozo del abismo (Apocalipsis 9:1).

El pozo sin fondo es otra de esas imágenes en el libro del Apocalipsis que la cultura popular ha tomado y se ha adueñado de ella, y claro, la han malinterpretado. La palabra *abismo* la obtenemos de la palabra griega *abussos*. Esta palabra aparece varias en la Biblia, la mayoría en el libro del Apocalipsis. ¿Qué es el abismo?

Cuando Jesús fue al lado gentil del Mar de Galilea, se encontró con un hombre que estaba poseído por una horda demoníaca. Jesús preguntó los nombres de los demonios y ellos respondieron "Legión" porque eran muchos (Lucas 8:30). Mientras Jesús se preparaba para expulsarlos, los demonios tuvieron mucho miedo y le rogaron que no los echara al abismo (versículo 31). En un acto de increíble misericordia ante aquellos que eran sus enemigos, Jesús envió a los demonios a donde había una piara. Los cerdos entraron en pánico y corrieron colina abajo, hacia al mar, donde murieron ahogados.

De igual forma, cada vez que encontramos un abismo o el pozo sin fondo en las Escrituras, se asocia con las fuerzas demoníacas. Juan nos dice que la bestia ascenderá desde el abismo (Apocalipsis 11:7; 17:8), y que al final de la tribulación el diablo será encerrado en el pozo sin fondo durante mil años, antes de ser liberado en el mundo para engañar a las naciones una vez más (Apocalipsis 20:1-3). Así, podemos estar seguros de que todo lo que entra en el abismo o sale de él es de naturaleza demoníaca.

> Y abrió el pozo del abismo, y subió humo del pozo como humo de un gran horno; y se oscureció el sol y el aire por el humo del pozo. Y del humo salieron langostas sobre la tierra; y se les dio poder, como tienen poder los escorpiones de la tierra. Y se les mandó que no dañasen a la hierba de la tierra, ni a cosa verde alguna, ni a ningún árbol, sino solamente a los hombres que no tuviesen el sello de Dios en sus frentes. Y les fue dado, no que los matasen, sino que los atormentasen cinco meses; y su tormento era como tormento de escorpión cuando hiere al hombre. Y en aquellos días los hombres buscarán la muerte, pero no la hallarán; y ansiarán morir, pero la muerte huirá de ellos (Apocalipsis 9:2-6).

Una nube oscura llena el aire. Las personas se preguntan si está cambiando de clima, si tal vez una tormenta va a dejar caer suficiente agua fresca para aliviar su garganta reseca. Pero entonces verán que la nube vuela muy bajo y se mueve muy rápido. Pronto, el movimiento y las ondulaciones de esa masa les confirmaran que no es un evento meteorológico y que esa nube tiene vida. Las primeras langostas llegan, aterrizando en una persona tras otra. Los gritos hacen eco en el aire conforme empieza el ataque. Sus aguijones provocarán un dolor agudo y las llagas serán insoportables. No habrá escapatoria porque habrá decenas de millones de ellas. Provocarán un horrendo dolor, pero no tendrán permitido matar a nadie, aunque habrá personas que desearán que las langostas acaben con su miseria.

Esta plaga no será como la que llegó a Egipto en el tiempo de Moisés. Aquellas langostas atacaron únicamente las provisiones y al pueblo del faraón. Las langostas del Apocalipsis no van a atacar los cultivos. Van a comer carne humana. Las langostas de Egipto solo se quedaron por unos días. Las langostas de la tribulación van a estar en la tierra por cinco meses. Imagínate eso. Piensa en cinco meses a partir de ahora que lees esto. Cada día, de aquí a entonces, tendrás miedo de salir a la calle por temor a las langostas que van a estar listas para causarte un dolor ardiente con sus mordidas.

Pero habrá personas haciendo "día de campo" en el parque, jugando, dándole de comer a los patos mientras todos están escondidos en su casa. Los 144 000 testigos serán aprueba de insectos porque han recibido el sello de protección de Dios. Muchos les tendrán rencor y buscarán hacerles daño, pero sus esfuerzos serán inútiles. Aunque habrá quienes verán que ellos disfrutan de protección es divina, y como resultado, buscarán a Dios.

Ha habido mucha controversia sobre si efectivamente será una plaga de langostas. Juan da mucho detalle cuando escribe sobre ellas y a veces parece que no son langostas.

> El aspecto de las langostas era semejante a caballos preparados para la guerra; en las cabezas tenían como coronas de oro; sus caras eran como caras humanas; tenían cabello como cabello de mujer; sus dientes eran como de leones; tenían corazas como corazas de hierro; el ruido de sus alas era como el estruendo de muchos carros de caballos corriendo a la batalla; tenían colas como de escorpiones, y también aguijones; y en sus colas tenían poder para dañar a los hombres durante cinco meses. Y tienen por rey sobre ellos al ángel del abismo, cuyo nombre en hebreo es Abadón, y en griego, Apolión (Apocalipsis 9:7-11).

Coronas, rostros humanos, cabello de mujer, dientes como de leones, corazas de hierro, colas como de escorpiones. ¿Qué son esas cosas? Algunos comentaristas creen que Juan describe helicópteros modernos y algunos detalles coinciden perfectamente. Pero a menos que el piloto que sostiene la palanca cíclica y mueve los pedales tenga cachos rojos y una cola puntiaguda, no coincide del todo. Recuerda que estas langostas no vinieron de una fábrica de helicópteros; salieron volando del abismo. No hay por qué alegorizar su origen. Juan dijo que estas son langostas demoníacas, y cuando leo las descripciones de estas pequeñas criaturas, parecen exactamente lo que él dijo que eran.

Una razón más para verlas como criaturas demoníacas es que tienen un rey que las guía. Es el ángel del abismo y tiene un nombre muy apropiado: Abadón, que significa "destrucción" o "destructor". No sabemos cuál es la jerarquía del pozo del abismo. Este es nuestro único vistazo a dicho orden demoníaco. Solo sabemos lo que podemos leer aquí, que fueron dirigidas por su rey y que el cielo les dio autoridad para atormentar la humanidad, pero solo hasta cierto punto y por un tiempo específico.

Cinco meses de este horror califican como la primera aflicción, el primer ay. Pero aguanta un poco, hay más desgracias por venir.

> El primer ay pasó; he aquí, vienen aún dos ayes después
> de esto. El sexto ángel tocó la trompeta, y oí una voz de
> entre los cuatro cuernos del altar de oro que estaba delan
> te de Dios, diciendo al sexto ángel que tenía la trompeta:
> Desata a los cuatro ángeles que están atados junto al gran
> río Éufrates (Apocalipsis 9:12-14).

El río Éufrates es muy conocido en el Medio Oriente, pero aquellos en Occidente escucharon de él hasta que Saddam Hussein invadió Kuwait en 1990. Repentinamente, el río Éufrates estaba en todos los noticieros. Sin embargo, muchos lectores de la Biblia lo conocían desde antes de que ocurriera la Operación Tormenta del Desierto. Cuando Dios creó al hombre, también plantó un jardín donde pudiera vivir. Este fue el Jardín del Edén. Por el jardín corría un río que mantenía todas las plantas y árboles exuberantes y fructíferos. Una vez que el río salía del jardín, se dividía en cuatro vertientes.

> El nombre del uno era Pisón; este es el que rodea toda la
> tierra de Havila, donde hay oro; y el oro de aquella tie

rra es bueno; hay allí también bedelio y ónice. El nombre del segundo río es Gihón; este es el que rodea toda la tierra de Cus. Y el nombre del tercer río es Hidekel; este es el que va al oriente de Asiria. Y el cuarto río es el Éufrates (Génesis 2:11-14).

Hoy el río Éufrates sale de Turquía, fluye a través de Siria, entra a Irak y desemboca en el Golfo Pérsico. Muchas personas dependen de él para comida, agua e incluso electricidad, gracias a la presa de Haditha, que provee de energía a Baghdad. Lo que pocas personas que viven a lo largo del río se dan cuenta es que Dios ha mantenido cuatro espíritus demoníacos atados a lo largo de la vía fluvial. Han estado encerrados ahí por siglos, esperando salir. Cuando suene la sexta trompeta, sus cadenas caerán al suelo.

> Y fueron desatados los cuatro ángeles que estaban preparados para la hora, día, mes y año, a fin de matar a la tercera parte de los hombres. Y el número de los ejércitos de los jinetes era doscientos millones. Yo oí su número. Así vi en visión los caballos y a sus jinetes, los cuales tenían corazas de fuego, de zafiro y de azufre. Y las cabezas de los caballos eran como cabezas de leones; y de su boca salían fuego, humo y azufre. Por estas tres plagas fue muerta la tercera parte de los hombres; por el fuego, el humo y el azufre que salían de su boca. Pues el poder de los caballos estaba en su boca y en sus colas; porque sus colas, semejantes a serpientes, tenían cabezas, y con ellas dañaban (Apocalipsis 9:15-19).

Acá vemos a un ejército demoníaco de unos 200 millones de soldados; es una escena digna de una pesadilla o taquillera película de horror. Este ejército masivo puede estar conformado por humanos o personas poseídas por el demonio. No es demasiado difícil ver el blindaje moderno y la guerra aérea en las descripciones. Sin embargo, también es posible que sea una fuerza sobrenatural, algo así como el opuesto malvado de lo que vio el profeta Eliseo (2 Reyes 6:16-17).

A diferencia de las langostas, no conocemos el origen del ejército, por lo que su composición depende de la especulación. Esta terrible milicia va a eliminar a otro tercio de la humanidad, lo que equivale a billones de personas, lo que hace más fácil confirmar que dicho ejército no es de este mundo.

Seguro que luego de toda esta devastación y el sonido de las seis trompetas, la humanidad tendría que estar de rodillas en arrepentimiento, clamando por la misericordia de Dios. Pero la situación está lejos de ser así.

> Y los otros hombres que no fueron muertos con estas plagas, ni aun así se arrepintieron de las obras de sus manos, ni dejaron de adorar a los demonios, y a las imágenes de oro, de plata, de bronce, de piedra y de madera, las cuales no pueden ver, ni oír, ni andar; y no se arrepintieron de sus homicidios, ni de sus hechicerías, ni de su fornicación, ni de sus hurtos (Apocalipsis 9:20-21).

Como creyentes, todos hemos pasado por épocas en que hacemos lo que se nos da la gana. Hemos pecado en nuestra mente y no pensamos en las consecuencias. Eventualmente, el Señor nos disciplina de una u otra manera y obtiene nuestra atención. Cuando eso ocurre, tenemos que tomar una decisión. Podemos ignorar sus advertencias y pagar un alto precio. O podemos arrepentirnos de nuestra necedad. Cuando nos arrepentimos, Dios está listo para perdonarnos y restaurar nuestra relación con Él.

Los incrédulos de la tribulación también tienen la opción de acudir a Dios para el perdón. Pero las ganas que tienen de cometer pecados sobrepasan el precio que están pagando. Para ellos, vale la pena el costo por el beneficio percibido. Tristemente, cuando suene la última trompeta, rápidamente se cerrará la ventana de oportunidad que tienen para arrepentirse y obtener el perdón de Dios.

CAPÍTULO 10

EL SEGUNDO INTERLUDIO, PARTE 1: JUAN SE COME EL LIBRO

APOCALIPSIS 10

A finales del 2021 publiqué mi primera novela, *Operación Joctán*. Es la emocionante historia de dos agentes del Mossad, Nir Tavor y Nicole Le Roux, mientras buscan frustrar un devastador ataque que acabaría con la vida de miles de personas en Dubái, en los Emiratos Árabes Unidos. Una cosa que aprendí mientras trabajaba con el coautor del libro es a llevar un ritmo. Después de varias escenas llenas de acción, es bueno ir despacio un rato. Ocasionalmente el lector debe hacer pausas y tomar aliento.

Acabamos de leer sobre el horroroso sufrimiento y las muertes de miles de millones de personas, luego de que sonaran las primeras seis trompetas del juicio. Dios sabe perfectamente cómo manejar el ritmo de una historia y antes de que suene la séptima trompeta quita el pie del acelerador. Este interludio nos lleva de Apocalipsis 10:1 al 11:14, y no está totalmente libre violencia y destrucción. Durante el interludio vemos a un ángel poderoso, un pequeño pergamino, dos testigos en Jerusalén y la segunda aflicción —el segundo ay.

El ángel poderoso

Un nuevo ángel entra en escena, magnífico en su apariencia.

> Vi descender del cielo a otro ángel fuerte, envuelto en
> una nube, con el arco iris sobre su cabeza; y su rostro era
> como el sol, y sus pies como columnas de fuego. Tenía en
> su mano un librito abierto; y puso su pie derecho sobre
> el mar, y el izquierdo sobre la tierra; y clamó a gran voz,
> como ruge un león (Apocalipsis 10:1-3).

El primer detalle que resalta es que Juan cambió de ubicación.
Observa que el ángel "viene bajando" del cielo a la tierra. Si Juan
estuviera todavía en la sala del trono, el ángel "iría bajando" a la tierra. Es difícil saber cuándo Juan se trasladó a la tierra, pero no debería preocuparnos ese detalle. Es suficiente saber que Juan no solo se
sentó en su silla reclinable a ver todo en una pantalla gigante. En vez
de eso, parece como que después de las primeras escenas en el cielo,
Juan fue trasladado aquí y a cualquier lugar donde pudiera presenciar mejor la acción.

Este ángel que llegará a la tierra será enorme. La descripción que
nos da Juan indica que el ángel no solo estaba de pie en la orilla, con
los pies en el agua, dudando si quería entrar al agua y mojarse. Este
ángel estaba de pie en el océano, no solo en el agua. Él estaba de pie
en la tierra, pero no solo en la arena de la playa. Esta descripción
indica que es un ángel enorme y que llega hasta el cielo.

Su aspecto también contribuye con su grandeza. Muchas de sus
características reflejan atributos del Hijo de Dios: un arcoíris alrededor de su cabeza, un rostro brillante y pies de fuego. Sin embargo, este
ser no es divino; es un servidor de lo divino. Una vez que se establez-
ca en el planeta, él deja escapar un grito aterrador. Juan lo compara al
rugido de un león diseñado para llamar la atención de todo el mundo.

> Y cuando hubo clamado, siete truenos emitieron sus vo-
> ces. Cuando los siete truenos hubieron emitido sus voces,
> yo iba a escribir; pero oí una voz del cielo que me decía:

Sella las cosas que los siete truenos han dicho, y no las escribas (Apocalipsis 10:3-4).

El grito del ángel sin duda llamó la atención de los siete truenos. Esto plantea una pregunta: ¿qué son los siete truenos? De nuevo, no sabemos con certeza. Lo más seguro es que sean ángeles que traen un mensaje especial. El grito del ángel poderoso sacudirá las bocas de estos truenos y comenzarán a hablar. Juan, como un buen escribiente, llevará su pluma al tintero, pero antes de que empiece a escribir, una voz del cielo lo detendrá.

¿Qué dijeron esos truenos? Es posible que tengan mensajes de juicio, pero esto es solo una especulación. Hay algunos secretos que Dios nos revela en su Palabra y hay otros que ha elegido guardarse. Es su libro y por lo tanto Él pone las reglas. Pero no podemos quejarnos demasiado porque a través de las acciones del inmenso ángel, se completa un misterio de Dios había permanecido oculto durante mucho tiempo.

Y el ángel que vi en pie sobre el mar y sobre la tierra, levantó su mano al cielo, y juró por el que vive por los siglos de los siglos, que creó el cielo y las cosas que están en él, y la tierra y las cosas que están en ella, y el mar y las cosas que están en él, que el tiempo no sería más, sino que en los días de la voz del séptimo ángel, cuando él comience a tocar la trompeta, el misterio de Dios se consumará, como él lo anunció a sus siervos los profetas (Apocalipsis 10:5-7).

Para cualquier persona en la tierra que dudaba que esta era obra de Dios, ya puede dejar a un lado sus sospechas. Lo que estaba ocurriendo en todas las naciones del mundo, toda la muerte y destrucción, era precisamente lo que Dios había prometido que iba a ocurrirle a los rebeldes que le dieran la espalda a Él. El ángel hizo un solemne juramento sobre el Creador y todo lo creado, que cuando el séptimo ángel tocase su trompeta, provocaría que el "misterio de Dios" concluiría.

¿Por qué se llamó a esto un misterio? Para entender el "misterio de Dios" primero debemos definir el término *misterio*. Un misterio bíblico no es como un caso a resolver, como lo que encontrarías en una novela de Agatha Christie o en un episodio de Scooby-Doo. Es más bien una verdad que hasta cierto punto permanece oculta. Esta palabra aparece veintisiete veces en el Nuevo Testamento y cuatro en el Apocalipsis. El misterio que había sido pronunciado mucho tiempo atrás, a través de los profetas, finalmente se veía cumplido.

Lo más probable es que este misterio tenga relación con las muchas referencias que el Antiguo Testamento hace al reino milenario de Cristo que aparece en Apocalipsis 20. Los profetas Isaías, Jeremías, Daniel, Zacarías y otros tuvieron una visión de este reino de mil años del Señor en la tierra. El poder que tiene Satanás sobre el mundo llegará a su fin y el Mesías tomará el lugar que le corresponde, su trono en la tierra. Entonces, lo que antes era un misterio será visto en su plena realidad.

En los círculos teológicos, esto se conoce como revelación progresiva. Al igual que formamos a nuestros hijos enseñándoles poco a poco, según su habilidad para entender, así Dios ha revelado a su pueblo la verdad conforme sean capaces de comprenderla. En las Escrituras podemos ver esta comunicación gradual de las verdades sobre el reino milenario. Dios lo comunicaba de acuerdo con la maduración de Israel, comenzando por los patriarcas:

> No será quitado el cetro de Judá,
> Ni el legislador de entre sus pies,
> Hasta que venga Siloh;
> Y a él se congregarán los pueblos (Génesis 49:10).

Dios comenzó informando que el cetro siempre pertenecería a la tribu de Judá. De las doce tribus, ¿de cuál proviene Jesús? Él es el León de Judá (Apocalipsis 5:5).

> El que mora en los cielos se reirá;
> El Señor se burlará de ellos.

> Luego hablará a ellos en su furor,
> Y los turbará con su ira.
> Pero yo he puesto mi rey
> Sobre Sion, mi santo monte (Salmos 2:4-6).

Dios colocará a su Rey en su monte santo: Sion, el cual está en Jerusalén. Ahora tenemos un cetro, un rey y una ubicación. ¿Y qué hay de su linaje real?

> Porque un niño nos es nacido,
> hijo nos es dado,
> y el principado sobre su hombro; y se llamará
> su nombre Admirable, Consejero, Dios Fuerte,
> Padre Eterno, Príncipe de Paz.
> Lo dilatado de su imperio y la paz
> no tendrán límite,
> sobre el trono de David y sobre su reino,
> disponiéndolo y confirmándolo en juicio y en justicia
> desde ahora y para siempre.
> El celo de Jehová de los ejércitos hará esto (Isaías 9:6-7).

Del profeta Isaías descubrimos que este rey con un cetro no solo va a reinar desde Jerusalén, sino también va a sentarse en el trono de David. Para sentarse legítimamente en el trono de David, él debe ser un descendiente de David. Las genealogías de Mateo y Lucas dejan muy claro que esto es cierto para Jesús el Mesías.

> Y se afirmarán sus pies en aquel día sobre el monte de los Olivos,
> que está en frente de Jerusalén al oriente;
> y el monte de los Olivos se partirá por en medio,
> hacia el oriente y hacia el occidente,
> haciendo un valle muy grande;
> y la mitad del monte se apartará hacia el norte,
> y la otra mitad hacia el sur (Zacarías 14:4).

Finalmente, Zacarías nos dice a dónde llegará el Rey cuando regrese a establecer su reino Será el mismo lugar desde donde partió: el Monte de los Olivos (Hechos 1:9-11). Cuando llegamos a Apocalipsis 19, vemos que la profecía de Zacarías se ha vuelto realidad.

Muchos otros pasajes de la Escritura podrían añadirse a la lista de revelaciones progresivas. En este caso, el misterio del Rey Mesías, el Señor de señores, está a punto de suceder. Pero antes de que eso ocurra, hay todavía hay más amargura que soportar.

El pergamino agridulce

Lo que ocurre a continuación puede haber provocado que Juan sintiera que estaba dentro del *déja vu* de alguien más. Él sabe que esto ha ocurrido antes, pero no le ha ocurrido a él.

> La voz que oí del cielo habló otra vez conmigo, y dijo: Ve y toma el librito que está abierto en la mano del ángel que está en pie sobre el mar y sobre la tierra. Y fui al ángel, diciéndole que me diese el librito. Y él me dijo: Toma, y cómelo; y te amargará el vientre, pero en tu boca será dulce como la miel (Apocalipsis 10:8-9).

La voz del cielo ha vuelto. Esta vez, en lugar de prohibirle que escriba, lo llama a una tarea. "Ve y toma el librito de la mano del gran ángel", le dijo. Al acercarse al ángel, el siervo de Dios pone su mano a la altura de Juan. El apóstol toma el libro y el ángel le da una orden un tanto curiosa. Usualmente, cuando alguien te entrega un libro, te sugieren que lo leas. Este ángel no hace eso. Le dice a Juan: "Cómete el libro".

Permíteme tomar un momento para decirte que, si alguien te regaló el libro que tienes en tus manos y te dice: "Cuando termines de leerlo, me gustaría que te lo comas", pues yo, como autor, te doy permiso de ignorar esa sugerencia. Juan, sin embargo, cumplió plenamente, aunque el ángel le advirtió que a pesar del dulce sabor del libro, pronto tendría que buscar unos antiácidos. Juan se comió el libro porque sabía que a veces eso hacen los profetas:

Y miré, y he aquí una mano extendida hacia mí, y en ella había un rollo de libro. Y lo extendió delante de mí, y estaba escrito por delante y por detrás; y había escritas en él endechas y lamentaciones y ayes. Me dijo: Hijo de hombre, come lo que hallas; come este rollo, y ve y habla a la casa de Israel. Y abrí mi boca, y me hizo comer aquel rollo. Y me dijo: Hijo de hombre, alimenta tu vientre, y llena tus entrañas de este rollo que yo te doy. Y lo comí, y fue en mi boca dulce como miel (Ezequiel 2:9-3:3).

Un pergamino fue entregado a Ezequiel, y el profeta lo comió a la hora del almuerzo. ¿Acaso el libro se volvió amargo luego de que Ezequiel lo comió? Lo más seguro es que así fue, porque después el Espíritu Santo llevó a Ezequiel de vuelta con los exiliados que estaban a un lado del río Quebar, y él estaba tan abrumado que durante una semana no pudo ni moverse.

Me levantó, pues, el Espíritu, y me tomó; y fui en amargura, en la indignación de mi espíritu, pero la mano de Jehová era fuerte sobre mí. Y vine a los cautivos en Telabib, que moraban junto al río Quebar, y me senté donde ellos estaban sentados, y allí permanecí siete días atónito entre ellos (Ezequiel 3:14-15).

En algo parecido a una reasignación, aquí en Apocalipsis 10, a Juan se le dijo que comiera el libro. Esto simboliza que interioriza el mensaje de Dios. Lo que él escribiría no serían sus propias palabras sino las palabras que Dios puso dentro de él. Aunque al principio el mensaje puede parecer dulce para aquellos que están a salvo en la presencia del Salvador, solo unos momentos pensando en la devastación que provoca la ira de Dios serían suficientes para revolver el estómago y provocar indigestión.

Entonces tomé el librito de la mano del ángel, y lo comí; y era dulce en mi boca como la miel, pero cuando lo hube

comido, amargó mi vientre. Y él me dijo: Es necesario
que profetices otra vez sobre muchos pueblos, naciones,
lenguas y reyes (Apocalipsis 10:10-11).

Incluso mientras escribo mi comentario sobre el libro del Apocalipsis, siento como si estuviera comiendo un libro agridulce. Es
un libro lleno de noticias maravillosas y muchas tragedias. Como un
miembro de la Iglesia, sé que no estaré aquí cuando sucedan los juicios devastadores que caerán sobre mi pueblo Israel y sobre todos los
gentiles incrédulos.

Rapto antes de la ira, esa es la parte dulce del Apocalipsis. Pero
sufro cuando leo lo que experimentará mi gente y las personas del
mundo. El anticristo engañará a mi pueblo. Ellos lo verán y pensarán que es el Mesías, hasta que vean que él va a ubicarse en el templo
para que lo adoren. Entonces mi gente se revelará y sentirá la ira de
este falso líder.

En cuanto a mis amigos gentiles, me duele por ellos también porque probarán la ira de Dios durante siete años. Algunos de ellos volverán su corazón a Dios, y serán violentamente martirizados. Otros
continuarán rechazando a Jesús como su Salvador y serán condenados al infierno. Por muy amargo que sea para mí tragar esto verdad,
no puedo imaginar la amargura de quienes se darán cuenta demasiado tarde de que Jesús, el que rechazaron es realmente el Rey de reyes
y Señor de señores.

Al concluir esta parte con la que inicia el segundo interludio,
vemos que se produce un cambio. Hasta este momento, nos hemos
enfocado en eventos conectados con la apertura de los sellos, el sonar
de las trompetas y la consiguiente agitación. A partir del capítulo 11,
el énfasis se desplaza hacia los individuos y los grupos. Nos encontramos con gente como los dos testigos, la mujer, el niño y el dragón, el anticristo y el falso profeta, la ramera, y el regreso de Jesús con
su novia.

EL SEGUNDO INTERLUDIO: PARTE 2 LOS DOS TESTIGOS

APOCALIPSIS 11

De nuevo nos encontramos con un capítulo que en repetidas ocasiones ha sido mal interpretado y malentendido. Los dos testigos dan un paso al frente para tomar el sitio que merecen, junto a los cuatro jinetes y los 144000 en el salón de la fama de la tergiversación del Apocalipsis. ¿Y quiénes son estos dos hombres tan misteriosos? Antes de responder, Juan debe hacer unos cálculos.

Medir el templo

En este momento nos acercamos al templo de Jerusalén. Juan recibió una caña para medir el templo.

> Entonces me fue dada una caña semejante a una vara de medir, y se me dijo: Levántate, y mide el templo de Dios, y el altar, y a los que adoran en él. Pero el patio que está fuera del templo déjalo aparte, y no lo midas, porque ha sido entregado a los gentiles; y ellos hollarán la ciudad santa cuarenta y dos meses (Apocalipsis 11:1-2).

Que nunca nos enteremos de los resultados que obtuvo en su expedición topográfica, me dice que el propósito no es tanto conocer el tamaño del templo sino el hecho de que hay un templo en Jerusalén. ¿Exactamente qué mide Juan? En el griego hay dos palabras para templo. *Hieron* se refiere al templo en sí, a todo el complejo arquitectónico. La segunda palabra, *naos*, se refiere al Santo de los santos. Esa es la palabra usada en este pasaje. El ángel quiere que Juan se enfoque en el lugar donde está la presencia de Dios porque el resto ha sido corrompido por los gentiles.

A propósito, ¿sabías que tu cuerpo es el templo del Espíritu Santo? Pablo escribió a los creyentes en Corinto: "¿O ignoráis que vuestro cuerpo es templo del Espíritu Santo, el cual está en vosotros, el cual tenéis de Dios, y que no sois vuestros? Porque habéis sido comprados por precio; glorificad, pues, a Dios en vuestro cuerpo y en vuestro espíritu, los cuales son de Dios" (1 Corintios 6:19-20).

¿Cuál de las dos palabras crees que usó el apóstol Pablo cuando habló de tu cuerpo? Puede que te provoque una sensación de humilde sorpresa saber que Pablo usó *naos*, el Santo de los santos. En otras palabras, tu cuerpo físico es una residencia sagrada donde vive el Señor. Por eso, Pablo incluyó una relación causa y efecto en sus comentarios y dijo que porque tu cuerpo es el Santo de los santos donde permanece el Dios viviente, "glorificad, pues, a Dios en vuestro cuerpo".

Las palabras de Juan sobre el templo en Apocalipsis 11:1-2 habrían sido significativas, especialmente para los lectores judíos. Cuando Juan escribió esto, no había habido un templo ahí durante dos décadas. En 70 d.C., la Décima Legión Romana invadió Jerusalén y destruyó la ciudad y el templo. Dos mil años más tarde y aún no hay templo en Jerusalén. En el clima político actual, parece imposible que las naciones musulmanas permitan que se construya un tercer templo en el Monte del Templo, cerca de la mezquita de Al-Aqsa y la Cúpula de la Roca. Hace falta un hombre de paz para llevar a cabo esas negociaciones tan delicadas —un hombre como el anticristo, que se ganará el corazón del mundo, incluyendo a los judíos, con esas increíbles habilidades políticas que empleará para restaurar su presencia en el monte sagrado.

Sin embargo, antes de que empiece la tribulación y el anticristo sea revelado, Rusia, Turquía, Irán, sudán, Libia y otros países se convertirán en aliados para invadir a Israel (Ezequiel 38-39). Pero antes de que puedan destruir al pueblo de Dios, Él intervendrá y los destruirá. El derramamiento de sangre será abundante y allanará el camino para que el anticristo—el hombre de paz—dé un paso al frente en el escenario mundial.

Este tercer templo no es un concepto nuevo del Apocalipsis. El profeta Daniel habló de una época durante la tribulación cuando los sacrificios del templo serán interrumpidos (Daniel 9:26-27). Jesús enseñó sobre un futuro templo en los últimos tiempos durante su discurso en el Monte de los Olivos (Mateo 24:15-26). Pablo habló sobre el templo de la tribulación, escribiendo:

> Que no os dejéis mover fácilmente de vuestro modo de pensar, ni os conturbéis, ni por espíritu, ni por palabra, ni por carta como si fuera nuestra, en el sentido de que el día del Señor está cerca. Nadie os engañe en ninguna manera; porque no vendrá sin que antes venga la apostasía, y se manifieste el hombre de pecado, el hijo de perdición, el cual se opone y se levanta contra todo lo que se llama Dios o es objeto de culto; tanto que se sienta en el templo de Dios como Dios, haciéndose pasar por Dios (2 Tesalonicenses 2:3-4).

Habrá un templo durante la tribulación y tendrá un papel significativo cuando sea hora de exponer el verdadero carácter del anticristo.

Dos testigos y un segundo ¡ay!

De repente, aparecerán dos hombres en Jerusalén. Serán un espectáculo digno de contemplar:

> Y daré a mis dos testigos que profeticen por mil doscientos sesenta días, vestidos de cilicio (Apocalipsis 11:3).

Aunque el cilicio era común cuando Juan escribió esta descripción, ha pasado bastante de moda. Desde hace mucho que la ropa de rústico yute no es tendencia en la semana de la moda de París. La gente se dará cuenta cuando estos dos hombres aparezcan en las calles de Jerusalén vestidos con esos atuendos de yute tejido que a nosotros nos causarían gran picazón.

¿Por qué cilicio? Usar esta prenda era una demostración externa de gran luto o angustia interior. Cuando el rey Ezequías se enteró de que Jerusalén era la siguiente ciudad en la lista de conquistas del gran rey asirio Senaquerib, "rasgó sus vestidos y se cubrió de cilicio, y entró en la casa de Jehová" (2 Reyes 19:1). Al llevar estas ropas, será obvio para todos que el mensaje de estos dos testigos no es de consuelo y alegría.

Hay mucha especulación respecto a la identidad de ellos. Recuerdo que una vez, después de compartir un mensaje, un hombre se me acercó y dijo que era uno de los dos testigos. No permití que se tomara el tiempo de explicarme cómo es que había mejorado significativamente la tela de su vestuario; muy cortésmente me excusé y corrí hacia el área detrás del escenario.

Es posible que estos dos hombres sean Moisés y Elías, pues ellos ya aparecieron en el Monte de la Transfiguración para hablar con Jesús sobre su muerte (Lucas 9:30). Otras personas dicen que esos dos testigos son Enoc y Elías, porque ninguno de ellos murió. Enoc caminaba con Dios cuando de repente fue tomado de la tierra (Génesis 5:24). Elías caminaba junto a Eliseo cuando un carro de fuego lo llevó al cielo (2 Reyes 2:11-12). También es posible que estos dos testigos sean dos personas de las que nunca hemos escuchado.

Dios no nos dice quiénes son, así que nuestras especulaciones no serán más que un divertido ejercicio mental. Si sus identidades realmente importaran, sus nombres aparecerían en el libro. Desafortunadamente, es muy común que llame más nuestra atención lo que permanece oculto y no aquello que se nos revela claramente. Al mirar el texto, nuestras preguntas no deberían ser *quién*, sino *por qué* y *cuándo*.

La primera razón por la que vemos a estos hombres en Jerusalén es porque Dios siempre permite que haya un testigo cuando Satanás corre desenfrenadamente por el mundo. Dios ya envió a 144 000 judíos evangelistas y ahora envía a dos más. Este papel de "luz en la oscuridad" se ve claramente en la descripción de ellos:

> Estos testigos son los dos olivos, y los dos candeleros que están en pie delante del Dios de la tierra (Apocalipsis 11:4).

La imagen de los olivos y los candeleros proviene de la época del profeta Zacarías. Pero antes de continuar, debemos repasar un poco de la historia de Israel.

Ha habido dos templos en Jerusalén. El primero fue conocido como el Templo de Salomón, construido por dicho rey. El segundo fue conocido como el Templo de Zorobabel y después como el Templo de Herodes, luego de que el rey lo ampliara. El Templo de Salomón fue destruido en 586 a.C. por el rey Nabucodonosor, y luego la mayoría de los judíos en la ciudad fueron llevados cautivos a una región que rodea Babilonia. Esta cautiverio se llevó a cabo en tres oleadas. La primera ocurrió en 605 a.C., cuando tomaron a Daniel. La segunda ocurrió en 597 a.C., cuando Ezequiel fue exilado. La tercera ocurrió cuando Nabucodonosor se hartó de los judíos rebeldes y acabó con la ciudad santa.

Así como hubo tres capturas, hubo tres retornos a Jerusalén. Ciro de Persia pronunció un edicto que permitió al pueblo de Israel volver a casa y reconstruir su templo. El primer retorno ocurrió bajo la dirección de Zorobabel en 538 a.C. Este grupo puso los cimientos del templo y finalmente lo reconstruyó. Décadas más tarde, en el 458 a.C, un segundo grupo regresó con el sacerdote Esdras, quien restableció la adoración en el templo. Una última asamblea llegó con Nehemías, el copero del rey Artajerjes, en 445 a.C. Luego Nehemías reconstruyó los muros de la ciudad.

Alrededor de la época del primer retorno, Zacarías tuvo una visión en la que un ángel le mostró un candelero flanqueado a ambos lados por un olivo.

> Hablé más, y le dije: ¿Qué significan estos dos olivos a la derecha del candelabro y a su izquierda? Hablé aún de nue-

vo, y le dije: ¿Qué significan las dos ramas de olivo que por medio de dos tubos de oro vierten de sí aceite como oro? Y me respondió diciendo: ¿No sabes qué es esto? Y dije: Señor mío, no. Y él dijo: Estos son los dos ungidos que están delante del Señor de toda la tierra (Zacarías 4:11-14).

Como los dos ungidos en la época de Zorobabel, Dios ungió a estos dos testigos para declarar el mensaje del Evangelio desde Jerusalén al mundo. Israel fue creada para ser una "luz para los gentiles" y estos dos testigos se presentarán en la ciudad sagrada para cumplir este papel.

¿Durante cuánto tiempo ejercerán su ministerio? Juan responde a esa pregunta en Apocalipsis 11:3. Su ministerio en Jerusalén durará 1 260 días. Para aquellos que están buscando sus calculadoras, permítanme ahorrarles tiempo. Al igual que los gentiles "pisotearán la ciudad santa durante cuarenta y dos meses" (versículo 2), los dos testigos predicarán el Evangelio del arrepentimiento durante esos mismos tres años y medio iniciales de la tribulación. Si tienes judíos y gentiles caminando por la ciudad de Dios y dos testigos andan diciéndoles que por sus pecados merecen todo lo malo que está pasando, es probable que haya algunos conflictos serios. Los dos hombres serán objeto de burlas, maldiciones y ataques. Pero no les irá bien a sus atacantes.

> Si alguno quiere dañarlos, sale fuego de la boca de ellos, y devora a sus enemigos; y si alguno quiere hacerles daño, debe morir él de la misma manera. Estos tienen poder para cerrar el cielo, a fin de que no llueva en los días de su profecía; y tienen poder sobre las aguas para convertirlas en sangre, y para herir la tierra con toda plaga, cuantas veces quieran (Apocalipsis 11:5-6).

Habrá un odio global hacia estos dos. Es fácil imaginar protestas y disturbios en torno a ellos. Pero después de los primeros intentos por dañarlos y encontrarse con una feroz imposibilidad de lograrlo, nadie tendrá el valor suficiente para atacarlos. Al menos no hasta que el anticristo entre en la ciudad...

> Cuando hayan acabado su testimonio, la bestia que sube del abismo hará guerra contra ellos, y los vencerá y los matará. Y sus cadáveres estarán en la plaza de la grande ciudad que en sentido espiritual se llama Sodoma y Egipto, donde también nuestro Señor fue crucificado. Y los de los pueblos, tribus, lenguas y naciones verán sus cadáveres por tres días y medio, y no permitirán que sean sepultados. Y los moradores de la tierra se regocijarán sobre ellos y se alegrarán, y se enviarán regalos unos a otros; porque estos dos profetas habían atormentado a los moradores de la tierra (Apocalipsis 11:7-10).

Ponle atención a cuándo ocurre el atentado asesino en contra de los dos testigos: "Cuando hayan acabado su testimonio". No fue hasta que estos dos siervos de Dios se posicionaron frente a un enorme letrero de "Misión cumplida" que se volvieron vulnerables al poder del mal. Es fácil ver los paralelismos con el ministerio de Jesús en la tierra. Jesús vino y fue un testimonio de la verdad. Durante su ministerio, los fariseos y los líderes religiosos intentaron acabar con Él. Fracasaron una y otra vez, hasta que finalmente lo lograron. Ellos aplaudieron y se burlaron del Señor cuando estaba colgado en la cruz. Le arrebataron su último aliento. Realmente pensaron que eran los ganadores. Tres días más tarde, descubrieron lo equivocados que estaban. Lo que pensaban que era una victoria resultó ser una derrota que cambió el juego en manos del Dios Todopoderoso.

Cuando estos dos testigos sean sacrificados, personas alrededor del mundo celebrarán. Incluso intercambiarán regalos y tarjetas alusivas a "Feliz día de los testigos muertos". Pensarán que en verdad han conseguido una victoria. Tres días y medio más tarde, descubrirán lo equivocados que estaban.

No sabemos qué ocurrirá en la próxima escena, pero he visto suficientes películas como para tener una idea de lo que me gustaría ver después. Las cámaras de televisión enfocarán a los dos cuerpos que dejaron en la calle para que se pudrieran. Algún comentarista de cabello largo dirá que esos dos hombres eran una amenaza para la sociedad y que merecían su violento final. De repente, las cámaras enfocarán la mano derecha de uno de los cuerpos. El productor le dirá al camarógrafo que cambie de encuadre, pero el camarógrafo dirá a través de sus auriculares: "Vi que algo se movió".

El dedo índice se mueve. "Ahí", grita el camarógrafo. "¡Ahí está otra vez!".

Otra contracción. Luego la mano se mueve, seguida del brazo. Todos los canales del mundo entran en la misma programación. Todos los ojos están pegados a la pantalla mientras un testigo, luego el otro, se sientan y se estiran. Gritos de ira y desesperación resuenan de un extremo al otro del planeta. El primer testigo se pone de pie y jala a su amigo para que se levante.

Entonces, viendo directamente a la cámara, el primer testigo dice con una Sonrisa: "Hemos vuelto".

Por supuesto, no sabemos bien qué sucederá, pero sí sabemos que estos dos que estaban bien muertos, estarán de nuevo bien vivos. Para entonces ya habrán cumplido su propósito en la tierra, ya habrán compartido su testimonio. Entonces Dios los llamará para que vuelvan a casa.

> Pero después de tres días y medio entró en ellos el espíritu de vida enviado por Dios, y se levantaron sobre sus pies, y cayó gran temor sobre los que los vieron. Y oyeron una gran voz del cielo, que les decía: subid acá. Y subieron al cielo en una nube; y sus enemigos los vieron" (Apocalipsis 11:11-12).

En un paralelismo más con el ministerio terrenal de Cristo, ellos ascenderán al cielo. Sin embargo, a diferencia de la tranquila partida de Jesús, los testigos se irán con una explosión.

> En aquella hora hubo un gran terremoto, y la décima parte de la ciudad se derrumbó, y por el terremoto murieron

en número de siete mil hombres; y los demás se aterroriza-
ron, y dieron gloria al Dios del cielo. El segundo ay pasó;
he aquí, el tercer ay viene pronto (Apocalipsis 11:13-14).

Un terremoto devastador matará a siete mil personas y acabará con el 10% de la población de Jerusalén. Quienes queden vivos
se darán cuenta del origen divino de los testigos y del terremoto, y
dirán: "Gloria al Dios del cielo". Tristemente, los judíos de esta ciudad permanecerán en silencio. Pasarán otros tres años y medio antes
de que reconozcan que necesitan a un Salvador y acudan a Él.

Esta forma de dar "gloria" suele ocurrir en los momentos difíciles.
Las personas piden ayuda a Dios, alabándolo, prometiendo vivir con
rectitud y servir a los demás si Él los saca del apuro. Luego, cuando
el peligro ha pasado y la vida vuelve a la normalidad, esos "compromisos de trinchera" se olvidan rápidamente.

El momento de la muerte y resurrección de los testigos, y el terremoto sacudirán al mundo de tal manera que Juan declara que es el
segundo ¡ay! Luego, como una flagrante prefiguración, advierte que
el tercer ¡ay! está a la vuelta de la esquina.

Suena la séptima trompeta

Antes de hablar de la séptima trompeta, debemos hacer una
necesaria distinción entre esta y la última trompeta de la que Pablo
escribió a los corintios: "He aquí, os digo un misterio: No todos dor-
miremos; pero todos seremos transformados, en un momento, en un
abrir y cerrar de ojos, a la final trompeta; porque se tocará la trompeta, y los muertos serán resucitados incorruptibles, y nosotros seremos transformados" (1 Corintios 15:51-52).

No todas las "últimas trompetas" son iguales. Y aunque puede
haber algunas similitudes entre la redacción de 1 Corintios y el Apocalipsis, cada palabra o frase debe ser interpretada dentro de su contexto.
Las palabras y frases *similares* no son palabras y frases *idénticas*. Pablo
estaba hablándole a la iglesia de Corintio sobre el rapto de la novia de
Cristo. Pero en este pasaje del Apocalipsis, han pasado ya tres años y
medio del rapto, y ahora lidiamos con la última serie de juicios.

El séptimo ángel tocó la trompeta, y hubo grandes voces en el cielo, que decían: Los reinos del mundo han venido a ser de nuestro Señor y de su Cristo; y él reinará por los siglos de los siglos. Y los veinticuatro ancianos que estaban sentados delante de Dios en sus tronos, se postraron sobre sus rostros, y adoraron a Dios, diciendo:

Te damos gracias, Señor Dios Todopoderoso,
el que eres y que eras y que has de venir,
porque has tomado tu gran poder, y has reinado.
Y se airaron las naciones, y tu ira ha venido,
y el tiempo de juzgar a los muertos,
y de dar el galardón a tus siervos los profetas, a los santos,
y a los que temen tu nombre, a los pequeños
y a los grandes, y de destruir a los que destruyen la tierra
(Apocalipsis 11:15-18).

Cuando suene la séptima trompeta, en el cielo iniciará otro servicio de adoración. Comenzará con fuertes voces a las que se unirán los veinticuatro ancianos. Viendo el fin del dominio del enemigo en la tierra y el próximo reinado de Cristo, gritan: "Los reinos de este mundo se han convertido en los reinos de nuestro Señor y de su Cristo". Este sometimiento al gobierno de Dios no es algo que las naciones harán de buena gana. Están acostumbradas a seguir a su amo, el diablo, y no abandonarán fácilmente esa lealtad. David vio esto cuando escribió:

¿Por qué se amotinan las gentes,
y los pueblos piensan cosas vanas?
Se levantarán los reyes de la tierra,
y príncipes consultarán unidos
contra Jehová y contra su ungido, diciendo:
Rompamos sus ligaduras,
y echemos de nosotros sus cuerdas (Salmos 2:1-3).

Pero no importa la ira de las personas, pues el plan de Dios prevalecerá. Ni unidas todas las naciones del mundo son rivales para el Todopoderoso. La recuperación de la tierra por parte de Dios y su dominio sobre ella ha sido ordenado y es absoluto. Y quienes conocen a Dios y su bondad, no pueden más que alegrarse, por lo que, sin duda, serán resultados maravillosos.

La segunda parte de esta genial doxología se enfoca en las pérdidas y recompensas. Los creyentes serán recompensados y los no creyentes no solo perderán sus ganancias terrenales sino también la oportunidad de pasar una eternidad con Dios, quien los ama tanto que murió por ellos.

Dentro del templo celestial

Al final de este capítulo, Juan ve algo en el cielo que había leído años antes en la carta a los hebreos. El escritor de esa epístola habló del tabernáculo que Moisés construyó en el desierto como una "copia y sombra de las cosas celestiales" (Hebreos 8:5). Incluso la belleza del Templo de Salomón era apenas una facsímil de la gloria del verdadero templo. Juan ahora tenía la oportunidad de ver el original y genuino.

> Y el templo de Dios fue abierto en el cielo, y el arca de su pacto se veía en el templo. Y hubo relámpagos, voces, truenos, un terremoto y grande granizo (Apocalipsis 11:19).

El apóstol no solo vio la belleza del templo celestial de Dios, sino que vio el Arca de la Alianza. Con todo el esfuerzo que hizo Indiana Jones por encontrar el arca, no sabía que solo era una copia. Con la apertura del templo del cielo, aparecieron las imágenes y sonidos reales que muestran el verdadero poder y la majestuosidad del Señor.

Ya que concluyó el segundo interludio y sonó la séptima trompeta, ahora hacemos una pausa en la narración. Cuando Juan quiera que algo se tome alegóricamente, nos los dirá. Al comenzar el capítulo 12, eso es exactamente lo que hace.

CAPÍTULO 12

EL TERCER INTERLUDIO PARTE 1: LA GUERRA INVISIBLE

Después de la narrativa del juicio con la séptima trompeta, Juan vuelve a salir. Es el momento de la historia en el cielo, y, mientras nosotros lo leemos en un libro, él estaba viendo cómo todo sucedía.

Entiendo que hay quienes leerán la frase "hora del relato" y entrarán en pánico. "Amir, ¿estás de acuerdo con los que tratan el Apocalipsis como ficción o una alegoría?". Definitivamente no. La mayor parte de la carta es una narrativa apocalíptica que describe los eventos que sucederán el día del Señor. Sin embargo, hay momentos en los que eso cambia. Los que alegorizan el libro pueden responder: "Pero estás siendo incoherente. ¿Por qué puedes elegir lo que es alegoría y lo que es narración?". Mi respuesta es que yo no elijo. Leo el texto. Juan deja perfectamente claro que estamos cambiando de marcha con las primeras siete palabras de este capítulo: "Apareció una gran señal en el cielo…" (Apocalipsis 12:1). Juan nos dice que está a punto de ver algo que es una señal o un símbolo de algo más.

¿Recuerdas cómo Jesús se comunicó con las multitudes? Muchas veces le habló a la gente a través de historias o parábolas. La palabra *parábola* viene de dos palabras griegas: *para*, que significa "junto a" y *ballo* que significa "arrojar o lanzar". Una parábola es una historia que viene junto a una verdad para ilustrarla. Cuando una parábola se entiende, puede aportar una gran profundidad de significado y sentimiento. Piensa en la historia del pastor que encontró a su oveja perdida, la de la mujer que encontró su moneda matrimonial o la del padre que recibe a su hijo en casa. Todas estas muestran la alegría celestial de un pecador perdido que obtuvo la salvación (Lucas 15).

Sin embargo, a veces es difícil entender las parábolas si no tienes la clave para descifrar su significado. Jesús explicó a sus discípulos muchas de sus parábolas, pero no a las multitudes. Cuando los discípulos le preguntaron por qué no ofrecía el significado a todo el mundo, Él respondió: "Les hablo en parábolas, porque viendo no ven, y oyendo no oyen, ni entienden" (Mateo 13:13).

Hay quienes mirarán estos próximos capítulos del Apocalipsis y se echarán las manos a la cabeza, diciendo: "Esto es demasiado raro. Hay tantas interpretaciones posibles, ¿cómo puede alguien saber la verdad?". Pero eso es como decir: "Dios, odio tener que decírtelo, pero has estropeado esta parte. Hiciste estos capítulos tan confusos que nunca sabremos la verdad. Así que, vamos a saltarlos". Dios incluyó esta parte por una razón. Y, como cualquier otra parte de la Escritura, con una interpretación cuidadosa y la guía del Espíritu Santo, podemos entender qué es lo que Él quiere comunicarnos.

La identidad del dragón

En las primeras páginas de mi novela *Operación Joktan*, incluí una lista de personajes. Quería asegurarme de que todos pudieran identificar quién era quién, sobre todo a medida que avanzaba la historia. Viendo la señal que Juan observa, sería recomendable que conozcamos el reparto de personajes para saber con quiénes estamos tratando. Al leer, notaremos que hay un personaje que se identifica directamente, otro que se identifica indirectamente, y otro que tiene algunas opciones de identificación. Comencemos con el directo:

Apareció en el cielo una gran señal: una mujer vestida del sol, con la luna debajo de sus pies, y sobre su cabeza una corona de doce estrellas. Y estando encinta, clamaba con dolores de parto, en la angustia del alumbramiento. También apareció otra señal en el cielo: he aquí un gran dragón escarlata, que tenía siete cabezas y diez cuernos, y en sus cabezas siete diademas; y su cola arrastraba la tercera parte de las estrellas del cielo, y las arrojó sobre la tierra. Y el dragón se paró frente a la mujer que estaba para dar a luz, a fin de devorar a su hijo tan pronto como naciese (Apocalipsis 12:1-4).

Sin duda, hay símbolos y analogías en el libro del Apocalipsis. Sin embargo, el apóstol Juan interpreta muchas de ellas o podemos entender qué significan si tan solo vemos el contexto y comparamos ese pasaje con el resto de la Biblia. Este es uno de esos casos.

La palabra "dragón" aparece trece veces en el libro del Apocalipsis; ocho de esas veces en este capítulo. Aunque la identidad del dragón es bastante aparente, antes de dar una identificación, debemos mirar el contexto más amplio.

En Apocalipsis 13:2, vemos al dragón dando poder y autoridad al anticristo. Eso reduce nuestras opciones. Pero para aquellos que quieren algo más concreto, Juan lo identifica explícitamente en el capítulo 20:

Vi a un ángel que descendía del cielo, con la llave del abismo, y una gran cadena en la mano. Y prendió al dragón, la serpiente antigua, que es el diablo y Satanás, y lo ató por mil años; y lo arrojó al abismo, y lo encerró, y puso su sello sobre él, para que no engañase más a las naciones, hasta que fuesen cumplidos mil años; y después de esto debe ser desatado por un poco de tiempo"(Apocalipsis 20:1-3).

El misterio ha sido resuelto, caso cerrado, hemos identificado al sujeto en un tiempo récord, el mismísimo Sherlock Holmes sentiría envidia. El dragón es el diablo que ha querido destruir a este niño mucho antes de que Él naciera.

La identidad del niño

Cuando Dios confrontó a Adán y Eva por su pecado en el Jardín del Edén, también enfrentó a la serpiente y le dijo:

> Y pondré enemistad
> entre ti y la mujer,
> y entre tu simiente y la simiente suya;
> esta te herirá en la cabeza,
> y tú le herirás en el calcañar (Génesis 3:15).

Desde el inicio, Dios predijo la victoria del Mesías sobre el diablo. Por eso, Satanás ha intentado destruir a los judíos a través de la historia y a Jesús específicamente cuando llegó a la tierra. Su primer intento fue cuando Él apenas era un bebé en Belén: "Después que partieron ellos, he aquí un ángel del Señor apareció en sueños a José y dijo: Levántate y toma al niño y a su madre, y huye a Egipto, y permanece allá hasta que yo te diga; porque acontecerá que Herodes buscará al niño para matarlo" (Mateo 2:13).

Treinta y tres años después, Satanás finalmente tuvo lo que percibió como una gran victoria. Jesús fue crucificado y murió en la cruz. Tres días después, ese dragón malvado se dio cuenta de que su obra maligna ayudó a completar el plan perfecto y justo de Dios Padre. Me recuerda la historia de Amán en el Antiguo Testamento, quien quería matar a Mardoqueo, el judío, por lo que construyó un andamio de setenta y cinco pies de altura para colgarlo. Pero su perfecto plan pronto falló, porque fue él a quien ahorcaron en ese mismo andamio que mandó construir.

Aunque no se menciona a Jesús por su nombre, es claramente el niño del que habla Apocalipsis 12. Si alguien aún no está convencido, basta con que lean la descripción que Juan brinda en el versículo 5:

> Y ella dio a luz un hijo varón, que regirá con vara de hierro a todas las naciones; y su hijo fue arrebatado para Dios y para su trono.

Solo hay una persona que fue "arrebatada" y que "regirá con cetro de hierro a todas las naciones" y esa persona es el Señor Jesucristo. Habrá quienes digan: "¡Amir! Hay una palabra griega: *harpazo*. Tú dijiste que esa palabra hace alusión al rapto, así que este pasaje debe hablar de la Iglesia y no de Jesús". Primero, debo aplaudir tus habilidades para leer el griego. Segundo, necesitas leer el versículo completo. A la Iglesia nunca se le dice que gobernará a todas las naciones con un cetro de hierro. Ese papel le pertenece a Jesucristo, el gobernante que, con cetro en mano, regirá a todas las naciones, el León de Judá:

> Pídeme, y te daré
> por herencia las naciones,
> y como posesión tuya los confines de la tierra.
> Los quebrantarás con vara de hierro;
> como vasija de alfarero los desmenuzarás
> (Salmos 2:8-9).

> No será quitado el cetro de Judá,
> ni el legislador de entre sus pies,
> hasta que venga Siloh;
> y a él se congregarán los pueblos"
> (Génesis 49:10).

Si todavía hay alguna duda de que Jesús es ese gobernante, solo tenemos que mirar más allá, en el Apocalipsis, para encontrar la escalofriante descripción que Juan hace del Señor:

> Entonces vi el cielo abierto; y he aquí un caballo blanco, y el que lo montaba se llamaba Fiel y Verdadero, y con justicia juzga y pelea. Sus ojos eran como llama de fuego, y había en su cabeza muchas diademas; y tenía un nombre escrito que ninguno conocía sino él mismo. Estaba vestido de una ropa teñida en sangre; y su nombre es: EL VERBO DE DIOS. Y los ejércitos celestiales, vestidos de lino finísimo, blanco y limpio, le seguían en caballos

blancos. De su boca sale una espada aguda, para herir con ella a las naciones, y él las regirá con vara de hierro; y él pisa el lagar del vino del furor y de la ira del Dios Todopoderoso (Apocalipsis 19:11-15).

El niño es Jesús, el Mesías, y el dragón ha estado tras él desde el primer día. Estas dos primeras identificaciones han sido bastante sencillas. Rastrear la identidad de la mujer es un poco más desafiante.

La identidad de la mujer

Sería fácil decir: "Bueno, si el niño es Jesús, entonces la mujer debe ser su madre, María". Pero recuerda que Juan identifica esta sección como una señal. Es como una parábola que cuenta una historia más grande. La Biblia y la historia nos informan que Jesús nació de una mujer virgen. Pero ella no solo era virgen, era una virgen judía. Esta etnicidad es clave para identificar a la mujer.

Luego de dar a luz a su hijo, y de que este niño fuera rescatado de las fauces del dragón y puesto a salvo, ella "huyó al desierto, donde tiene lugar preparado por Dios, para que allí la sustenten por mil doscientos sesenta días" (Apocalipsis 12:6). Conocemos bien esos números. Son los números de la tribulación—cuarenta y dos meses; tres años y medio; tiempo, tiempos, y la mitad del tiempo. Ubicar a María, la madre de Jesús, en el escenario de la tribulación no tiene mucho sentido y no encaja con la grandeza general de lo que se describe.

Podemos obtener una pista importante sobre la identidad de esta mujer si respondemos a la pregunta: ¿por qué huyó? Pero antes, debemos hacer un salto en el tiempo. Entre los versículos 5 y 6 ocurre una aceleración de escenas, como esos *time lapse* que se hacen en cinematografía. Esto es común en las declaraciones proféticas. Leer este pasaje es como mirar una serie de picos de montañas. Desde lejos, las montañas parecen estar muy cercas la una de la otra. Sin embargo, si subes una de ellas, verás que la montaña más cercana está a kilómetros de distancia y la tercera montaña está aún más lejos. Lo mismo ocurre con las profecías. Puede que haya años, siglos o milenios entre un versículo y otro.

Por ejemplo, cuando Isaías escribió sobre el nacimiento del Mesías, dijo:

> Porque un niño nos es nacido,
> hijo nos es dado (Isaías 9:6).

Setecientos años antes de aquella increíble noche de Belén, el profeta habló del momento cuando el Mesías vendría como un regalo del Padre. Leemos sobre este evento que cambió la historia del planeta en los Evangelios de Mateo y Lucas. Pero si leemos el resto de Isaías, en la siguiente frase salta por lo menos dos mil años adelante, a un periodo que aún no ha llegado:

> Y el principado sobre su hombro;
> y se llamará su nombre Admirable,
> Consejero, Dios Fuerte, Padre Eterno, Príncipe de Paz.
> Lo dilatado de su imperio y la paz no tendrán límite,
> sobre el trono de David y sobre su reino,
> disponiéndolo y confirmándolo en juicio y en justicia
> desde ahora y para siempre.
> El celo de Jehová de los ejércitos hará esto
> (versículos 6-7).

En Apocalipsis 12, Juan avanza del ascenso de Jesús en el versículo 5 a la huida de la mujer por el desierto en el versículo 6. Él da un brinco en el tiempo. Pasa de sesenta años antes de recibir esta visión a algo que no ha ocurrido aún. ¿Por qué huye esta mujer? Juan lo describe en los próximos siete versos.

> Después hubo una gran batalla en el cielo: Miguel y sus
> ángeles luchaban contra el dragón; y luchaban el dragón
> y sus ángeles; pero no prevalecieron, ni se halló ya lugar
> para ellos en el cielo. Y fue lanzado fuera el gran dragón,
> la serpiente antigua, que se llama diablo y Satanás, el cual
> engaña al mundo entero; fue arrojado a la tierra, y sus

ángeles fueron arrojados con él. Entonces oí una gran voz en el cielo, que decía: Ahora ha venido la salvación, el poder, y el reino de nuestro Dios, y la autoridad de su Cristo; porque ha sido lanzado fuera el acusador de nuestros hermanos, el que los acusaba delante de nuestro Dios día y noche. Y ellos le han vencido por medio de la sangre del Cordero y de la palabra del testimonio de ellos, y menospreciaron sus vidas hasta la muerte. Por lo cual alegraos, cielos, y los que moráis en ellos. ¡Ay de los moradores de la tierra y del mar! porque el diablo ha descendido a vosotros con gran ira, sabiendo que tiene poco tiempo. Y cuando vio el dragón que había sido arrojado a la tierra, persiguió a la mujer que había dado a luz al hijo varón (Apocalipsis 12:7-13).

Se desata una guerra angelical. De un lado está Miguel y sus ángeles y del otro lado está el dragón y sus ángeles. Miguel resulta ganador y Satanás es expulsado del cielo para siempre. La pregunta es si esto ya ocurrió. ¿Se trata de cuando el diablo fue arrojado a la tierra por su orgulloso deseo de usurpar la autoridad de Dios? No lo creo.

Según el libro de Job, Satanás sigue teniendo acceso a Dios en el cielo (1:6; 2:1). Sin embargo, luego de esta grandiosa batalla angelical "no habrá lugar para ellos en el cielo". Y aunque haya alegría en el cielo, habrá una gran amargura en la tierra. El diablo derrotado, descargará su ira sobre la mujer, y perseguirá a la mujer que dio a luz al hijo varón (Apocalipsis 12:13). ¿Cuándo ocurrirá esto? Según John F. Walvoord:

Lo que ocurre justo después de la expulsión de Satanás es que él persigue a la mujer que trajo al niño-varón. Aparentemente, este es el inicio de la gran tribulación de la cual Cristo advirtió a Israel en Mateo 24:15-22.[13]

Cuando Walvoord habla de "la gran tribulación", se refiere al segundo periodo que durará entre tres años y medio a siete años.

Hablaré más al respecto cuando lleguemos al capítulo 16 y los juicios de las copas. De nuevo esto encaja perfectamente con los "mil doscientos sesenta días" del versículo 6, y el "tiempo y tiempos y la mitad del tiempo" del versículo 14.

Con estas pistas, ¿hay otro pasaje en las Escrituras que podría ayudarnos a identificar a esta mujer? Creo que sí. Cuando Jesús habló desde el Monte de los Olivos, dijo que cuando los judíos (a quienes Él se dirigía en ese momento) vieran en el templo la abominación que provoca la desolación de la que habló Daniel, huirían a las montañas. Lo más probable es que se refiera a las montañas de la actual Jordania. Eso probablemente incluye a Petra, una ciudad tallada en piedra. Para entrar a esa ciudad debes atravesar el Siq, un desfiladero estrecho de kilómetro de largo con altos muros de piedra a ambos lados. Si alguna vez has visto *Indiana Jones y la última cruzada* has visto Petra.

Cuando combinas al diablo, a Jesús y a quien dio a luz a Jesús, no es difícil identificar a la mujer. Ella es la nación de Israel. Desde la primera maldición en Génesis, el diablo ha hecho todo lo posible para destruir el advenimiento y el sostenimiento del pueblo judío. Al principio, fue para detener al Mesías que venía. Ahora quiere frustrar los planes de Dios y su juicio sobre el mundo, un juicio que incluye a Satanás y sus sirvientes. Durante esos días de la tribulación, Satanás actuará por despecho y con la esperanza de que ya no haya más judíos. Él quiere negar la promesa de que al final "todo Israel será salvo" (Romanos 11:26).

Cuando vemos el dolor y la pena que el diablo provoca hoy mientras aún tiene acceso al cielo, imaginemos cómo será cuando esté encerrado y se dé cuenta de que sus días están contados. Su furia no tendrá límites. Serán sus hordas demoníacas las que saldrán del abismo para atormentar a la humanidad durante cinco meses con el aguijón de un escorpión. Sus cuatro espíritus demoníacos, en el río Éufrates, guiarán a los 200 000 000 de soldados para matar a un tercio de la humanidad. Y el diablo empoderará al anticristo para que pueda llevar a cabo sus planes. Esto es lo que descubriremos en el próximo capítulo.

CAPÍTULO 13

EL TERCER INTERLUDIO PARTE 2: EL ANTICRISTO LLEGA AL PODER

APOCALIPSIS 13

El anticristo. ¿Hay otro nombre en la tierra, además de Satanás o Lucifer, que provoque tanto terror? Para muchos es como decirle al perro que es la hora del baño; entonces, el perro lo único que quiere es correr y esconderse. Y con toda razón. El anticristo estará a la altura de la expectativa que inspira su nombre. Él será siervo de Satanás y servirá bien a su amo. No es de extrañar que el nombre con el que mejor se le conoce sea tan descriptivo: *bestia.*

De hecho, "bestia" aparece treinta y siete veces en el libro del Apocalipsis y siete veces en Daniel. El profeta del Antiguo Testamento a veces se refiere a una nación y a veces a una persona. En Apocalipsis, "bestia" se refiere exclusivamente a un individuo.

> Me paré sobre la arena del mar, y vi subir del mar una bestia que tenía siete cabezas y diez cuernos; y en sus cuernos diez diademas; y sobre sus cabezas, un nombre blasfemo. Y la bestia que vi era semejante a un leopardo, y sus pies como de oso, y su boca como boca de león. Y el dragón le dio su poder y su trono, y grande autoridad (Apocalipsis 13:1-2).

La llegada del anticristo

Hace muchos años había una película sobre un monstruo que salía del agua y atacaba a las personas. Este verde *Monstruo de la laguna negra* parecía mitad pez y mitad lagarto, y lucía unos labios que parecían haber sido "mejorados" por el peor cirujano plástico de California. Si el anticristo usara su apariencia y carisma para conquistar el corazón de todos en el mundo, lo más probable es que su "surgimiento del mar" sea muy diferente al del monstruo de Hollywood.

¿A qué se refiere Juan cuando dice que la bestia saldrá del mar? De nuevo, debemos comparar versículos para entender los simbolismos. Daniel relacionó a las bestias y al mar cuando escribió: "Miraba yo en mi visión de noche, y he aquí que los cuatro vientos del cielo combatían en el gran mar. Y cuatro bestias grandes, diferentes la una de la otra, subían del mar" (Daniel 7:2-3).

Las cuatro bestias que vio Daniel son los cuatro imperios gentiles: Babilonia, Medo-Persia, Grecia y Roma. De nuevo, estos reinos no surgieron literalmente del mar, especialmente los primeros dos que no eran marinos por naturaleza. Una mirada al Apocalipsis nos ayuda a entender el origen de estas naciones y de la bestia. Un ángel que le explicaba la visión a Juan dijo:

> Las aguas que has visto donde la ramera se sienta, son pueblos, muchedumbres, naciones y lenguas (Apocalipsis 17:15).

El mar en Daniel 7 y las aguas de este versículo de Apocalipsis son lo mismo. Son naciones gentiles de donde saldrán imperios y el anticristo. Cada uno de los imperios que aparecen en el libro de Daniel trató a las personas de una forma bestial. Dominaron al mundo de forma brutal. Lo que sea que dijeran sus déspotas era aceptado como ley. Pasará algo similar cuando venga la bestia.

Algunos se preguntarán: "¿Por qué Juan lo llama bestia? No es que no conozca el nombre de anticristo". Es una buena pregunta, especialmente si consideramos lo que Juan escribió en su primera carta: "Hijitos, ya es el último tiempo; y según vosotros oísteis que el anticristo viene, así ahora han surgido muchos anticristos; por esto conocemos que es el último tiempo" (1 Juan 2:18). Debemos recordar que estamos en una parte muy simbólica del Apocalipsis y donde Juan ve imágenes que representan la realidad, pero no son la realidad en sí mismas. Cuando a Juan se le muestra al anticristo, lo describe como una bestia porque es la descripción perfecta del carácter de esta persona impía.

La bestia que subió del mar tenía una apariencia inusual, igual que el dragón que tenía siete cabezas y diez cuernos (12:3). Esto de nuevo hace eco a la bestia de la cual escribió Daniel, pues también tenía diez cuernos:

> Después de esto miraba yo en las visiones de la noche, y he aquí la cuarta bestia, espantosa y terrible y en gran manera fuerte, la cual tenía unos dientes grandes de hierro; devoraba y desmenuzaba, y las sobras hollaba con sus pies, y era muy diferente de todas las bestias que vi antes de ella, y tenía diez cuernos (Daniel 7:7).

Sin embargo, Juan profundiza en su descripción y dice que la bestia era "semejante a un leopardo, y sus pies como de oso, y su boca como boca de león" (Apocalipsis 13:2). Una vez más, Daniel hace un paralelismo con las imágenes. Vimos la cuarta bestia de Daniel con los diez cuernos. ¿Qué hay de las tres bestias anteriores?

> La primera era como león, y tenía alas de águila. Yo estaba mirando hasta que sus alas fueron arrancadas, y fue levantada del suelo y se puso enhiesta sobre los pies a manera de hombre, y le fue dado corazón de hombre. Y he aquí otra segunda bestia, semejante a un oso, la cual se alzaba de un costado más que del otro, y tenía en su boca tres costillas entre los dientes; y le fue dicho así: Levántate, devora mucha carne. Después de esto miré, y he aquí otra, semejante a un leopardo, con cuatro alas de ave en sus espaldas (Daniel 7:4-6).

"Pero ¡espera, Amir! Daniel o Juan tienen equivocado el orden las bestias. Están exactamente al revés". De nuevo, te felicito por tus astutas observaciones. Pero recuerda que la visión de Daniel ve hacia el futuro. El león de Babilonia ya había llegado. El siguiente en elevarse sería el oso del Imperio Medo-Persa, luego el leopardo de Grecia y finalmente la cuarta bestia con diez cuernos era Roma. Sin embargo, Juan ve hacia atrás. No es el futuro para él. Es historia, algo que ya sucedió. Entonces empieza con la bestia más reciente y hace una lista de las criaturas en reversa.

¿Y qué pasa con las siete cabezas y los diez cuernos? De nuevo, se refieren a las naciones gentiles. Las siete cabezas son los siete reyes secuenciales, y los diez cuernos son la confederación real. ¿Cómo sabemos esto? Miremos el contexto. Luego, en Apocalipsis, un ángel habla con Juan y le dice:

> Esto, para la mente que tenga sabiduría: Las siete cabezas son siete montes, sobre los cuales se sienta la mujer, y son siete reyes. Cinco de ellos han caído; uno es, y el otro aún no ha venido; y cuando venga, es necesario que dure breve tiempo. La bestia que era, y no es, es también el octavo; y es de entre los siete, y va a la perdición. Y los diez cuernos que has visto, son diez reyes, que aún no han recibido reino; pero por una hora recibirán autoridad como reyes juntamente con la bestia (Apocalipsis 17:9-12).

Así que vemos que el anticristo subirá de las naciones gentiles y que el mismo Satanás, el dragón, le dará poder. Se le simboliza como una bestia por la injusticia de su carácter y lo violento de sus actos. El anticristo es el último en una larga lista de gobernantes seculares de quienes hablaron Daniel y Juan, y su reino será el último sobre la tierra antes de que vuelva Jesús a reinar desde Jerusalén.

La herida mortal

La cuarta bestia en Daniel es el Imperio Romano. Era diferente a los demás, y de este Imperio surgen los cuernos (Daniel 7:7-8).

De alguna forma, el poder e influencia del Imperio Romano reviviá durante la tribulación. El anticristo emergerá de este conglomerado europeo.

> Vi una de sus cabezas como herida de muerte, pero su herida mortal fue sanada; y se maravilló toda la tierra en pos de la bestia, y adoraron al dragón que había dado autoridad a la bestia, y adoraron a la bestia, diciendo: ¿Quién como la bestia, y quién podrá luchar contra ella? (Apocalipsis 13:3-4).

Acá leemos sobre un incidente con la bestia que ha causado mucha especulación. Una de sus cabezas fue herida de muerte, pero de alguna manera sobrevive o regresa a la vida. ¿Esto significa que el anticristo será herido o asesinado en un ataque personal? ¿Podría tratarse de una especie de muerte y resurrección falsa para ganar simpatía y apoyo o para aumentar sus credenciales? ¿O esto significa que el renacido Imperio Romano podría sufrir una herida fatal?

Por el texto en inglés, es difícil saberlo. Pero la redacción griega es muy similar a lo que se decía del Cordero: "como si hubiera sido sacrificado" (Apocalipsis 5:6). Jesús literalmente fue sacrificado y resucitó de entre los muertos. Es posible que el anticristo quiera imitar un evento similar con el fin de ganar el temor y la reverencia de las masas, y a través del engaño logrará este objetivo. También existe la posibilidad que el anticristo sea asesinado y luego resucite.

"¿Cómo puede ser esto?", puedes preguntarte. "Solo Dios tiene el poder de dar vida a los muertos". Eso es cierto. Pero recuerda lo que Jesús dijo a sus discípulos: "Se levantarán falsos cristos, y falsos profetas, y harán grandes señales y prodigios, de tal manera que engañarán, si fuere posible, aun a los escogidos" (Mateo 24:24).

En los últimos días, habrá obras y maravillas tan poderosas que incluso los elegidos pueden ser engañados. Dios le otorgó a Satanás poder y autoridad sobre esta tierra por un tiempo y no sabemos el alcance de lo que le ha concedido. Es posible que viva, muera y vuelva a vivir, tal y como parece que sucederá.

Esta resurrección hará que el mundo se maraville de la bestia y eventualmente lo adore. Un fuerte engaño penetrará en el mundo y en los judíos en particular. La gente de todas partes se convencerá de que este es el Mesías prometido. Ellos levantarán nuevos dioses: el dragón y la bestia.

> También se le dio boca que hablaba grandes cosas y blasfemias; y se le dio autoridad para actuar cuarenta y dos meses. Y abrió su boca en blasfemias contra Dios, para blasfemar de su nombre, de su tabernáculo, y de los que moran en el cielo. Y se le permitió hacer guerra contra los santos, y vencerlos. También se le dio autoridad sobre toda tribu, pueblo, lengua y nación. Y la adoraron todos los moradores de la tierra cuyos nombres no estaban escritos en el libro de la vida del Cordero que fue inmolado desde el principio del mundo. Si alguno tiene oído, oiga. Si alguno lleva en cautividad, va en cautividad; si alguno mata a espada, a espada debe ser muerto. Aquí está la paciencia y la fe de los santos (Apocalipsis 13:5-10).

Nota que las frases "se le dio" y "se le permitió" aparecen muchas veces. El anticristo no tiene poder en sí mismo. No es un semidiós o un poderoso ser angelical. Cualquier autoridad e influencia que tenga nada más es la que se le ha otorgado y solo será por un tiempo: cuarenta y dos meses, o 1 260 días o tres años y medio, también conocidos como tiempo, tiempos y la mitad del tiempo. Durante ese periodo, tendrá el poder de calumniar a Dios y a los a los santos del cielo (versículo 6), hacer la guerra a los santos de la tierra y conquistarlos (versículo 7), y hacer que todos los habitantes de la tierra le adoren (versículo 8).

Dios permitirá esta autoridad, pero vendrá directamente de Satanás. El anticristo será una marioneta controlada y empoderada por el mismísimo diablo. Es durante los primeros tres años y medio de la tribulación que llegará al poder. Los ejércitos de Rusia, Turquía, Irán, sudán, Libia y otras naciones que buscan saquear a Israel serán derrotados (Ezequiel 38-39). Esta gran derrota proporcionará una apertura para que el anticristo venga como pacificador. El resultado es que su dominio será global.

Durante los últimos tres años y medio de la tribulación, el anticristo cambiará de hacedor de paz a tomador de paz. Se instalará a sí mismo en el nuevo templo de Jerusalén y exigirá la adoración de los ciudadanos del mundo. ¿Quién caerá en las mentiras del anticristo y se inclinará ante él? La respuesta es muy sencilla: todos.

Juan escribió que todos "cuyos nombres no están escritos en el Libro de la Vida del Cordero inmolado desde la fundación del mundo" se arrodillará ante este líder mundial. ¿Qué es el Libro de la Vida? Es donde Dios escribió una lista de todos los que le pertenecen y son parte de su familia. ¿No es increíble pensar que, si le has entregado tu vida a Jesucristo, es porque tu nombre fue escrito en el libro del Cordero desde antes de que nacieras? ¡Qué bendición! Como Pablo escribió:

> Bendito sea el Dios y Padre de nuestro Señor Jesucristo, que nos bendijo con toda bendición espiritual en los lugares celestiales en Cristo, según nos escogió en él antes de la fundación del mundo, para que fuésemos santos y sin mancha delante de él en amor (Efesios 1:3-4).

El falso profeta

En este punto, para quienes pensaban que una bestia ya era más que suficiente, el mundo está a punto de tener el doble de problemas. Una nueva bestia llega a la escena:

> Después vi otra bestia que subía de la tierra; y tenía dos cuernos semejantes a los de un cordero, pero hablaba como dragón. Y ejerce toda la autoridad de la primera bestia en presencia de ella, y hace que la tierra y los moradores de ella adoren a la primera bestia, cuya herida mortal fue sanada. También hace grandes señales, de tal manera que aun hace descender fuego del cielo a la tie-

rra delante de los hombres. Y engaña a los moradores de la tierra con las señales que se le ha permitido hacer en presencia de la bestia, mandando a los moradores de la tierra que le hagan imagen a la bestia que tiene la herida de espada, y vivió. Y se le permitió infundir aliento a la imagen de la bestia, para que la imagen hablase e hiciese matar a todo el que no la adorase (Apocalipsis 13:11-15).

No es hasta el capítulo 16 que conocemos la identidad de esta nueva bestia. Él es un falso profeta. Esta bestia 2.0 vendrá con grandes señales y prodigios. Incluso podrá hacer llover fuego del cielo. La humanidad hará *oooh* y *ahhh*, lista para hacer todo lo que el falso profeta mande. Una vez los tenga donde quiere, les dará dos tareas. Primero, hacer una imagen del anticristo. Segundo, adorarlo. Acá es cuando el reinado del anticristo pasa de una autocracia a una teocracia. Ya no se contentará con tener seguidores como un gran hombre; ahora exigirá ser adorado como dios todopoderoso.

Adorar a la bestia no será una opción sino una orden, como parte de la nueva y única religión mundial. La libertad de culto desaparecerá. La libertad de expresión será eliminada. La libertad de prensa dejará de existir. Todos tendrán que seguir al pie de la letra las órdenes del gobierno guiado por el anticristo.

Imagina cómo será la vida de los creyentes en ese momento. Se refugiarán en sus casas y en secreto realizarán sus servicios de adoración. Otros realizarán reuniones clandestinas en el bosque para expresar su alabanza a Dios. Miles más perderán sus empleos. Tendrán que mendigar en las calles, donde los golpearán y escupirán en la cara por no seguir las órdenes del gobierno. Aunque tendrán mucho que esperar después de la muerte, habrá muy poco que esperar antes de la muerte.

La marca de la bestia

Y ahora llega el momento de enfrentar al más infame trío de números en la historia del mundo.

Y hacía que a todos, pequeños y grandes, ricos y pobres,
libres y esclavos, se les pusiese una marca en la mano derecha, o en la frente; y que ninguno pudiese comprar ni
vender, sino el que tuviese la marca o el nombre de la bestia, o el número de su nombre. Aquí hay sabiduría. El que
tiene entendimiento, cuente el número de la bestia, pues
es número de hombre. Y su número es seiscientos sesenta y seis (Apocalipsis 13:16-18).

Se ha especulado mucho sobre la marca de la bestia. El número
666 se utiliza en todo el género de terror del entretenimiento popular. Los góticos lo pintan en su ropa, los satánicos lo tatúan en sus
nudillos, los predicadores en línea lo ponen en los títulos de sus ser-
mones para atraer vistas. ¿Pero qué significa esa corta secuencia de
números? Veamos los hechos.

Primero, no se refiere al nombre de un emperador romano. Hay
quienes dicen que el Apocalipsis tuvo lugar alrededor del año 70
d.C., además aseguran que han visto los números y han buscado su
equivalente en hebreo, latín o griego. Luego han tomado esas letras,
las han comparado con los nombres de los emperadores y han dicho:
"¡Ajá!". El problema es que, como los historiadores de los que hablamos al inicio de este libro, si pones a doce numerólogos en doce
habitaciones distintas, saldrán de sus reflexiones con doce emperadores diferentes. Como hemos dicho antes, no se puede encajar una
clavija alegórica que ve al pasado en un agujero literal que ve hacia el
futuro.

El contexto de este pasaje se enfoca en lo que está por venir. Nunca en la historia ha habido tal cosa como una sola religión y la adoración de una imagen que represente a un líder mundial. Las torsiones
y contorsiones a ese nivel están más allá incluso de los más flexibles
gimnastas olímpicos. El número 666, o posiblemente 616 según
algunos algunos manuscritos griegos tempranos, se refiere muy probablemente al futuro anticristo. ¿Qué significan estos números exactamente? Es otro de los misterios de este libro tan intrigante. Si Dios
ha dejado en blanco la última palabra en la frase: "El 666 es _____",

entonces no deberíamos gastar mucha energía mental en especulaciones.

Sin embargo, mucha gente cae en la trampa y se pierde en la madriguera del conejo que representa este espeluznante número, desenfocándose del punto central que intenta revelarnos este pasaje del libro. El capítulo trata de dos personas que se levantarán y se apoderarán del mundo. En lugar de propiciar que la gente se vuelva a la adoración del Dios vivo, forzarán la adoración del anticristo. Quienes no adoren a la imagen serán condenados a muerte.

Para mostrarle lealtad a la bestia, las personas recibirán su marca. Sin este identificador de lealtad ante el anticristo, una persona no podrá comprar o vender nada. Será una época horrible en la que los creyentes sufrirán mucho a causa de la violencia, la pobreza y la hambruna. En cuanto a los que aceptan la marca, no solo vivirán bajo un gobierno opresivo, sino que experimentarán todos los otros juicios de la ira de Dios cuando se derrama sobre el planeta.

Es parte de la naturaleza humana querer controlar a los demás. No hay mayor evidencia de esto que en los gobiernos del mundo. Los gobiernos quieren poder y usualmente lo obtienen a la fuerza o, como en muchas democracias, a través del engaño o prometiendo cosas que nunca cumplirán. En el siguiente capítulo, veremos el poder gubernamental en su peor expresión porque el final no es solo político, sino espiritual.

CAPÍTULO 14

EL TERCER INTERLUDIO PARTE 3: VISTA PRELIMINAR DE LO QUE VIENE

APOCALIPSIS 14

Es noche de cita con tu cónyuge. Las últimas semanas han sido increíblemente agitadas y tienes muchas ganas de salir y pasar tiempo a solas con tu pareja. Hace dos semanas se estrenó una película que, milagrosamente, está en la lista de imprescindibles de ambos, ya compraste las entradas al cine en el área VIP con asientos reclinables. Iba a ser una noche agradable y casual con la persona que amas.

Pero entonces la plancha se arruina justo cuando vas a quitarle las arrugas a tu camisa. Tu hijo, no el más grande, ni el más pequeño, sino el de en medio, se las arregla para correr y golpearse de frente con la puerta. La hermana de tu niñera llega a tu casa treinta minutos tarde diciéndote que su hermana se excusa porque está enferma, pero que ella está bien, aunque empieza a estornudar. Entonces haces algo que nunca hubieras hecho con tu primer hijo, pero ahora con tres, es lo más natural del mundo: anotas tu número de teléfono en un papel, se lo das a la niñera sustituta y sales corriendo.

Luego, te preguntas si la policía va detrás de ti porque te pasaste todos los semáforos en rojo. Cuando finalmente llegas al cine, no compras nada de comer y buscas tu sala. Gateas por sobre las piernas de personas cuyas planchas no se arruinaron, cuyas niñeras no tienen gripe y se acomodaron en sus asientos justo antes de que las luces se atenuaran.

Le sonríes a tu pareja. Llegaste a tiempo.

Pero entonces empieza una película que no es la que querías ver. De hecho, no es película, sino que son los avances de otras películas por estrenarse. Durante quince minutos ves escenas de películas que no te importan y que nunca verás, entonces piensas: "Pude haber comprado una gran cubeta de palomitas de maíz y una caja de golosinas".

Si estás leyendo solo para saber sobre la próxima serie de juicios, es hora de ir por palomitas de maíz y una soda. Juan está a punto de darnos unos avances antes de empezar la película principal en los capítulos 15 al 18.

Preestreno número uno: el Cordero Redentor y 144 000 redimidos

Los 144 000 han vuelto. ¿O no? ¿Son los mismos 12 × 12 000 que vimos antes o son otro grupo? Ahora que lo pienso, la pregunta no es solo *quiénes* son ellos, sino *dónde* están. Estos primeros cinco versículos del capítulo 14 han provocado que varios teólogos respetados opinen al respecto.

> Después miré, y he aquí el Cordero estaba en pie sobre el monte de Sion, y con él ciento cuarenta y cuatro mil, que tenían el nombre de él y el de su Padre escrito en la frente. Y oí una voz del cielo como estruendo de muchas aguas, y como sonido de un gran trueno; y la voz que oí era como de arpistas que tocaban sus arpas. Y cantaban un cántico nuevo delante del trono, y delante de los cuatro seres vivientes, y de los ancianos; y nadie podía aprender el cántico sino aquellos ciento cuarenta y cuatro mil que fueron redimidos de entre los de la tierra. Estos son los que no se contaminaron con mujeres, pues son vírgenes. Estos son los que siguen al Cordero por dondequiera que va. Estos fueron redimidos de entre los hombres como primicias para Dios y para el Cordero; y en sus bocas no fue hallada

mentira, pues son sin mancha delante del trono de Dios (Apocalipsis 14:1-5).

La primera vez que vimos al grupo de 144 000 judíos evangelistas fue en el capítulo 7, cuando se les encomendó su comisión. ¿Son estos los mismos jóvenes y están en el cielo o en la tierra? Charles C. Ryrie cree que estos son los mismos 144 000 y ve la acción que tiene lugar en el cielo:

> Algunos ven esto como un preámbulo del estado milenario, haciendo que Sion sea el Jerusalén terrenal, como a veces pasa (2 Sam. 5:7; Isa 2:3). Pero como Sion está a servicio del Jerusalén celestial (Hebreos 12:22) y como estos 144 000 están ante el trono (v.3), parece más fácil pensar que Sion es una ciudad celestial. Sin embargo, lo importante es que los 144 000 están ahora con el Cordero. La primera vez que vemos a estos hombres están en la tierra (7:1-3), pero ahora están en el cielo. Los 144 000 deben terminar su trabajo como testigos, pues nadie va a ser capaz de hacerles daño hasta entonces. Es claro que son los mismos jóvenes que aparecen en el capítulo 7 porque: (1) el número es el mismo y (2) tienen escrito el nombre de Dios en la frente.[14]

John F. Walvoord estaría de acuerdo y en desacuerdo con Ryrie. Él cree que es el mismo grupo de testigos, pero dice que están junto al Cordero en la tierra, en el Monte Sion, en Israel.

> Es preferible esta vista que la visión profética del triunfo del Cordero, luego de su segunda venida, cuando se una a los 144 000 en el Monte Sion, al inicio de su reino milenario.[15]

Tim LaHaye y Timothy E. Parker están de acuerdo con que estos hechos ocurren en el Monte Sion celestial, pero creen que son otros 144 000 jóvenes.

Los 144 000 que aparecen en Apocalipsis 7 pertenecían a las tribus de Israel y su actividad fue en la tierra. Además, quienes aparecen en Apocalipsis 7 tienen el sello del Padre, mientras que los 144 000 de Apocalipsis 14 tienen en sus frentes el nombre del Padre y el del Hijo. Es obvio que son dos grupos diferentes.[16]

No veo motivo para diferenciar entre este grupo de 144 000 y los evangelistas que aparecen en el capítulo 7. En ese momento recibieron un sello de Dios en su frente. Ese sello representa la protección de Dios durante la tribulación. Pero a medida que este capítulo se abre, estamos recibiendo una vista previa del final de los siete años de la ira de Dios. Estos jóvenes fieles han dado testimonio y el sello de protección de Dios los ha mantenido a salvo. Sin embargo, una vez completada su tarea, es probable que hayan sido vulnerables a ataques. Algo similar ocurrió con los dos testigos. Nadie podía hacerles daño durante los tres años y medio de su ministerio, pero "cuando hayan acabado su testimonio, la bestia que sube del abismo hará guerra contra ellos, y los vencerá y los matará" (Apocalipsis 11:7). Quien piense que esta es una cadena de acontecimientos crueles —servir a Dios, luego morir— no entiende la extrema dureza de las condiciones de la tierra y la extrema alegría de estar en la presencia de Dios.

Los 144 000 están allí con el Cordero en el Monte Sion. Pero estoy de acuerdo con Ryrie que este Monte Sion no es el que está en la tierra, sino en el cielo. El autor de la carta a los hebreos lo escribe de la siguiente manera:

> Sino que os habéis acercado al monte de Sion, a la ciudad del Dios vivo, Jerusalén la celestial, a la compañía de muchos millares de ángeles, a la congregación de los primogénitos que están inscritos en los cielos, a Dios el Juez de todos, a los espíritus de los justos hechos perfectos, a Jesús el Mediador del nuevo pacto, y a la sangre rociada que habla mejor que la de Abel (Hebreos 12:22-24).

En la tierra está la sombra del verdadero Monte Sion, en el cielo está el verdadero. El hecho de que los 144 000 "cantaban un cántico nuevo delante del trono, y delante de los cuatro seres vivientes, y de los ancianos" requiere su ubicación en la sala del trono (Apocalipsis 14:3). Justo antes de que empiece la música, una estruendosa voz habla desde el cielo. Nos quedamos en la oscuridad en cuanto a lo que dice. Entonces empieza la música.

La música está en constante evolución. Los estilos y géneros van y vienen. Hoy en día, estamos en la era de la música cristiana. Parece que cada semana hay una nueva canción de adoración que arrasa en la Iglesia mundial. Aunque hay bastantes que pueden reducirse a tres acordes y cuatro líneas que se repiten una y otra vez, también hay muchas que son profundas y sentidas, eficaces para transportar directamente a la presencia de Dios a una congregación o incluso a un individuo camino a su trabajo.

Los testigos que ahora habitan en el cielo estallan en un canto de adoración que se adapta específicamente a ellos y a sus experiencias. Por mucho que nos gustaría saber qué es, no es para nosotros. Tenemos nuestras propias historias y alabanzas que ofrecerle a Dios. Esta canción en particular, cantada con el acompañamiento de virtuosos del arpa, es verdadera y completamente de ellos.

Puros, veraces y sin mancha ante el trono de Dios, estos hombres son descritos por Juan como las "primicias para Dios y para el Cordero" (versículo 4). El concepto de "primicias" proviene del Antiguo Testamento. Las primicias de una cosecha le pertenecían a Dios. Al espigar, lo primero que se obtenía se separaba para presentarse ante Dios como ofrenda. Como hablamos antes, el hecho que sean los "primeros" de una cosecha significa que hay más. Esta es la misma esperanza que obtenemos de saber que Jesús es la primicia de la resurrección:

Mas ahora Cristo ha resucitado de los muertos; primicias de los que durmieron es hecho. Porque por cuanto la muerte entró por un hombre, también por un hombre la resurrección de los muertos. Porque así como en Adán

todos mueren, también en Cristo todos serán vivificados.
Pero cada uno en su debido orden: Cristo, las primicias;
luego los que son de Cristo, en su venida (1 Corintios
15:20-23).

Jesús murió y resucitó en un cuerpo inmortal e incorruptible. Así,
podemos estar seguros de que un día, como "segundos" frutos, resu-
citaremos en el mismo tipo de cuerpo eterno para vivir para siempre
con nuestro Salvador, el Cordero. Me pregunto qué canciones vamos
a aprender ese día. Sospecho que serán similares a los himnos de alabanza que hemos disfrutado durante esta maravillosa visita al cielo.

Ahora que los 144 000 alaban a Dios ante el trono, ¿significa que
ya no hay más testigos de Cristo en la tierra? ¿Todos los que no se han
convertido al Señor están condenados porque el Evangelio ya no está
disponible? Mientras Juan miraba, otro ángel pasó volando desde la
morada celestial con un mensaje de de tranquilidad ya que la salvación seguiría proclamándose en la tierra, pero con la advertencia de
que la ventana de aceptación está cerrándose:

> Vi volar por en medio del cielo a otro ángel, que tenía
> el evangelio eterno para predicarlo a los moradores de la
> tierra, a toda nación, tribu, lengua y pueblo, diciendo a
> gran voz: Temed a Dios, y dadle gloria, porque la hora
> de su juicio ha llegado; y adorad a aquel que hizo el cie-
> lo y la tierra, el mar y las fuentes de las aguas (Apocalip-
> sis 14:6-7).

Con este suspenso concluye el primer avance. El proyector sigue
rodando y corre el siguiente avance.

Preestreno número dos: La caída de Babilonia

Este avance es corto, pero contiene lo suficiente como para obtener al menos una clasificación PG13.

Otro ángel le siguió, diciendo: Ha caído, ha caído Babilonia, la gran ciudad, porque ha hecho beber a todas las naciones del vino del furor de su fornicación (Apocalipsis 14:8).

El mensaje es estremecedor. ¿Quién o qué es Babilonia? Iremos más a fondo sobre esto en el capítulo 17 y 18. Por el momento, nos basta saber que Babilonia es un sistema religioso y un sistema económico. La desaparición de Babilonia se profetiza una y otra vez en las Sagradas Escrituras. Isaías profetizó la caída del imperio y añadió una adenda que decía que esta ciudad nunca iba a ser reconstruida:

Y Babilonia, hermosura de reinos
y ornamento de la grandeza de los caldeos,
será como Sodoma y Gomorra, a las que trastornó Dios.
Nunca más será habitada,
ni se morará en ella de generación en generación;
ni levantará allí tienda el árabe,
ni pastores tendrán allí majada
(Isaías 13:19-20).

Los persas provocaron la caída del Imperio Babilónico en 539 a.C., y la ciudad empezó a desmoronarse tiempo después. Tal y como Dios declaró a través de Isaías, nunca ha sido restaurada. Lo intentó Saddam Hussein, pero no le funcionó. Colapsó su reino, al igual que toda la labor que proviene de la rebeldía del hombre contra lo que ha ordenado Dios.

Puede que la ciudad física ya no exista, pero los sistemas babilónicos permanecen. Estos también nacieron a partir de la rebeldía del hombre contra Dios y del deseo de saciar deseos personales. El ángel declara que este es un sistema basado en la fornicación, lo que significa que se enfoca en cumplir los anhelos de las personas. Si ves a tu alrededor, a la cultura actual, verás ese sistema. Nuestro mundo se enfoca exclusivamente en satisfacer los deseos y pasiones de las personas, ya sean deseos sexuales, financieros, experimentales o cualquier otro deseo egoísta. Se vuelve algo tan absorbente que se dice que la necesidad de cumplir con los deseos embriaga a la gente. Este es un sistema basado en el "yo" que pronto se estrellará en el suelo.

Preestreno número tres: los marcados y los no marcados

Si estás ansioso porque terminen los anuncios previos y comience la película, debes esperar un poco más. Aún hay algunos preestrenos por ver. El próximo empieza igual que el anterior, pero el contenido de las palabras del ángel es mucho más gráfico:

> Y el tercer ángel los siguió, diciendo a gran voz: Si alguno adora a la bestia y a su imagen, y recibe la marca en su frente o en su mano, él también beberá del vino de la ira de Dios, que ha sido vaciado puro en el cáliz de su ira; y será atormentado con fuego y azufre delante de los santos ángeles y del Cordero; y el humo de su tormento sube por los siglos de los siglos. Y no tienen reposo de día ni de noche los que adoran a la bestia y a su imagen, ni nadie que reciba la marca de su nombre (Apocalipsis 14:9-11).

Apuesto que Juan estaba feliz porque solo tenía que escuchar de este castigo y no tenía que verlo. El ángel habla del juicio de aquellos que han adorado a la bestia y su imagen. Ellos recibieron una marca en la frente o en una de sus manos. Ellos tenían acceso al alimento y medicina que estaba disponible en ese entonces. Fueron los hombres y las mujeres que persiguieron a quienes se negaron a recibir la marca. Ellos fueron los que aplaudieron durante las ejecuciones o quienes miraban mientras los demás pasaban hambre porque no podían comprar comida o vender sus cosas. Estos son los malvados seguidores de la bestia que experimentarán la serie final de juicios que están a punto de ser derramados por las copas.

Nadie le dijo a Juan que tenía que escribir lo que vamos a leer a continuación. No hay algún ángel mostrándole una visión. Las palabras salen de su pluma y son como un suspiro en medio de toda la carnicería.

> Aquí está la paciencia de los santos, los que guardan
> los mandamientos de Dios y la fe de Jesús (Apocalipsis
> 14:12).

Si alguna vez has comprado un diamante, lo más probable es
que el joyero haya puesto la joya sobre un fondo de terciopelo negro.
Esto es para mostrar lo brillante que es, la precisión del corte, la claridad de la piedra, el brillo de la luz que se refracta al atravesarlo. Con
una sola frase, Juan muestra la maravillosa belleza de los santos fieles
comparada con la oscuridad de los seguidores de la bestia. El contraste que él presenta es tan poderoso que parece afectar incluso a quienes están en el cielo.

> Oí una voz que desde el cielo me decía: Escribe: Bien-
> aventurados de aquí en adelante los muertos que mueren
> en el Señor. Sí, dice el Espíritu, descansarán de sus traba-
> jos, porque sus obras con ellos siguen (Apocalipsis 14:13).

¡Guau! No solo responde una voz del cielo, sino el Espíritu Santo
dice algo también. Estos diamantes que están atrapados en el juicio
de Dios puede que estén soportando un sufrimiento terrible, pero
pronto llegará el día cuando sus cuerpos y espíritus encuentren el
reposo y recibirán una recompensa por ser fieles a Dios.

Prestreno número cuatro: La gran cosecha

Nunca fui fanático de las películas o los libros de horror. Hay suficiente sangre en el mundo. Y la película que promociona este último preestreno tiene tanta muerte y violencia que provoca que hasta
el más fanático del terror sienta nausea.

> Miré, y he aquí una nube blanca; y sobre la nube uno sen-
> tado semejante al Hijo del Hombre, que tenía en la cabe-
> za una corona de oro, y en la mano una hoz aguda. Y del
> templo salió otro ángel, clamando a gran voz al que estaba
> sentado sobre la nube: Mete tu hoz, y siega; porque la hora

de segar ha llegado, pues la mies de la tierra está madura. Y el que estaba sentado sobre la nube metió su hoz en la tierra, y la tierra fue segada (Apocalipsis 14:14-16).

Me gusta esa primera escena. En ella vemos a Jesús con una corona de oro sobre su cabeza y una hoz afilada en su mano. En el griego bíblico hay dos palabras para corona. Hemos hablado de la primera antes: *stephanos*. Esa es la corona de los ganadores. La otra es *diadem*. Esa es la corona del rey. Veremos a Jesús llevar una diadema en el capítulo 19, cuando cabalga como el Rey de reyes y el Señor de señores. Acá lleva un *stephanos* y está sentado en una nube como el Único que ha ganado el derecho de ser el Juez del mundo.

Dentro del templo espera un ángel. Cuando sea el momento adecuado —posiblemente cuando el Padre lo indique— saldrá y le dirá al Hijo que el tiempo de la cosecha ha comenzado. La tierra está "madura", lo que significa que la cosecha se ha retrasado y que ya está más que lista. El Único, el Hijo del Hombre meterá su hoz en la tierra y empezará a cosechar. ¿Cuál es la cosecha que se está realizando? Tendremos que esperar para ver.

Luego vemos a otro ángel y leemos lo que parece ser un "segundo verso, igual que el primero".

> Salió otro ángel del templo que está en el cielo, teniendo también una hoz aguda. Y salió del altar otro ángel, que tenía poder sobre el fuego, y llamó a gran voz al que tenía la hoz aguda, diciendo: Mete tu hoz aguda, y vendimia los racimos de la tierra, porque sus uvas están maduras. Y el ángel arrojó su hoz en la tierra, y vendimió la viña de la tierra, y echó las uvas en el gran lagar de la ira de Dios. Y fue pisado el lagar fuera de la ciudad, y del lagar salió sangre hasta los frenos de los caballos, por mil seiscientos estadios (Apocalipsis 14:17-20).

El ángel tiene una hoz afilada. Otro ángel viene y repite casi las mismas palabras que el ángel anterior le dijo al Hijo del Hombre.

Sin embargo, hay algunas diferencias. Primero, ya no estamos con el Hijo del Hombre. Este es un ángel poderoso que tiene la autoridad de traer gran violencia sobre la tierra. Segundo, si bien no conocemos los frutos de la primera cosecha, vemos claramente que esta es una cosecha de uvas. El fruto será cosechado por el ángel y arrojado al gran lagar de la ira de Dios.

Este avance es para la próxima batalla del Armagedón, que leeremos en dos capítulos a partir de ahora. Eso será cuando las naciones se reúnan en Valle de Jezreel, justo afuera de mi casa. Luego marcharán hacia Jerusalén para la última batalla de la tribulación. Al juzgar por la carnicería descrita, es evidente que la lucha no va bien para ellos. La sangre de hombres y animales salpicará hasta las bridas de los caballos a más de trescientos kilómetros a la redonda.

Nuestros avances han llegado a su fin, al igual que nuestro tercer interludio. Ahora debemos volver a los juicios, pero antes de empezar, una vez más vamos a escuchar las hermosas voces del cielo cantar una alabanza al Señor Dios Todopoderoso.

CAPÍTULO 15

UNA CANCIÓN PARA EL FINAL

APOCALIPSIS 15

Hace muchos años, uno de los jugadores de los Broncos de Denver me invitó a ver un partido de fútbol americano. Como era mi amigo, me consiguió buenos asientos para mí y mis acompañantes. Llegamos temprano al estadio y después de encontrar nuestros asientos, empezamos a buscar a mi amigo en la cancha. Sin embargo, no fue fácil encontrarlo porque el campo estaba lleno de gente. Los jugadores estaban estirando y practicando jugadas. Los entrenadores ensayaban jugadas y repasaban las estrategias. Periodistas y camarógrafos preparaban sus tomas y hacían sus transmisiones antes del partido. Los trabajadores del estadio revisaban la cancha, asegurándose de que el césped estuviera en perfectas condiciones. Todos se preparaban para el inicio del partido.

Conforme nos acercamos al capítulo 15, vemos que pasan cosas similares. Hay muchas personas que atienden preparativos. Juan ve a siete ángeles listos para la acción y a santos de la tribulación adorando a Dios. El templo celestial abre sus puertas y uno de los seres vivos se prepara a distribuir las copas. Todos trabajan enfocados en un objetivo: el inicio de las siete plagas finales sobre la humanidad.

Los sellos se han roto y las trompetas ya sonaron. La tierra ahora espera el golpe de gracia de la ira de Dios.

Los preparativos para el final

Los interludios terminaron y la acción está a punto de iniciar. Ante los ojos de Juan, el Señor revela un espectáculo sobrecogedor:

> Vi en el cielo otra señal, grande y admirable: siete ángeles que tenían las siete plagas postreras; porque en ellas se consumaba la ira de Dios (Apocalipsis 15:1).

Esta es la tercera señal que vio Juan. La primera fue la de una mujer dando a luz a un niño (12:1-4). La segunda reveló a un dragón rojo que esperaba devorar al hijo de la mujer tan pronto naciera (12:3-5). Mientras las primeras dos señales puede que hayan confundido y asustado a Juan, él siente algo diferente ahora. Se presenta ante él un notable despliegue que duplica los superlativos: "grande y maravilloso", es más, probablemente podría añadir: "asombroso, espectacular" e incluso: "¡épico!".

¿Qué fue lo que dejó boquiabierto a Juan? Siete ángeles con siete plagas. Bueno, si eres como yo, pensarías: "¿Es en serio Juan? ¿Llamas 'maravillosas' a las peores siete plagas que este mundo ha visto?". Hay un par de maneras de ver esto. Primero, la palabra griega que aparece aquí es *thaumazo*, que tiene muchos significados. Cuando se pone al lado de la primera palabra, *mega* o "grande, enorme", la palabra "maravilloso" puede adoptar la idea de sobrecogedor o impresionante. Así que Juan no dice: "Es maravillosa esta destrucción, ¿verdad?". Más bien, dice: "Esto es tan grande y aterrador que te deja sin aliento".

Hay un elemento maravilloso en esta primera oración. Juan nos informa que cuando estas copas se vacíen, "la ira de Dios será completa". Aunque el apóstol comprende la justicia de la ira de Dios y lo necesario de su plan, también es un alivio para él saber que la destrucción estaba llegando a su fin.

Lo que leemos en el versículo 1 es una declaración inicial resumida: los siete ángeles tienen las últimas siete plagas. El resto del capítulo presenta al lector los eventos y la ceremonia que finalmente ponen las copas de la ira en manos de dichos ángeles.

La alabanza antes de la plaga

Estamos llegando al final de la tribulación. Pero antes de llegar allí, la alabanza para el Señor Dios Todopoderoso estalla una vez más.

> Vi también como un mar de vidrio mezclado con fuego; y a los que habían alcanzado la victoria sobre la bestia y su imagen, y su marca y el número de su nombre, en pie sobre el mar de vidrio, con las arpas de Dios (Apocalipsis 15:2).

No es la primera vez que leemos sobre mar de cristal. Cuando Juan fue transportado al cielo, describió ante el trono "un mar de vidrio semejante al cristal; y junto al trono, y alrededor del trono, cuatro seres vivientes llenos de ojos delante y detrás" (4:6). Así que sabemos que esto nos ubica en la sala del trono de Dios, donde el Todopoderoso se sienta y las cuatro criaturas le sirven.

Sin embargo, nuevos personajes se han unido al reparto. Ahora hay un grupo de personas de pie sobre el mar de cristal que han resultado victoriosas "sobre la bestia y su imagen, y su marca y sobre el número de su nombre". Hay quienes dirán: "Pero si están en el cielo, ¿eso significa que están muertos?". ¡Absolutamente! Pero sus muertes no cuentan a en favor en el marcador de goles del anticristo. ¿Recuerdas la celebración de Pablo por la derrota de la muerte?

> ¿Dónde está, oh muerte, tu aguijón?
> ¿Dónde, oh sepulcro, tu victoria? (1 Corintios 15:55).

La victoria les pertenece a los santos porque el anticristo y sus secuaces les lanzaron toda la artillería lo que tenían, pero estos hombres y mujeres permanecieron fieles a Dios. La ejecución de estos fieles seguidores no fue una victoria, sino una forma en la que los malos admiten su derrota a pesar de sus esfuerzos. ¡Qué increíble valor, perseverancia y fidelidad! Ahora que estos mártires están en el cielo, libres de sufrimiento, alaban intensamente.

Y cantan el cántico de Moisés siervo de Dios, y el cántico
del Cordero, diciendo:
Grandes y maravillosas son tus obras,
Señor Dios Todopoderoso;
justos y verdaderos son tus caminos,
Rey de los santos.
¿Quién no te temerá, oh Señor, y glorificará tu nombre?
pues solo tú eres santo;
por lo cual todas las naciones vendrán y te adorarán,
porque tus juicios se han manifestado
(Apocalipsis 15:3-4).

Una canción de Moisés y el Cordero. ¿Cómo Moisés llegó repentinamente hasta acá? ¿No pertenece al inicio de la Biblia? Muchos no se dan cuenta de esto, pero Moisés fue un compositor. La Torá—los primeros cinco libros de la Biblia—no fue el único gran trabajo que salió de su bolígrafo. Dispersos en las Escrituras encontramos varios cantos del gran profeta, uno de ellos es parte del gran himnario que es el libro de los Salmos (Salmo 90). Pero ¿qué tiene él en común con estos santos de la tribulación como para que canten su canción? Dos palabras: liberación y alabanza.

En Éxodo, vemos la primera de las canciones de Moisés. Es una celebración porque Dios liberó a los hebreos de manos de Faraón. Los israelitas habían salido de Egipto, pero el rey empezó a tener dudas. Todavía tenía algunos proyectos de construcción y no tenía quién hiciera los ladrillos. Así que persiguió a sus esclavos para traerlos de vuelta. Cuando parecía que los había arrinconado frente al Mar Rojo, Dios dividió las aguas y los hebreos caminaron en tierra seca hasta la otra orilla. Cuando Faraón los persiguió, el Señor cerró las aguas sobre el ejército egipcio que se ahogó. Un enemigo mortal, la liberación que Dios da, ¡alabado sea el Señor!

Cantaré yo a Jehová,
porque se ha magnificado grandemente;
ha echado en el mar

al caballo y al jinete.
Jehová es mi fortaleza y mi cántico,
y ha sido mi salvación.
Este es mi Dios, y lo alabaré;
Dios de mi padre, y lo enalteceré (Éxodos 15:1-2).

La canción de Moisés nació a partir de la redención de la esclavitud física. El Cordero los rescató de la esclavitud espiritual. Moisés abasteció a su pueblo con maná y agua de la roca. El Cordero nos abastece con pan y agua de vida. Las canciones de Moisés ven hacia la Tierra Prometida. La canción del Cordero anticipa un reino eterno en donde el Salvador reinará desde su trono.

En este punto de la tribulación, el contraste entre cielo y tierra es impresionante. En la presencia de Dios hay gozo y celebración. En la presencia de la bestia hay miseria y devastación que se derrama de las copas. Esto me lleva a otro patrón que encuentro interesante. Antes de cada serie de juicios que cae sobre la tierra, hay alabanzas en el cielo. En el capítulo cinco, las cuatro criaturas, los veinticuatro ancianos y miles y decenas de miles de ángeles cantaron alabanzas al Cordero. Entonces se rompió el primer sello. En el capítulo siete, somos testigos de los santos de la tribulación que en el cielo alaban a Dios y al Cordero. Luego, en el capítulo ocho, sonó la primera trompeta. Ahora, de nuevo, escuchamos al pueblo de Dios clamando su nombre y celebrando sus acciones. Lo que viene después completará el triple ciclo de ira.

Fuera del templo

Después de los cantos de adoración ante el trono de Dios, Juan ve movimiento en el templo.

> Después de estas cosas miré, y he aquí fue abierto en el cielo el templo del tabernáculo del testimonio; y del templo salieron los siete ángeles que tenían las siete plagas, vestidos de lino limpio y resplandeciente, y ceñidos alrededor del pecho con cintos de oro. Y uno de los cuatro seres vivientes dio a los siete ángeles siete copas de oro, llenas de la ira de

Dios, que vive por los siglos de los siglos. Y el templo se llenó de humo por la gloria de Dios, y por su poder; y nadie podía entrar en el templo hasta que se hubiesen cumplido las siete plagas de los siete ángeles (Apocalipsis 15:5-8).

Las puertas se abren de par en par y los siete ángeles que él mencionó en el versículo 1 ahora salen del edificio. ¿Por qué es importante ver el templo involucrado en los juicios?

En Éxodo, el Señor le pide a Moisés que construya un tabernáculo que serviría como una representación visual de que Dios siempre estaba con su pueblo. En ese tabernáculo, Moisés debía ubicar el Arca de la Alianza. En esa arca, Moisés puso tres objetos que fueron testimonios ante la fidelidad de Dios: las tablas con los diez mandamientos, la vara de Aarón que brotó, y una jarra con maná (Hebreos 9:4). Muchas veces pensamos que los juicios del libro de Apocalipsis provienen de Jesucristo, el Cordero, quien abre los sellos. Pero el "templo del tabernáculo del testimonio en el cielo" es el dominio del Padre, cuyo lugar estaba sobre el propiciatorio.

Los ángeles fueron enviados fuera del templo por el Señor Todopoderoso. Luego, Él envió a uno de los cuatro seres vivientes. Esta criatura repartió las copas que estaban llenas de la ira de Dios, dándole una a cada uno de los ángeles. No sabemos exactamente qué había dentro de las copas, pero sí sabemos que era algo inmensamente poderoso. El derramamiento de la gloria de Dios en esos recipientes de ira hizo que el humo inundara el templo. La nube de humo era tan espesa y el esplendor tan enorme que las puertas del templo se volvieron intransitables mientras duró la devastación.

Lo que leeremos en el próximo capítulo es terrorífico y trágico. Pero te recuerdo que nosotros, como parte de la Iglesia, no estaremos en la tierra cuando todo eso suceda. Escribo esto como consuelo y motivación. Como consuelo, debería darte paz saber que no experimentarás ninguna de estas tres series de juicios. Como motivación, deberías recordar que algunos de tus amigos y seres queridos sí vivirán dichas experiencias y tú puedes evitarlo.

CAPÍTULO 16

EL DERRAMAMIENTO DE LAS COPAS

APOCALIPSIS 16

Antes de que empecemos a hablar del peor de los juicios, quiero citar una frase que aparece en el versículo 17: "Hecho está". Si sientes que en este libro has visto plaga tras plaga y devastación tras devastación, es porque así ha sido. Luego de empezar con las cartas a las iglesias y después de disfrutar un glorioso servicio de adoración en el cielo, los sellos fueron abiertos. Después sonaron las trompetas. Ahora ocurrirá el derramamiento de las copas. Pero una vez el séptimo ángel vacíe el contenido de su recipiente, una voz desde el trono, finalmente dirá: "¡Hecho está!". El Señor declarará que el legítimo y justificado sufrimiento de la humanidad en esta tierra está llegando a su fin.

La ira de Dios

Los siete ángeles han salido del templo y están todos alineados. Una de las cuatro criaturas ha distribuido las copas "llenas de la ira de Dios, que vive por los siglos de los siglos" (Apocalipsis 15:7). Luego viene la palabra que nos dice que ya es hora.

Oí una gran voz que decía desde el templo a los siete
ángeles: Id y derramad sobre la tierra las siete copas de la
ira de Dios (Apocalipsis 16:1).

Estas siete copas contienen "la ira de Dios". Por eso, algunos
comentaristas se refieren a este periodo como la Gran Tribulación,
en comparación con los primeros tres años y medio. Hay dos palabras griegas que se traducen como "ira". La primera es *thumus* y la
segunda es *orge*.

En este clásico diccionario del Antiguo y Nuevo Testamento, el
autor W.E. hace una distinción entre ambas palabras griegas:

> *Thumos, enojo* (no traducida como "ira") es diferente a
> *orge*; *thumos* indica una serie de sentimientos más agita-
> dos, una explosión de enojo que proviene de una indig-
> nación interna. Por otro lado, *orge* sugiere una condición
> mental más asentada y dócil, frecuentemente enfocada
> en obtener venganza. *Orge* es menos abrupta que *thumos*,
> pero dura por más tiempo. *Thumos* expresa un sentimien-
> to interno, *orge,* la acción que provoca ese sentimiento.
> *Thumos* puede que inspire venganza, aunque no siem-
> pre. Es una característica que rápidamente toma fuerza
> y desaparece, aunque no necesariamente es implícito en
> cada caso.[17]

Cuando Juan, en su Evangelio, escribió sobre la situación espiritual de los no creyentes, usó la palabra *orge*: "El que cree en el Hijo
tiene vida eterna; pero el que rehúsa creer en el Hijo no verá la vida,
sino que la ira de Dios está sobre él" (Juan 3:36).

Se trata de una ira lenta y sufrida que un día encontrará su expresión. El apóstol Pablo usó la misma palabra cuando habló de la condición en que nos encontrábamos antes de venir a Cristo.

Y él os dio vida a vosotros, cuando estabais muertos
en vuestros delitos y pecados, en los cuales anduvisteis en

otro tiempo, siguiendo la corriente de este mundo, conforme al príncipe de la potestad del aire, el espíritu que ahora opera en los hijos de desobediencia, entre los cuales también todos nosotros vivimos en otro tiempo en los deseos de nuestra carne, haciendo la voluntad de la carne y de los pensamientos, y éramos por naturaleza hijos de ira, lo mismo que los demás (Efesios 2:1-3).

Al entrar en estos juicios finales, la ira de Dios se ha cocinado a fuego lento, a tal punto que ya no es *orge*. Se ha convertido en *thumos*, un tipo de enojo que hierve. La sufrida paciencia del Señor ha llegado a su fin, sustituida por una virtuosa furia que cae sobre el descarado pecado y la despectiva rebelión de los que quedan en la tierra. ¿Quién está a punto de sentir su justa ira?

Y el tercer ángel los siguió, diciendo a gran voz: Si alguno adora a la bestia y a su imagen, y recibe la marca en su frente o en su mano, él también beberá del vino de la ira de Dios, que ha sido vaciado puro en el cáliz de su ira; y será atormentado con fuego y azufre delante de los santos ángeles y del Cordero (Apocalipsis 14:9-10).

Mientras los santos de la tribulación experimentarán la ira del anticristo, aquellos que sigan al anticristo experimentarán la ira de Dios.

El derramamiento de las copas

Fue el primero, y derramó su copa sobre la tierra, y vino una úlcera maligna y pestilente sobre los hombres que tenían la marca de la bestia, y que adoraban su imagen (Apocalipsis 16:2).

Cuando Satanás pidió permiso para poner a prueba la lealtad de Job, Dios le dijo que podía tocar todas sus posesiones, pero no a Job. Satanás tomó todas las posesiones de Job, incluyendo a sus hijos, pero el hombre de Dios se mantuvo junto a su Señor. Satanás regresó para un segundo *round* y recibió permiso para afligir físicamente a Job, pero no para quitarle la vida. Job fue afligido de pies a cabeza con dolorosas llagas. Su sufrimiento fue tremendo y lo único que podía hacer para aliviar su dolor era rascarse con trozos de cerámica mientras estaba sentado sobre cenizas. Aun así, sus ojos seguían puestos en el Señor.

Ahora, en una inversión de los papeles, vemos a Dios derramando ese mismo tipo de plaga sobre aquellos que fueron fieles a la bestia. ¿Seguirán el camino de Job y buscarán a Dios para aliviar su sufrimiento? Por supuesto que no. Ellos permanecerán en su impía rebelión.

En lugar de recordar a Job, las dos siguientes copas se refieren al faraón.

> El segundo ángel derramó su copa sobre el mar, y este se convirtió en sangre como de muerto; y murió todo ser vivo que había en el mar. El tercer ángel derramó su copa sobre los ríos, y sobre las fuentes de las aguas, y se convirtieron en sangre (Apocalipsis 16:3-4).

Cuando se tocaron la segunda y la tercera trompeta, un tercio del agua salada y del agua dulce estaban ensangrentados o manchados. Esta vez, el resto del agua se convierte en sangre. Imagina que colocas un vaso bajo el grifo de la cocina, abres la llave y del chorro sale agua ensangrentada. Aquellos con un conocimiento incluso rudimentario de la Biblia recordarán que que había alguna historia sobre Dios convirtiendo el agua en sangre. Esto será claramente un juicio divino. Aun así, nadie se volverá al Señor.

Bueno… no una persona. Dos ángeles, sin embargo, vuelven su rostro hacia Dios Todopoderoso para afirmar, una vez más, la justicia y la rectitud de sus acciones:

> Y oí al ángel de las aguas, que decía:
> Justo eres tú, oh Señor,
> el que eres y que eras, el Santo,

porque has juzgado estas cosas.
Por cuanto derramaron la sangre de los santos
y de los profetas, también tú les has dado a beber sangre;
pues lo merecen.

También oí a otro, que desde el altar decía: Ciertamente, Señor Dios Todopoderoso, tus juicios son verdaderos
y justos (Apocalipsis 16:5-7).

Nunca debemos olvidar que el pecado tiene consecuencias. Muchas veces tratamos al pecado como si no fuera la gran cosa. Todos pecamos. No podemos evitarlo, ¿o sí? Además, Dios nos ha prometido que lo que debemos hacer es confesar nuestros pecados y estaremos bien. Si cuando cometo una falta, lo único que debo hacer es decir algunas palabras, significa que tampoco Dios se toma muy en serio los pecados, ¿cierto?

Si esa es tu actitud hacia el pecado, permíteme responderte con dos hechos. En primer lugar, el perdón de los pecados tuvo un precio muy alto. Dios mismo se convirtió en uno de nosotros, luego permitió ser torturado y crucificado para que pudiéramos orar esa confesión y recibir el perdón. Segundo, el juicio de los sellos, trompetas y copas son castigos por los pecados. Y ni siquiera cubren el costo, porque para todos aquellos que permanecen en sus pecados, hay una eternidad en el infierno esperando por ellos cuando concluya este infierno en la tierra. Los ángeles del agua y el altar nos recuerdan esta verdad.

El cuarto ángel derramó su copa sobre el sol, al cual fue
dado quemar a los hombres con fuego. Y los hombres se
quemaron con el gran calor, y blasfemaron el nombre de
Dios, que tiene poder sobre estas plagas, y no se arrepin-
tieron para darle gloria (Apocalipsis 16:8-9).

Como alguien que pasó un tiempo en Jericó, mientras estaba en las Fuerzas de Defensa de Israel, conozco el calor, créeme. Algunos días, tenía el uniforme empapado de sudor luego de solo cinco minutos de caminata. Pero eso no es nada comparado con lo que le espera a la población mundial cuando la cuarta copa sea derramada. La gente no solo estará quemada por el sol, estarán calcinados por el sol. Su piel enrojecida se llenará de ampollas y eventualmente tendrán quemaduras de primero grado, luego de segundo grado y después, tendrán quemaduras de tercer grado.

Juan nos recuerda que estos sufridos pecadores conocen el origen de su miseria. Pero en vez de arrepentirse: "blasfemaron el nombre de Dios, que tiene poder sobre estas plagas". En vez de buscar la misericordia y el perdón que estaban al alcance con solo pedirlos, escogieron tomar el consejo de la esposa de Job: "Maldice a Dios, y muérete" (Job 2:9). Entonces, durante ese increíble sufrimiento, se apagarán las luces.

> El quinto ángel derramó su copa sobre el trono de la bestia; y su reino se cubrió de tinieblas, y mordían de dolor sus lenguas, y blasfemaron contra el Dios del cielo por sus dolores y por sus úlceras, y no se arrepintieron de sus obras (Apocalipsis 16:10-11).

Habrá quienes piensen: "¿Tinieblas? ¿Eso es todo? No hay nada de malo con un poco de oscuridad de vez en cuando". Es un hecho interesante que las tinieblas no vendrán hasta el derramamiento de la quinta copa. Incluso en Egipto, no fue sino hasta después de ocho plagas, que crecían en intensidad, cuando Dios le dijo a Moisés: "Extiende tu mano hacia el cielo, para que haya tinieblas sobre la tierra de Egipto, tanto que cualquiera las palpe" (Éxodo 10:21). Todos hemos experimentado oscuridad antes, pero esto será diferente. No solo nadie podía ver a su alrededor, sino que la oscuridad será tan densa que nadie "se levantó de su lugar en tres días" (versículo 23). Esta oscuridad inmovilizará. No habrá nada cerca de las personas que estimule sus sentidos más que los gritos de agonía de otras personas sumidas en la misma oscuridad. Lo único que podrán hacer noche y día es experimentar cada relámpago de agonía que los nervios de su cuerpo irradiarán sin poder ver qué ocurre su alrededor.

Una vez más, encontramos que la respuesta no será de arrepentimiento sino de blasfemia. Las personas no acudirán a Dios por ayuda, sino a los demás. Pero no encontrarán respuestas de aquellos que no tienen sabiduría. Las mentes más brillantes se quedarán boquiabiertas. No habrá ningún medicamento que pueda aliviarlos. En las tinieblas, la gente se cocinará a fuego lento en su ira, y su deseo de venganza arderá. Desearán que alguien pague por lo que está pasando. Se pondrán tan enojados que cuando vuelva la luz, estarán listos para salir a pelear. Esta rabia será buena para la bestia y su falso profeta, porque tendrán en la mira y estarán apuntando al blanco perfecto.

La reunión

En la década de 1930, la economía de Alemania estaba colapsando. Fue en gran parte resultado del Tratado de Versalles que les obligó pagar reparaciones a otros países. El hecho de que el mundo atravesaba una depresión económica tampoco les ayudó. Los alemanes necesitaban un líder fuerte, alguien que pudiera devolverle al país la solvencia financiera que tenían y restaurar su orgullo entre las naciones. Encontraron a ese líder en Adolfo Hitler. Fue capaz de revitalizar la economía y la moral del país de tres formas: ignoró los compromisos financieros de la nación, reconstruyó el ejército y ofreció un chivo expiatorio a todos los problemas del país. ¿A quiénes encontró para ser los que recibieran los azotes? Los judíos.

Como hemos visto, aquellos que queden en el mundo al final de la tribulación no se harán responsables por su miseria. ¿Quién dirá que es responsable del sufrimiento y la destrucción del mundo? Una vez más, la gente se volverá hacia la raza que siempre parece estar en el extremo opuesto de los dedos que señalan: los judíos.

> El sexto ángel derramó su copa sobre el gran río Éufrates; y el agua de este se secó, para que estuviese preparado el camino a los reyes del oriente. Y vi salir de la boca del dragón, y de la boca de la bestia, y de la boca del falso profeta, tres espíritus inmundos a manera de ranas; pues son espíritus de demonios, que hacen señales, y van a los reyes de la

tierra en todo el mundo, para reunirlos a la batalla de aquel gran día del Dios Todopoderoso (Apocalipsis 16:12-14).

Capítulos atrás vimos el río Éufrates que atraviesa varios países del Medio Oriente. Aprendimos sobre los cuatro ángeles que fueron atados en el río hasta que llegó el momento en que Dios los llamara para llevar a cabo el juicio. Nos encontramos de nuevo en lo que antes era el río Éufrates, pero ahora es un "largo tramo de tierra seca". Tal vez el agua se secó cuando se convirtió en sangre. Tal vez Dios detuvo el caudal. Si bien no sabemos *cómo* el Éufrates se secó, sabemos bien el *por qué*.

En el versículo 12, Juan escribió "para que…". Siempre que veas un "para que…", aprenderás la razón de algo. ¿Para qué estaba seco el Éufrates? Para que los reyes del Oriente pudieran llegar fácilmente a donde querían ir. ¿A dónde querían llegar? Hagamos una pausa. Primero debemos lidiar con unas ranas.

Se reunió el triunvirato del mal: el dragón, que es Satanás; la bestia, que es el anticristo; y el falso profeta. En un evento que me hace agradecer que la Biblia solo esté escrita y no en video, tres espíritus demoníacos parecidos a ranas salen de la boca de ellos, uno de cada boca. Si alguna vez dudaste de que el anticristo y el falso profeta estaban poseídos por demonios, seguramente esa incertidumbre ahora ha desaparecido.

El hecho de que estos espíritus malignos salgan de sus bocas significa que se están llevando sus palabras. Estas ranas mensajeras tienen una misión especial. Ellos irán a los reyes de las naciones y los reclutarán para una emprender una tarea. Si los líderes mundiales tienen dudas, estos seres demoníacos los convencerán, con señales milagrosas, de que es mejor unirse a la coalición que quedarse fuera. Los reyes convocarán a sus ejércitos y juntos marcharán al punto de encuentro.

Estas fuerzas guiadas por los espíritus demoníacos caminarán sobre el Éufrates. Quienes lean la carta de Juan pronto sabrán el destino de estos ejércitos. Muchos lectores ahora están al borde de sus asientos, expectantes, con sus manos entrelazadas y los ojos bien abiertos.

Pero antes de que se revele lo que está en la mira del enemigo, ocurre algo muy interesante. Jesús irrumpe en la narración.

> He aquí, yo vengo como ladrón. Bienaventurado el que vela, y guarda sus ropas, para que no ande desnudo, y vean su vergüenza (Apocalipsis 16:15).

Es como si el Salvador supiera que su pueblo necesitaría algo de tranquilidad en este punto. El mundo está desmoronándose, pero igual Jesús dice: "No te preocupes. Estoy vigilando. Tengo todo planeado". ¿No es eso tan propio de Él? Sabemos que siempre podemos acudir a Él porque estará con nosotros para tranquilizarnos y recordarnos de su presencia.

También hay momentos, como aquí en Apocalipsis, cuando Él sabe que necesitamos escucharlo, antes de que nosotros descubramos qué sucederá. Su consuelo puede llegar en un versículo que leamos o en un pensamiento alentador mientras oramos. Puede que sea a través de la llamada telefónica de un amigo o del preciso mensaje del pastor. Mientras pongamos atención y nos esforcemos por vivir con rectitud, sabremos que estaremos a salvo bajo su cuidado.

De nuevo a la acción. Los reyes de la tierra se reúnen en un lugar… uno que, por cierto, puedo ver desde mi patio trasero.

> Y los reunió en el lugar que en hebreo se llama Armagedón (Apocalipsis 16:16).

El punto de reunión es llamado *Har Megiddo. Har,* en hebreo, significa "monte", y Megiddo es una ciudad al oeste del Valle de Jezreel. *Jezreel* significa "Dios siembra". Dicha área es el hermoso granero de Israel y de muchos otros lugares del mundo. Vivo justo en el borde occidental de esta fértil región.

El valle tiene veintitrés kilómetros de ancho y ciento ocho kilómetros de largo, por lo tanto, tiene unos 1 609 kilómetros cuadrados. Muchas batallas han ocurrido ahí. Barac y Débora pelearon contra los cananeos ahí (Jueces 4). Gedeón peleó contra los madianitas en Jezreel (Jueces 6-7). El rey Saúl y el rey Josías murieron en este valle.

La ciudad de Megiddo fue ubicada estratégicamente em una encrucijada entre norte y sur, y este y oeste. El rey egipcio Tutmosis III (1504-1450 a.C.) dijo que quien fuera capaz de conquistar Megiddo sería capaz de conquistar otras mil ciudades. Napoleón veía al Valle de Jezreel como la ubicación más natural sobre la tierra para una batalla. Fue ahí donde dispersó a los otomanos en 1799.

Las ciudades alrededor de Armagedón han sido destruidas y reconstruidas cincuenta veces, según los arqueólogos que han descubierto las varias capas de esta civilización. Meggido fue construida, destruida y reconstruida veinte veces. En la época del rey David, Meggido que él conocía era ya la decimosexta capa de esa ciudad.

Alguien más conocía este valle. A dieciséis kilómetros de Meggido había un pequeño lugar llamado Nazaret. Allí, como un pequeño niño, luego un adolescente, y después como un adulto, Jesús sería capaz de llegar al pináculo de la ciudad y tendría una vista panorámica en este lugar de reunión.

Un día, este valle verde exuberante será una explanada café grisácea lodosa donde ejército tras ejército lucharán. Afortunadamente, no estaré para verlo, y doy gracias por ello, porque me partiría el corazón ver lo que ocurrirá.

La batalla de Armagedón

La batalla de Armagedón no es el nombre apropiado. No hay ningún lugar en la Escritura donde estas palabras aparezcan juntas. En el versículo 14 Juan llama a esta guerra la batalla del gran día del Dios Todopoderoso. Armagedón es simplemente el punto de encuentro; el objetivo es Jerusalén.

A pesar de que Apocalipsis 16 es el único lugar donde se menciona el Armagedón, la reunión de los ejércitos y el asalto a Jerusalén aparece varias veces en toda la Escritura. Joel explica algunas de las razones para esta gran batalla. Obsérvese que todo se remonta a cómo las naciones tratan al pueblo de Dios, Israel:

Porque he aquí que en aquellos días, y en aquel tiempo
en que haré volver la cautividad de Judá y de Jerusalén,
reuniré a todas las naciones,
y las haré descender al valle de Josafat,
y allí entraré en juicio con ellas
a causa de mi pueblo, y de Israel
mi heredad, a quien ellas esparcieron entre las naciones,
y repartieron mi tierra; y echaron suertes sobre mi pueblo,
y dieron los niños por una ramera,
y vendieron las niñas por vino para beber (Joel 3:1-3).

Sería negligente de mi parte no recordarte otra vez que la única manera de entender la profecía bíblica, particularmente cuando se trata del destino de las naciones, es ver a través de los lentes de Israel. Zacarías también lo dice:

He aquí, el día de Jehová viene,
y en medio de ti serán repartidos tus despojos.
Porque yo reuniré a todas las naciones
para combatir contra Jerusalén;
y la ciudad será tomada,
y serán saqueadas las casas,
y violadas las mujeres;
y la mitad de la ciudad irá en cautiverio,
mas el resto del pueblo no será cortado de la ciudad.
Después saldrá Jehová y peleará con aquellas naciones,
como peleó en el día de la batalla (Zacarías 14:1-3).

En el pasaje anterior se introduce otro elemento importante. No serán los judíos quienes peleen contra ese ejército masivo. Si estuvieran solos, serían aplastados como insectos. Pero no tienen que pelear esta batalla porque habrá Alguien entre ellos y esta enorme horda.

He aquí yo pongo a Jerusalén por copa que hará temblar
a todos los pueblos de alrededor contra Judá, en el sitio

contra Jerusalén. Y en aquel día yo pondré a Jerusalén por piedra pesada a todos los pueblos; todos los que se la cargaren serán despedazados, bien que todas las naciones de la tierra se juntarán contra ella. En aquel día, dice Jehová, heriré con pánico a todo caballo, y con locura al jinete; mas sobre la casa de Judá abriré mis ojos, y a todo caballo de los pueblos heriré con ceguera. Y los capitanes de Judá dirán en su corazón: Tienen fuerza los habitantes de Jerusalén en Jehová de los ejércitos, su Dios (Zacarías 12:2-5).

Josafat fue un rey sabio y fiel sobre Judá (2 Crónicas 20). Durante su reinado, un gran ejército de Amón, Moab y el Monte Seir se unió en su contra. ¿Josafat entró en pánico? ¿Salió corriendo como si su cabello estuviera en llamas, gritando: 'No sé qué hacer, no sé qué hacer'?". Absolutamente no. Este rey piadoso llamó a su pueblo y juntos buscaron al Señor. Dios recompensó su fidelidad y les aseguró que la batalla sería de Él y no de ellos. Así que Josafat llevó a su pueblo a la batalla, pero al frente no llevaba soldados sino un grupo de alabanza. Ellos marcharon de frente guiados no por espadas, sino por alabanzas. Dios provocó pánico entre el ejército enemigo que se volvió contra sí mismo, matándose unos a otros. Creo que probablemente eso es lo que va a pasar cuando los ejércitos de Armagedón marchen sobre Jerusalén. Por eso es que el derramamiento de sangre se extenderá "por mil seiscientos estadios" (Apocalipsis 14:20), que equivale a unos doscientos noventa kilómetros.

A pesar de que Israel tiene muchos amigos en la escena mundial de hoy, en ese momento de la cronología de Dios, esa nación se encontrará abandonada y sola. Ningún país querrá reconfortarla. Incluso Estados Unidos, su amigo más cercano a Israel, se negará a apoyarla. Su único amigo será Dios. Sin embargo, el pueblo de Israel permanecerá cegado a la verdad del Mesías. Solo cuando sus ojos miren hacia arriba y vean al Señor bajando del cielo, se lamentarán como quien ha perdido a su único hijo.

La séptima copa

En Zacarías 14 el profeta escribió: "Después saldrá Jehová y peleará con aquellas naciones, como peleó en el día de la batalla" (versículo 3). No parece una pelea justa —uno contra mil o un millón o, como en el caso de Armagedón, decenas y decenas de millones. Pero Dios es omnipotente y eso significa que es todopoderoso. Los hombres pelean con armas, tanques, aviones y bombas, armas que pueden destruir ciudades enteras en un instante. Pero la humanidad está limitada por lo natural. Dios pelea con armas sobrenaturales. A veces eso significa usar fenómenos naturales como terremotos, meteoritos o granizos de cien libras. A veces significa sembrar semillas de confusión para que los ejércitos se destruyan entre sí. A veces significa simplemente revocar a las personas su licencia para respirar.

Todopoderoso significa precisamente eso. Dios escogió cuándo empezar la época de la ira. Dios estableció la metodología de la ira a través de los sellos, las trompetas y las copas. Y Dios decidirá cuándo es suficiente. Cuando la séptima copa sea derramada, Dios dirá: "¡Ya basta!".

> El séptimo ángel derramó su copa por el aire; y salió una gran voz del templo del cielo, del trono, diciendo: Hecho está (Apocalipsis 16:17).

Qué bien sonarán esas palabras a todos los que las escuchen. Pero antes de que el cielo y la tierra puedan respirar con alivio, hay todavía algo que surgirá. Como en un espectáculo de fuegos artificiales, el gran final estremecerá a la tierra.

> Entonces hubo relámpagos y voces y truenos, y un gran temblor de tierra, un terremoto tan grande, cual no lo hubo jamás desde que los hombres han estado sobre la tierra. Y la gran ciudad fue dividida en tres partes, y las ciudades de las naciones cayeron; y la gran Babilonia vino en memoria delante de Dios, para darle el cáliz del vino del ardor de su ira. Y toda isla huyó, y los montes

no fueron hallados. Y cayó del cielo sobre los hombres un enorme granizo como del peso de un talento; y los hombres blasfemaron contra Dios por la plaga del granizo; porque su plaga fue sobremanera grande (Apocalipsis 16:18-21).

Un terremoto global convulsionará a la tierra, provocando que ciudades enteras colapsen. Las islas serán tragadas por los tsunamis, las montañas se partirán y empezarán a desmoronarse. Para quienes logren sobrevivir, granizos del tamaño de hipopótamos bebés les caerán del cielo. No habrá lugar donde esconderse porque el terremoto habrá destruido todos los edificios, y aquellos que de alguna manera logren permanecer de pie, solo necesitarán que les caigan encima un par de hipopótamos bebés para caer derribados.

Incluso así—y esto me hace sentir muy decepcionado—las personas rehusarán arrepentirse y más bien, blasfemarán contra Dios. Sus corazones se habrán endurecidos, sus ojos no podrán ver y sus oídos no podrán escuchar. No serán capaces de escuchar la voz del Espíritu Santo porque se negarán a escucharla.

En este punto, la ira de Dios habrá terminado. Me siento exhausto solo por haber estado sumergido en el tema durante semanas para escribirlo. No puedo imaginar cómo será soportar siete años del juicio de Dios. El autor de la carta a los hebreos tenía razón cuando escribió: "¡Horrenda cosa es caer en manos del Dios vivo!" (10:31).

Tienes una opción: puedes caer en las manos del Dios vivo, o puedes caer en los brazos del amoroso Salvador. Puedes seguir siendo un rebelde y darle la espalda a la salvación del Señor o puedes aceptar los obsequios que tiene para ti. Soportar la tribulación es una decisión. Si cierras este libro sin tomar tu posición eterna con Dios, Estás tomando esa decisión. Él tiene los brazos abiertos para ti. Él te invita a acudir a Él. Ríndete ante Él, acepta su amor y perdón, recibe su salvación, vive por Él.

Si has recibido a Jesús como tu Salvador y aún tienes miedo al leer estos juicios, te imploro que disfrutes de la paz que Dios te da. Jesús dijo: "La paz os dejo, mi paz os doy; yo no os la doy como el mundo la da. No se turbe vuestro corazón, ni tenga miedo" (Juan 14:27). Él les entregó esta promesa a sus discípulos, pero esa promesa también nos pertenece. Nuestra paz viene de saber que a través de nuestro Salvador estamos totalmente exentos de la ira de Dios, porque Jesús ya pagó el precio.

Sé una luz. Comparte el Evangelio. Sírvele al Señor. Sigue la guía del Espíritu Santo. Pero no tengas miedo, porque el amor perfecto de Jesús ha expulsado el temor (1 Juan 4:18).

CAPÍTULO 17

LA CAÍDA
DE BABILONIA

APOCALIPSIS 17-18

Uno de los ritos de iniciación para estudiantes alrededor del mundo es leer los poemas épicos de Homero, *La Ilíada* y *La Odisea*. Si bien es cierto que hay jóvenes que han esperado con entusiasmo la oportunidad de adentrarse en estas grandes obras de la literatura griega, creo que son pocos y contados. La mayoría de los adolescentes reciben esta asignatura obligatoria con un lamento. ¿Por qué? Porque para muchas personas estos clásicos son casi imposibles de entender. Afortunadamente, hay estudiosos de la literatura que entienden esta situación, por lo que han publicado abundantes herramientas para ayudar a los estudiantes en su comprensión de dichos textos. Si los estudiantes reacios se dieran la oportunidad de usar estas llaves literarias, abrirían la puerta a geniales secretos para disfrutar estas maravillosas obras.

Para el lector del Apocalipsis, sería fácil ver los primeros seis versos del capítulo 17 y decir: "Creo que me los salto y paso de largo. Realmente no tengo idea de qué está pasando aquí". Puede que incluso tomen una copia de *La Ilíada*, pues es más fácil entender ese libro que el capítulo 17 del Apocalipsis. Pero no te rindas. El Señor sabía que lo que vio Juan cuando fue transportado es extraño y casi imposible de entender. Así que le envió una llave literaria —un ángel— para que le revelara a él como escritor, y finalmente al lector, lo que en realidad era una visión increíblemente profunda y poderosa.

Los antecedentes de Babilonia

En los próximos dos capítulos, vemos a dos entidades, ambas llamadas Babilonia. Este nombre inicialmente es usado para referirse a una gran ramera (17:1). Sin embargo, conforme avanzamos, descubrimos que Babilonia es una "gran ciudad" (17:18; 18:16, 19). ¿Qué la hace grande? Domina al mundo (17:18). En un sentido, es la anti-Jerusalén. Cuando venga Cristo, reinará al mundo desde la ciudad santa. Sin embargo, de momento el diablo controla el mundo y hace todo lo contrario a Dios. Y aquí vemos que ha establecido su cuartel en la ciudad-ramera: Babilonia.

Antes de lanzarnos a esta salvaje visión, establezcamos las bases. Para hacerlo, debemos volver a los orígenes de Babilonia. Hubo una época cuando la humanidad hablaba un solo idioma. Todas las personas eran descendientes de Noé y no había pasado suficiente tiempo ni había habido suficiente dispersión por la tierra para permitir el cambio de lengua de forma natural. Conforme se multiplicó la población, se extendieron al este. Eventualmente, se desarrolló un gran asentamiento en la planicie en Sinar.

Satisfechos con esa ubicación, las personas decidieron construir una ciudad y una torre muy alta.

> Y se dijeron unos a otros: Vamos, hagamos ladrillo y cozámoslo con fuego. Y les sirvió el ladrillo en lugar de piedra, y el asfalto en lugar de mezcla. Y dijeron: Vamos, edifiquémonos una ciudad y una torre, cuya cúspide llegue al cielo; y hagámonos un nombre, por si fuéremos esparcidos sobre la faz de toda la tierra (Génesis 11:3-4).

¿Cuál era el problema? Había tres inconvenientes. El primero es que decidieron alcanzar los cielos no por la provisión de Dios sino por el propio esfuerzo del hombre. Intentar alcanzar al cielo por sí solos es parte de la naturaleza humana. De hecho, excepto el cristianismo, todas las religiones están basadas en un sistema de trabajo para obtener la salvación. Todo empezó con Caín, cuando trajo lo mejor de su éxito agrícola como ofrenda a Dios. El Señor rechazó la ofrenda "basada en el yo" de Caín, pero aceptó la ofrenda de Abel de un sacrificio de sangre. El hombre tiende a decir: "Sí, Señor, me encantaría pasar la eternidad en el cielo contigo. Te voy a decir cómo planeo llegar ahí".

El segundo problema que tenía el pueblo de Sinar era que en lugar de hacer algo para la gloria de Dios, querían hacerse un nombre para ellos mismos. Querían que las personas vieran lo maravillosos que eran. Esto es muy similar a nuestra generación TikTok, Facebook e Instagram. Todo el mundo quiere ser una estrella de las redes sociales. Las personas se convierten en *influencers* solo por publicar videos cortos de sí mismos y obtener millones de seguidores. Al mundo se le olvidó que estamos aquí para reflejar la gloria de Dios, no para glorificarnos nosotros.

Finalmente, las personas de Sinar no querían seguir las instrucciones de Dios respecto a multiplicarse y poblar la tierra. Ellos estaban cansados de viajar y encontrar nuevos lugares donde asentarse. Ese lugar se sentía como un hogar donde podían establecerse. Entonces, Dios intervino. Trajo confusión entre ellos y empezaron a hablar en idiomas diferentes. Los clanes y las familias se dividieron y se mezclaron en su esfuerzo por encontrar con quienes se entendían. Tan pronto se agruparon con quienes hablaban su mismo idioma, dejaron atrás Sinar. Con este ejemplo vemos que no tiene sentido rebelarnos contra Dios, pues Él cumplirá su plan sin importar lo que pase. Es mucho más fácil para nosotros simplemente hacer lo que Dios nos pide.

¿En dónde ocurrió todo esto? En la ciudad de Babel que significa "confusión". Babel eventualmente se convirtió en Babilonia. Para entender más sobre esta ciudad, debemos ponerle atención a su fundador, el autosuficiente líder del grupo "lo haremos a nuestra manera", un hombre llamado Nemrod que era hábil cazador. Nemrod fue el arquitecto de las "religiones misteriosas" en ese lugar.

Nemrod tenía una esposa llamada Semíramis, principal sacerdotisa del culto a los ídolos. Sus seguidores creían que ella había concebido milagrosamente a un hijo varón. Su hijo era Tamuz, quien sería el salvador de su pueblo. Pronto crearon una religión y las personas empezaron a rendirle culto a la madre y su hijo. El culto a Tamuz continuó durante varios siglos y eventualmente llegó hasta el templo de Jerusalén, donde, en una visión, Ezequiel vio a mujeres "que estaban allí sentadas endechando a Tamuz" (Ezequiel 8:14).

Babilonia siempre estuvo muy involucrada en la astrología, hechicería y magia. Isaías enfatizó este enfoque en lo oculto cuando pronunció el juicio de Dios sobre la ciudad:

> Vendrá, pues, sobre ti mal,
> cuyo nacimiento no sabrás;
> caerá sobre ti quebrantamiento,
> el cual no podrás remediar;
> y destrucción que no sepas vendrá de repente sobre ti.
> Estate ahora en tus encantamientos
> y en la multitud de tus hechizos,
> en los cuales te fatigaste desde tu juventud;
> quizá podrás mejorarte, quizá te fortalecerás.
> Te has fatigado en tus muchos consejos.
> Comparezcan ahora y te defiendan
> los contempladores de los cielos,
> los que observan las estrellas,
> los que cuentan los meses,
> para pronosticar
> lo que vendrá sobre ti (Isaías 47:11-13).

Encuentro con la ramera

Con estos antecedentes, ahora sí ya podemos empezar a interpretar los próximos dos capítulos del Apocalipsis. La escena comienza con uno de los ángeles de las copas hablando con Juan antes de llevárselo al desierto.

Vino entonces uno de los siete ángeles que tenían las siete copas, y habló conmigo diciéndome: Ven acá, y te mostraré la sentencia contra la gran ramera, la que está sentada sobre muchas aguas; con la cual han fornicado los reyes de la tierra, y los moradores de la tierra se han embriagado con el vino de su fornicación. Y me llevó en el Espíritu al desierto; y vi a una mujer sentada sobre una bestia escarlata llena de nombres de blasfemia, que tenía siete cabezas y diez cuernos. Y la mujer estaba vestida de púrpura y escarlata, y adornada de oro, de piedras preciosas y de perlas, y tenía en la mano un cáliz de oro lleno de abominaciones y de la inmundicia de su fornicación; y en su frente un nombre escrito, un misterio:

BABILONIA LA GRANDE,
LA MADRE DE LAS RAMERAS
Y DE LAS ABOMINACIONES
DE LA TIERRA

Vi a la mujer ebria de la sangre de los santos, y de la sangre de los mártires de Jesús; y cuando la vi, quedé asombrado con gran asombro (Apocalipsis 17:1-6).

En el desierto Juan recibe la visión de una mujer. Ella viste un atuendo que muchos considerarían "no apto para ir a la iglesia". Debajo de ella está la bestia de siete cabezas y en su mano tiene un cáliz de oro "lleno de abominaciones y de la inmundicia de su fornicación". Ella bebió la sangre de los mártires y los santos, lo cual indica que no solo está de acuerdo con sus muertes, sino que es probable que haya participado en sus ejecuciones.

En la frente tiene escrito un nombre: "Misterio, Babilonia La Grande, la madre de las rameras y de las abominaciones de la tierra". Si estamos en una conferencia de negocios y una mujer se nos acerca, nos da su tarjeta de presentación donde dice eso, probablemente haríamos una mueca, pensando: *Guau, demasiado información.* Sin embargo, esto nos ayuda a saber quién es ella. El hecho de que se incluyan las palabras "Misterio, Babilonia" nos dice que ella no está representando la ciudad física de Babilonia, sino algo que Babilonia simboliza. Típicamente, la ciudad se utiliza para representar dos aspectos del sistema mundial: el ámbito religioso y la faceta política y financiera.

Cuando la verdadera Iglesia deje este mundo durante el rapto y antes de la tribulación, una iglesia apóstata tomará su lugar. Esta falsa religión, representada por Babilonia, perseguirá a quienes hallaron a Cristo como su Salvador. No predicará el Evangelio de la muerte y resurrección de Cristo. Es seguro que ni siquiera mencionará la segunda venida de Cristo. La religión será un asunto externo, pues las personas en vez de darle importancia al mundo espiritual, se enfocarán en apariencias y logros personales. Se centrará en el ritual más que en el renacimiento.

No es difícil imaginarnos este tipo de sistema religioso. Incluso ahora vemos el deterioro teológico dentro de la cristiandad. Las denominaciones están comprometiendo la calidad moral del clero. Algunos reconocidos escritores, predicadores y maestros cristianos han dejado de comunicar el Evangelio con claridad. Otros no creen que exista un infierno. Otros más dicen que para que los judíos obtengan la salvación no hace falta que enfoquen su fe en nuestro Señor Jesucristo, sino que puede ser por otros medios. Cada vez menos seminarios hablan sobre la profecía. Quieren enfocarse en el aquí y ahora en vez de los planes que Dios tiene para el futuro. Por lo tanto, los estudiantes se gradúan sin siquiera haber tomado un curso de profecía, o han recibido una variedad de puntos de vista y les han dicho que deben descifrarlos por su cuenta. Esto provoca que las congregaciones del mundo estén sumidas en la ignorancia y desconozcan la verdad de las declaraciones proféticas de Dios.

Juan vio la inesperada visión de esta mujer y "se maravilló con gran asombro". Me encanta esta frase. Me dice que no debo sentirme mal por no saber lo que ocurre con esta ramera que va encima de una bestia pues Juan también estaba impresionado. Afortunadamente, el ángel vio a Juan de pie allí, asombrado y desconcertado.

Y el ángel me dijo: ¿Por qué te asombras? Yo te diré el misterio de la mujer, y de la bestia que la trae, la cual tiene las siete cabezas y los diez cuernos (Apocalipsis 17:7).

He tenido excelentes maestros y maestras en mi vida. Yo podía acudir a ellos, particularmente cuando empecé mi camino como cristiano, cuando un pasaje bíblico o un pensamiento doctrinal simplemente no se articulaban. Me reunía con ellos o hablábamos por teléfono y aclaraban mis dudas. El ángel tomó un papel similar con Juan.

Montando a la bestia

La Babilonia Misteriosa tenía una bestia ensillada, con quien deambulaba. ¿Qué es esta bestia? Cuando el ángel la describe, pronto entendemos quién es:

La bestia que has visto, era, y no es; y está para subir del abismo e ir a perdición; y los moradores de la tierra, aquellos cuyos nombres no están escritos desde la fundación del mundo en el libro de la vida, se asombrarán viendo la bestia que era y no es, y será (Apocalipsis 17:8).

No es nadie más que el anticristo, el que subió del abismo. Para ser aceptado por la gente, él fingirá lealtad al liderazgo religioso. Por un tiempo. todo irá bien, pues el anticristo y Babilonia trabajarán en armonía. Sin embargo, eventualmente empezarán a tener conflictos, particularmente cuando el anticristo decida que las personas deben venerarlo a él. Su despedida no será amistosa.

La bestia tiene siete cabezas y diez cuernos. Veamos lo que dice el ángel respecto a estas cabezas:

Esto, para la mente que tenga sabiduría: Las siete cabezas son siete montes, sobre los cuales se sienta la mujer, y son siete reyes. Cinco de ellos han caído; uno es, y el otro aún no ha venido; y cuando venga, es necesario que dure breve tiempo. La bestia que era, y no es, es también el octavo; y es de entre los siete, y va a la perdición (Apocalipsis 17:9-11).

Hay quienes piensan que los siete montes equivalen a Roma. Es posible pero no es un argumento definitivo. Son más importantes los reyes. Ellos podrían ser los siete emperadores romanos de los siete imperios mundiales. Desde la perspectiva de Juan, cinco de ellos ya han muerto. El que "es" podría ser el Imperio Romano de su tiempo, o el emperador de esa época, probablemente Domiciano. Entonces hay uno que aún está por venir desde su perspectiva histórica, pero ya está en el pasado desde nuestra perspectiva. Finalmente, hay un octavo rey: el anticristo.

En caso no estés ya cansado de tantos reyes, descubrimos más cuando leemos sobre los cuernos de la bestia.

> Y los diez cuernos que has visto, son diez reyes, que aún no han recibido reino; pero por una hora recibirán autoridad como reyes juntamente con la bestia. Estos tienen un mismo propósito, y entregarán su poder y su autoridad a la bestia. Pelearán contra el Cordero, y el Cordero los vencerá, porque él es Señor de señores y Rey de reyes; y los que están con él son llamados y elegidos y fieles (Apocalipsis 17:12-14).

En el futuro, habrá más reyes que reinarán simultáneamente con el anticristo. Todos ellos regirán, pero el anticristo los regirá a todos. ¿Cuál es el propósito de alinearse? Esa es la base del gran ejército. ¿Quién puede pelear contra once reyes y su vasto poder militar? La respuesta: un Cordero. Como vimos antes, ni todo el mundo natural puede competir contra un Dios sobrenatural. Parafraseando el antiguo dicho de los padres: Dios trajo a todos a la existencia, y puede llevárselos de nuevo.

El fin de la ramera

A pesar de que veremos más de esta fantástica caída en el siguiente capítulo, acá vemos el fin de la ramera:

> Me dijo también: Las aguas que has visto donde la ramera se sienta, son pueblos, muchedumbres, naciones y lenguas.
> Y los diez cuernos que viste en la bestia, estos aborrecerán

a la ramera, y la dejarán desolada y desnuda; y devorarán sus carnes, y la quemarán con fuego; porque Dios ha puesto en sus corazones el ejecutar lo que él quiso: ponerse de acuerdo, y dar su reino a la bestia, hasta que se cumplan las palabras de Dios. Y la mujer que has visto es la gran ciudad que reina sobre los reyes de la tierra (Apocalipsis 17:15-18).

Antes dije que Babilonia es una entidad religiosa y política. Acá vemos el fin de la Babilonia espiritual. Si bien la mujer monta a la bestia al inicio, la bestia no quiere permanecer en esta posición servil. Seguramente piensa: "Yo soy el anticristo. Ella debería cargarme a mí". Según la visión de Juan, la mujer está en las aguas. El ángel le dice a Juan que esas aguas representan multitudes, naciones e idiomas. Su alcance religioso tocó cada rincón del planeta. Pero eso no sería suficiente para salvarla.

Bajo las instrucciones de la bestia, los diez reyes atacarán a la ramera y la destruirán. ¿Quién tomará su lugar? El ángel le dice a Juan que los reyes estaban de acuerdo en "dar su reino a la bestia". El anticristo ahora está a cargo. No solo el mundo lo sigue como un líder político, sino además lo adoran.

Avanzando hacia la siguiente montaña

Conforme empezamos el capítulo 18, nos encontramos ante otra de esas cimas proféticas. Recuerda que antes aprendimos que hay pasajes donde las profecías son como una serie cúspides de montañas, una después de la otra. Pero cuando alcanzas una de las cimas, muchas veces te das cuenta de que la próxima montaña está a kilómetros de distancia. Cuando hablamos de profecías bíblicas, entre una y otra puede haber siglos o milenios. Entre el capítulo 17 y el 18 hay un período de tres años y medio.

De hecho, para encontrar los antecedentes del capítulo 18, debemos regresar al final del capítulo 16.

Y la gran ciudad fue dividida en tres partes, y las ciudades de las naciones cayeron; y la gran Babilonia vino en memoria delante de Dios, para darle el cáliz del vino del ardor de su ira. Y toda isla huyó, y los montes no fueron hallados. Y cayó del cielo sobre los hombres un enorme granizo como del peso de un talento; y los hombres blasfemaron contra Dios por la plaga del granizo; porque su plaga fue sobremanera grande (Apocalipsis 16:19-21).

Cuando recordamos este pasaje, comprendemos cómo en el capítulo 18 aparece la siguiente frase: "pues en una hora ha sido desolada" (versículo 19). Cuando el sistema religioso colapsó en el capítulo 17, ocurre de forma gradual y es culpa de los seres humanos: "Y los diez cuernos que viste en la bestia, estos aborrecerán a la ramera, y la dejarán desolada y desnuda; y devorarán sus carnes, y la quemarán con fuego" (versículo 16). La devastación que vemos al final del capítulo 16 y en el capítulo 18 ocurre en el transcurso de una hora y es resultado del ángel derramando la séptima copa.

Walvoord describe la diferencia entre el capítulo 17 y el 18 de la siguiente manera:

> La Destrucción de Babilonia en el capítulo 18 debería ser comparada con anuncio previo en 16:19, cuando la gran ciudad es dividida y cae la ciudad de los gentiles. Este evento ocurre tarde durante la Gran Tribulación, justo antes de la segunda venida de Cristo, en contraste a la destrucción de la ramera en el capítulo 17, la cual parece preceder la Gran Tribulación y prepara el camino para el culto de la bestia (13:8).[18]

Caída, caída

Al inicio del capítulo 18 Juan ve a otro ángel bajando a la tierra. El ángel intriga de cierta forma al apóstol pues su autoridad es evidente, y la gloria que irradia este mensajero de Dios ilumina la tierra.

> Después de esto vi a otro ángel descender del cielo con gran poder; y la tierra fue alumbrada con su gloria. Y cla-

mó con voz potente, diciendo: Ha caído, ha caído la gran
Babilonia, y se ha hecho habitación de demonios y guarida
de todo espíritu inmundo, y albergue de toda ave inmun-
da y aborrecible. Porque todas las naciones han bebido del
vino del furor de su fornicación; y los reyes de la tierra han
fornicado con ella, y los mercaderes de la tierra se han enri-
quecido de la potencia de sus deleites (Apocalipsis 18:1-3).

El mensaje del ángel es enfático y repite dos veces el hecho que
la gran Babilonia ha caído. Es interesante que estas mismas palabras
aparecen en Isaías, cuando un grupo de jinetes dijo: "Cayó, cayó
Babilonia" (Isaías 21:9). Todo está a punto de cambiar porque las
naciones del mundo la conocían, se divirtieron y obtuvieron grandes riquezas gracias a ella. Pero todo eso ha llegado a su fin.

¿Qué o de quién se habla aquí? ¿Es una ciudad literal o un símbolo del sistema político y económico de la época? En la Biblia, Babilonia aparece de forma literal y figurativa. Muchas veces se refiere a la
ciudad a lo largo del río Éufrates. Sin embargo, Pedro también la usa
para referirse a la capital del Imperio Romano: "La iglesia que está
en Babilonia, elegida juntamente con vosotros, y Marcos mi hijo, os
saludan" (1 Pedro 5:13). Hay muchos comentaristas que opinan que
Babilonia es una referencia literal o una simbólica, y algunos creen
que la Babilonia que aparece en Apocalipsis 18 es una reconstrucción
de la verdadera Babilonia. Otros creen que es Roma, que permite a
aquellos que se ganan la vida en el mar ver la destrucción desde sus
barcos (18:17-18); algo imposible si la ciudad está en el centro de
Irak, donde se encuentra la Babilonia literal.

Charles Ryrie creía que Babilonia era tanto una ciudad como un
sistema económico. Él escribió: "Babilonia implica una ciudad (evi-
dentemente Roma y quizás la Babilonia que está al lado del Éufrates) y un sistema".[19]

Tim LaHaye y Timothy Parker tienen otra interpretación de los
capítulos 17 y 18: "El capítulo 17 se refiere de forma simbólica a la
Babilonia religiosa. Mientras el capítulo 18 se refiere a los sistemas
políticos y comerciales de Babilonia. El capítulo 18 describe la des-

trucción que liberará al mundo de los males catastróficos que han asolado a la humanidad durante miles de años".[20]

Charles Swindoll considera que la Babilonia de Apocalipsis representa el falso sistema religioso que existirá durante la tribulación: "Esto significa que el falso sistema religioso que esta ciudad representa provocará la celosa persecución y matanza de muchos de los verdaderos siervos de Dios".[21]

Como ya he mencionado, creo que estos dos capítulos se refieren a un sistema religioso y económico, sistemas ateos que están en todo el mundo. Sin embargo, también prometí decirte cuando las Escrituras no son claras y justo eso ocurre aquí.

Lo que *sí* es claro es que en ese momento Dios pide a los creyentes que no cedan. Él les dice que a pesar de que ellos sientan como que este sistema es todopoderoso, en realidad no lo es. La destrucción de Babilonia y la salvación de los santos está en camino. No cedan. No te dejes arrastrar por la mentalidad de la multitud. No formen parte de la actual visión del mundo o participen en sus prácticas. Estos mandamientos son similares a lo que el profeta Jeremías le dijo a la gente cuando se enfrentaron a una literal Babilonia.

> Huid de en medio de Babilonia, y librad cada uno su vida, para que no perezcáis a causa de su maldad; porque el tiempo es de venganza de Jehová; le dará su pago. Copa de oro fue Babilonia en la mano de Jehová, que embriagó a toda la tierra; de su vino bebieron los pueblos; se aturdieron, por tanto, las naciones. En un momento cayó Babilonia, y se despedazó; gemid sobre ella; tomad bálsamo para su dolor, quizá sane (Jeremías 51:6-8).

Entonces, al igual que ahora y en el futuro, el Señor permite que quienes estén dentro del sistema político y económico sigan sintiéndose protegidos. Viven en sus riquezas, popularidad y satisfacción, pero ya viene la destrucción. Esta es una de las razones por las que Jesús dijo que era muy difícil que un hombre rico entrara al reino de Dios. Su sentido de bienestar proviene de su riqueza, popularidad o propia sabiduría. El hombre rico no está consciente del mundo espiritual que rodea al mundo físico. Tiene ojos que no ven, oídos que no escuchan. Llegará el día cuando, en el transcurso de una hora, cualquier seguridad que le quede le será arrebatada.

Todo se fue

Luego de que el mundo haya sido devastado, las personas aún se aferrarán a la esperanza. Van a creer que un día todo lo malo pasará. De alguna manera la situación mejorará de nuevo. Piensan que serán capaces de tomar los restos y reconstruir todo de nuevo. ¿Por qué piensan así? Porque su líder sigue a cargo. Sus sistemas siguen de pie.

Luego, todo colapsará.

> Los frutos codiciados por tu alma se apartaron de ti, y todas las cosas exquisitas y espléndidas te han faltado, y nunca más las hallarás. Los mercaderes de estas cosas, que se han enriquecido a costa de ella, se pararán lejos por el temor de su tormento, llorando y lamentando, y diciendo: ¡Ay, ay, de la gran ciudad, que estaba vestida de lino fino, de púrpura y de escarlata, y estaba adornada de oro, de piedras preciosas y de perlas! Porque en una hora han sido consumidas tantas riquezas. Y todo piloto, y todos los que viajan en naves, y marineros, y todos los que trabajan en el mar, se pararon lejos; y viendo el humo de su incendio, dieron voces, diciendo: ¿Qué ciudad era semejante a esta gran ciudad? Y echaron polvo sobre sus cabezas, y dieron voces, llorando y lamentando, diciendo: ¡Ay, ay de la gran ciudad, en la cual todos los que tenían naves en el mar se habían enriquecido de sus riquezas; pues en una hora ha sido desolada! (Apocalipsis 18:14-19).

Todos queremos seguridad. Buscamos obtener seguridad en nuestro matrimonio, trabajo, cuenta bancaria y en muchas de las cosas que tenemos. Sin embargo, toda esa seguridad puede desaparecer en un instante. La única seguridad que tenemos garantizada es nuestra relación con Dios a través de Jesucristo. Esa relación es eterna. No depende de si tenemos un trabajo, una cuenta bancaria o una pareja. Esa seguridad proviene del carácter del Todopoderoso.

Dios le dijo a su pueblo a través del profeta Jeremías: "Porque yo sé los pensamientos que tengo acerca de vosotros, dice Jehová, pensamientos de paz, y no de mal, para daros el fin que esperáis" (Jeremías 29:11). Esos pensamientos vienen con un propósito. Son planes para tu vida y sabemos que, si vienen de Dios, son pensamientos buenos.

En Apocalipsis 18, todo lo que las personas apartaron para sobrevivir va a desaparecer. Cualquier futuro que pensaron tener se evaporará en el aire. La caída de Babilonia va a provocar un colapso económico a nivel mundial. Los bancos cerrarán, los inversionistas saltarán de las ventanas de rascacielos, si es que aún hay altos edificios en pie. Miles de personas sufrirán infartos y derrames cerebrales porque sus posesiones eran lo único que les daba seguridad. Todo desaparecerá y nadie recibirá ayuda.

Como muchas veces ocurre en el Apocalipsis, en medio de la miseria hay regocijo.

> Alégrate sobre ella, cielo, y vosotros, santos, apóstoles y profetas; porque Dios os ha hecho justicia en ella (Apocalipsis 18:20).

¿Por qué se les dice a los apóstoles y profetas que se alegren? Porque este es el sistema que los persiguió y acabó con su vida. Estas son las personas que se burlaron de ellos y de sus palabras en vez de escuchar la verdad. Dios prometió traer justicia a su tiempo, y el tiempo ha llegado.

Hay más en este capítulo, pero todo es de acuerdo con el mismo tema. Babilonia llegó a su fin. Profundizar en los detalles solo enturbia el punto central. Además, durante varios capítulos hemos permanecido en las tinieblas. Hay una luz muy brillante al final del túnel. De hecho, es tan brillante que solo puede venir de Aquel que dijo: "Yo soy la luz del mundo" (Juan 8:12). Hay otro grupo que aparecerá en el próximo capítulo, y si te fijas bien, puede que incluso te veas en la multitud.

CUARTA PARTE

EL REINADO DEL REY
(APOCALIPSIS 19–20)

CAPÍTULO 18

EL RETORNO
DEL REY

APOCALIPSIS 19

Permíteme adelantarte algo sobre este capítulo. Muchas cosas ocurrirán, ¡y todas son buenas! Para los impacientes que piensan: "Ha sido interesante leer lo que pasará con quienes se queden en la tierra, pero ¿cuándo volveremos a ver a la Iglesia?". Prepárate para tu danza de gozo. La novia de Cristo viene en camino, ¡y viene con el Novio! Si eso no es suficiente para provocar un servicio de adoración, no sé qué lo sería. Y eso es exactamente lo que ocurre en el capítulo 19.

Mientras viajo de país a país, de iglesia a iglesia, me sorprende las formas en las que los cristianos adoran a Dios. En algunas iglesias a las personas les encanta gritar: "¡Aleluya!". Otros gritan: "¡Amén!". Algunas iglesias no lo demuestran tanto, pero el corazón de todos está ahí en la sala del trono junto a Dios, alabando su santo nombre.

Hagas lo que hagas en tus servicios de adoración acá en la tierra, cuando lleguemos al cielo, todos alabaremos en voz alta, haremos reverencias, adoraremos levantando nuestras manos a Aquel que nos salvó y nos llamó para ser parte de su familia. ¿Cómo lo sé? Conforme avanzamos en nuestra gira del fin de los tiempos con el apóstol Juan, en este capítulo escucharemos las voces de una gran multitud. ¿Qué dirán esas voces? "¡Aleluya!… ¡Aleluya!… ¡Aleluya!" (versículos 1, 3, 4, 6).

Una recapitulación de alabanzas

El lado escritor en mí ama los primeros versículos del capítulo 19. Mucho del proceso de escritura consiste en encontrar formas creativas de reiterar algo, ya sea porque debes revisitar un punto importante de la historia o porque quieres asegurarte de no usar la misma palabra en dos frases consecutivas. Al inicio de este capítulo, el Espíritu Santo hace un resumen de lo que acaba de ocurrir para transitar hacia los maravillosos eventos que sucederán. En vez de decir: "Esto pasó y luego esto pasó", Él recapitula en forma de adoración.

> Después de esto oí una gran voz de gran multitud en el cielo, que decía: ¡Aleluya! Salvación y honra y gloria y poder son del Señor Dios nuestro; porque sus juicios son verdaderos y justos; pues ha juzgado a la gran ramera que ha corrompido a la tierra con su fornicación, y ha vengado la sangre de sus siervos de la mano de ella. Otra vez dijeron: ¡Aleluya! Y el humo de ella sube por los siglos de los siglos. Y los veinticuatro ancianos y los cuatro seres vivientes se postraron en tierra y adoraron a Dios, que estaba sentado en el trono, y decían: ¡Amén! ¡Aleluya! Y salió del trono una voz que decía: Alabad a nuestro Dios todos sus siervos, y los que le teméis, así pequeños como grandes (Apocalipsis 19:1-5).

Los justos juicios de Dios han llegado. La gran ramera ha muerto. Todo es fantástico, "¡Amén! ¡Aleluya!". Por supuesto, todavía está ese enorme ejército del Armagedón acechando por ahí con el diablo, el anticristo, y el falso profeta, pero ya no es gran cosa. El Mesías que regresa tendrá ese pequeño problema resuelto al final de este capítulo. Nuestro trabajo como "sus siervos, y los que le teméis" es permitir que Él se ocupe de la pelea, mientras nosotros nos enfocamos en la alabanza.

Luego de una revisión melódica, podemos esperar con ansias al próximo evento importante: la segunda venida de Cristo. Sin embargo, antes de avanzar, debemos responder la fundacional pregunta *por qué* ¿Por qué Jesús regresa a la tierra? ¿Vuelve para un juicio final a la humanidad antes de que pasemos a la eternidad? ¿O viene para instalar un reino físico y literal en Jerusalén, desde donde reinará? La respuesta a esa pregunta determinará la interpretación del resto del capítulo. Hay tres principales puntos de vista que intentar responder a la pregunta del porqué.

Los premilenialistas creen en un reino literal en Jerusalén desde donde Jesús reinará durante mil años. Este periodo empezará tan pronto termine la tribulación, cuando Jesús regrese. En ese momento, Dios derramará su Espíritu Santo sobre la nación judía. Los judíos reconocerán a Jesús como su Mesías y de forma individual se entregarán al Señor. Contrario a las afirmaciones de quienes creen en otro punto de vista, los judíos no obtendrán la Salvación solo por ser judíos. La Salvación no ocurre porque eres parte de cierto grupo étnico. Cada judío que recibe a Jesús como su Salvador lo hará de la misma forma que tú y yo lo hemos hecho.

La singularidad de ese momento de Romanos 11:26 es que será el único tiempo cuando el Espíritu Santo moverá el corazón de todo un grupo al arrepentimiento individual y la salvación. Esto representará el cumplimiento de la promesa de un nuevo pacto con Israel, como vimos en Jeremías 31:31.

Los postmilenialistas creen que ya estamos en ese milenio. "¿Y cuándo empezaron esos mil años?", te preguntarás. Bueno, es difícil responder a esta pregunta, pues para ellos el periodo de mil años está basado en una premisa falsa. Ellos dicen que ese milenio no son realmente mil años y que el reino de Cristo es espiritual, no literal. El mundo de hoy no es un lugar genial y nunca ha sido tan piadoso que digamos. Pero llegará el día cuando todo esto cambie. Los postmilenialistas son optimistas sobre el futuro y trabajan para dar paso a una edad de oro de justicia antes de que Jesús regrese. Cuando logremos eso, Él volverá y traerá con Él el juicio final. Luego, Él reinará en la Nueva Jerusalén por la eternidad.

El amilenialismo es similar al postmilenialismo, pero sin el optimismo. Igual que los postmilenialistas, no creen en el periodo de mil años de forma literal y piensan que Jesús ya reina sobre la humanidad. Sin embargo, no ven un tiempo de triunfo para la Iglesia antes del regreso físico de Jesús. Cuando el Señor vuelva, creará nuevos cielos y una nueva tierra, y dará paso la eternidad.

Como literalista bíblico que soy, la posición premilenialista es clara para mí en las Escrituras. Jesucristo reinará físicamente desde un trono real en la ciudad de Jerusalén que físicamente está en la tierra. No solo este escenario encaja con el contexto de la profecía y con Dios, sino también con las palabras escritas en las páginas de la Biblia. En particular, la repetición de la frase "mil años" dentro de una narrativa enfocada en el futuro, como la que aparece en el próximo capítulo del Apocalipsis, necesita, literalmente, mil años. La única forma de interpretar esta frase de otra manera es filtrarlas a través de una ideología preconcebida y decir que las palabras no significan lo que tan claro expresan.

El retorno de la novia

Una multitud empieza a cantar, y su canción es fuerte y auténtica. ¿Quiénes son ellos? Lo más probable es que sean los santos de la tribulación que murieron como mártires en manos de los sistemas religiosos y políticos. ¿Y qué están cantando? ¡La versión celestial de la canción "Aquí viene la novia"!

> Y oí como la voz de una gran multitud, como el estruendo de muchas aguas, y como la voz de grandes truenos, que decía: ¡Aleluya, porque el Señor nuestro Dios Todopoderoso reina! Gocémonos y alegrémonos y démosle gloria; porque han llegado las bodas del Cordero, y su esposa se ha preparado. Y a ella se le ha concedido que se vista de lino fino, limpio y resplandeciente; porque el lino fino es las acciones justas de los santos. Y el ángel me dijo: Escribe: Bienaventurados los que son llamados a la cena de las bodas del Cordero. Y me dijo: Estas son palabras verdaderas de Dios. Yo me postré a sus pies para adorarle. Y él

me dijo: Mira, no lo hagas; yo soy consiervo tuyo, y de tus hermanos que retienen el testimonio de Jesús. Adora a Dios; porque el testimonio de Jesús es el espíritu de la profecía (Apocalipsis 19:6-10).

¿Qué son "las bodas del Cordero"? Como ya vimos, la noche antes de ser crucificado, Jesús les dijo a sus discípulos que se iría para "preparar lugar para vosotros. Y si me fuere y os preparare lugar, vendré otra vez, y os tomaré a mí mismo, para que donde yo estoy, vosotros también estéis" (Juan 14:2-3). Esa promesa será cumplida en el rapto de la Iglesia.

Luego de que el Novio venga por su novia, Él la llevará de vuelta a la casa de su Padre. Ahí tendrá lugar el matrimonio entre el Cordero y la Iglesia. La "cena de las bodas del Cordero" se refiere al festín de la boda y no al matrimonio en sí. Lo que ocurrirá en la tierra es la gran celebración del plan perfecto del Padre que unió en matrimonio a su Hijo y aquellos que le habían sido prometidos a Él a través del sello del Espíritu Santo, durante la época de la Iglesia en la tierra.

La novia es hermosa. Ella "se ha preparado" y sus vestiduras son de lino muy fino de todos los actos de amor y devoción que ella realizó durante más de dos mil años. "Pero, Amir, ¿acaso la Iglesia no es imperfecta hoy? ¿Acaso no es verdad que la hipocresía, la inmoralidad y la apatía prevalecen?". Tristemente, es cierto. Pero si esperas a que llegue el día cuando ya no haya pecado en la Iglesia, esperará un largo tiempo. La Iglesia es un grupo de personas y nunca habrá un momento cuando nosotros, por nuestra propia voluntad, seamos lo suficientemente buenos, puros y santos. Y a todos los postmilenialistas, lamento decirles que mientras vivamos en la carne nunca habrá una época dorada de rectitud.

Afortunadamente, si bien nuestro esfuerzo por ser santos demuestra nuestra fe genuina, no es nuestra responsabilidad convertirnos en merecedores de ser la novia. Pablo escribió al respecto:

Maridos, amad a vuestras mujeres, así como Cristo amó a la iglesia, y se entregó a sí mismo por ella, para santificar-

la, habiéndola purificado en el lavamiento del agua por la
palabra, a fin de presentársela a sí mismo, una iglesia gloriosa, que no tuviese mancha ni arruga ni cosa semejante, sino que fuese santa y sin mancha (Efesios 5:25-27).

Luego de las primeras cinco palabras de ese pasaje, ¿quién se convierte en la parte activa? Es Cristo. Él se entrega, se santifica, se limpia y se presenta ante su novia. No hay una sola cosa de la que seamos
responsables que no sea estar allí, en fe, para ser limpios por su sangre, lavados por la Palabra, y presentados libres de arrugas, santos y
sin mancha. Así es como nos hemos "preparado" como Iglesia. Es la
misma forma en que nos preparamos como individuos para la eternidad. Nos arrepentimos de nuestros pecados, aceptamos el perdón de
Cristo, nos comprometemos a servirle como nuestro Señor, y deja-
mos que Él se encargara de lo demás.

Dado que el matrimonio ocurre luego del rapto, esto significa que
ahora estamos en la época del compromiso. El Señor nos ha dado la
garantía de su Espíritu Santo como un anticipo de lo que viene (Efesios 1:13-14). Luego del rapto vendrá la boda y el tribunal de Cristo.
Ese momento de juicio es para obtener recompensas, no una adjudi-
cación sobre el cielo o el infierno. Cristo ya se ocupó de nuestro destino eterno. Este es el *bimah* del que hablamos en el capítulo 3, cuando
los motivos de nuestras acciones serán pasados por fuego.

Ahora que la ceremonia del matrimonio ha concluido y el juicio
ha terminado, es hora del banquete. El Novio y la novia volverán a
la tierra porque los invitados del festín no serán seres angelicales sino
las personas que le pertenecen a Dios y que sobrevivieron al final de
la tribulación, incluyendo a los judíos recientemente "revividos".

El retorno del Rey

En los primeros diez versículos del capítulo 19, Juan "oyó" (versículo 1) las declaraciones de una gran multitud, luego a los veinticuatro
ancianos y a las cuatro criaturas. Entonces se oyó una voz desde el trono,
seguida del retorno de la multitud, y la voz de un consiervo que estaba junto a él. Ahora hay un cambio de lo que Juan "oyó" a lo que "vio".

Entonces vi el cielo abierto; y he aquí un caballo blanco, y el que lo montaba se llamaba Fiel y Verdadero, y con justicia juzga y pelea. Sus ojos eran como llama de fuego, y había en su cabeza muchas diademas; y tenía un nombre escrito que ninguno conocía sino él mismo. Estaba vestido de una ropa teñida en sangre; y su nombre es: EL VERBO DE DIOS. Y los ejércitos celestiales, vestidos de lino finísimo, blanco y limpio, le seguían en caballos blancos. De su boca sale una espada aguda, para herir con ella a las naciones, y él las regirá con vara de hierro; y él pisa el lagar del vino del furor y de la ira del Dios Todopoderoso. Y en su vestidura y en su muslo tiene escrito este nombre:

REY DE REYES Y SEÑOR DE SEÑORES" (Apocalipsis 19:11-16).

Esta no es la primera vez que vemos a un jinete cabalgando un caballo blanco. Si recuerdas, cuando el Cordero abrió el primer sello, apareció un caballo blanco. El jinete que lo cabalgaba "tenía un arco; y le fue dada una corona, y salió a conquistar y vencer" (6:2). ¿Qué había conquistado? El corazón y la mente de las personas, porque eventualmente los llamaría para que lo adoraran. Este nuevo jinete también aparece como un conquistador. Pero esta vez, cuando las personas se postren para adorarlo será porque Él es digno, no porque sean obligadas o coaccionadas.

La descripción que Juan brinda sobre el jinete es una de las mejores descripciones alguna vez escritas sobre un héroe de guerra. Es casi imposible leer estas palabras sin sentir asombro, miedo y una abrumadora gratitud por el hecho de saber que Él está de tu lado.

¿Y quién es este jinete? No hay duda de que es Jesucristo que ha regresado para dar paso a su reino. De hecho, cada una de las descripciones de Juan puede encontrarse en otras partes de la Escritura que se refieren a la conquista que logró el Salvador. Él es llamado Fiel y Verdadero (Apocalipsis 3:14); sus ojos son como llama de fuego (Apocalipsis 1:14); su túnica ha sido sumergida en sangre (Isaías 63:2);

su nombre es EL VERBO DE DIOS (Juan 1:1); de su boca sale una espada aguda (Apocalipsis 1:16; 2:12); Él gobernará las naciones con vara de hierro (Salmos 2:8-9; Apocalipsis 12:5); y es llamado el Rey de reyes y el Señor de señores (1 Timoteo 6:15).

Me encanta ese último título: Rey de reyes y Señor de señores. Me recuerda al *Mesías* de Haendel, cuando los cantantes gritan estos títulos y luego dicen "¡Aleluya! ¡Aleluya!", en alabanza. Cuando Pablo le escribió a Timoteo, su protegido, usó el mismo nombre majestuoso en su confesión:

> Te mando delante de Dios, que da vida a todas las cosas, y de Jesucristo, que dio testimonio de la buena profesión delante de Poncio Pilato, que guardes el mandamiento sin mácula ni represión, hasta la aparición de nuestro Señor Jesucristo, la cual a su tiempo mostrará el bienaventurado y solo Soberano, Rey de reyes, y Señor de señores, 16 el único que tiene inmortalidad, que habita en luz inaccesible; a quien ninguno de los hombres ha visto ni puede ver, al cual sea la honra y el imperio sempiterno. Amén (1 Timoteo 6:13-16).

¡Qué evento tan glorioso! ¡Qué celebración tan grandiosa! Jesucristo regresa a gobernar sobre todos los reinos del mundo. Cuando vuelva a la tierra, Él no vendrá como cuando era débil, humilde e indefenso. Él vendrá cabalgando y lo hará como Dios en toda su gloria, como una deidad todopoderosa, como el general de los ejércitos justos, líder de las fuerzas angelicales, el verdadero gobernante de todas las cosas. Por siglos y alrededor del mundo ha sido predicada la promesa de la venida de Jesús. Naciones, tribus, familias e individuos han anticipado ese día. ¡Ya viene!

¿Quién vendrá con Él? ¿Quiénes son los ejércitos del cielo que están a su espalda? ¿Son seres angelicales como los que vio Eliseo durante el asedio de Dotán (2 Reyes 6)? El contexto revela su identidad. Si le ponemos atención a la descripción, vemos que están "vestidos de lino finísimo, blanco y limpio" (versículo 14). Seis versículos atrás, Juan escribió que a la novia "se le ha concedido que se vista de lino fino, limpio y resplandeciente; porque el lino fino es las acciones justas de los santos" (versículo 8). No solo volvemos como la novia sino que volvemos como el ejército de Dios.

"Pero, Amir, ¡yo no quiero ser parte de un ejército! ¡Ni siquiera mato a las arañas que encuentro en mi casa!". No te preocupes, solo hay un guerrero justo que peleará esta guerra y no eres tú. Tu trabajo será cabalgar detrás del Rey, exactamente donde desearás estar. De hecho, el día de la venida de Cristo solo habrá dos opciones: ves el rostro de Jesús o su espalda. En el día de su juicio, será mucho mejor estar cabalgando detrás de Él que huir delante de Él.

El ejército de los malos

Si Jesús guerrero avanza en la batalla con una espada para atacar a las naciones, ¿quiénes son los soldados que se han reunido para luchar contra Él? Estos son los reyes de la tierra que fueron atraídos por los demonios-rana que dieron un paso al frente seducidos por las palabras seductoras del diablo, el anticristo y el falso profeta.

> Y vi a un ángel que estaba en pie en el sol, y clamó a gran voz, diciendo a todas las aves que vuelan en medio del cielo: Venid, y congregaos a la gran cena de Dios, para que comáis carnes de reyes y de capitanes, y carnes de fuertes, carnes de caballos y de sus jinetes, y carnes de todos, libres y esclavos, pequeños y grandes. Y vi a la bestia, a los reyes de la tierra y a sus ejércitos, reunidos para guerrear contra el que montaba el caballo, y contra su ejército. Y la bestia fue apresada, y con ella el falso profeta que había hecho delante de ella las señales con las cuales había engañado a los que recibieron la marca de la bestia, y habían adorado su imagen. Estos dos fueron lanzados vivos dentro de un lago de fuego que arde con azufre. Y los demás fueron muertos con la espada que salía de la boca del que montaba el caballo, y todas las aves se saciaron de las carnes de ellos (Apocalipsis 19:17-21).

Estos versículos le dan continuidad a Apocalipsis 16:16: "Y los reunió en el lugar que en hebreo se llama Armagedón". Estamos al final de la tribulación. Los judíos ahora se dan cuenta de su Mesías es realmente un antimesías que demanda la adoración de todas las naciones. Bajo un diabólico engaño, estas naciones se reunieron para destruir Jerusalén, pero antes de atacar se escucha un ruido fuerte y se ve una luz muy brillante. Ellos levantan su mirada a los cielos y descubren que la situación no será buena para ellos.

El profeta Zacarías describe la escena:

> He aquí, el día de Jehová viene, y en medio de ti serán repartidos tus despojos. Porque yo reuniré a todas las naciones para combatir contra Jerusalén; y la ciudad será tomada, y serán saqueadas las casas, y violadas las mujeres; y la mitad de la ciudad irá en cautiverio, mas el resto del pueblo no será cortado de la ciudad. Después saldrá Jehová y peleará con aquellas naciones, como peleó en el día de la batalla. Y se afirmarán sus pies en aquel día sobre el monte de los Olivos, que está en frente de Jerusalén al oriente; y el monte de los Olivos se partirá por en medio, hacia el oriente y hacia el occidente, haciendo un valle muy grande; y la mitad del monte se apartará hacia el norte, y la otra mitad hacia el sur (Zacarías 14:1-4).

De inmediato, Cristo acabará con los ejércitos; la bestia y el falso profeta caerán al lago de fuego. Esta es la última vez que los veremos. Creo que una de las razones por las que el diablo no quiere que leamos el libro del Apocalipsis es porque desea que sigamos engañados pensando que tiene más poder del que realmente tiene. Le gusta alardear del poder que sí tiene sobre la tierra. Pero cuando Jesús se una a la batalla, Satanás quedará en evidencia, como otro ser que no puede competir contra su Creador.

CAPÍTULO 19

TERMINANDO LOS ASUNTOS

APOCALIPSIS 20

En el ejército, el rango determina el nivel de autoridad. Cuando era parte de las Fuerzas de Defensa de Israel, tenía a mi comandante y él tenía su comandante, y así subía la cadena de mando hasta llegar al hombre que estaba a cargo de todos los demás: el general del ejército. Si tu comandante es una persona complicada, entonces puede que tengas una vida miserable. Estarás tan envuelto en cumplir las órdenes de tu inmediato superior que no tendrás tiempo ni ganas de pensar que hay alguien con más poder que él. Para ti, cualquier otra persona con más autoridad es totalmente irrelevante porque debes "servir a tu amo". Ellos se convierten en la única persona que forma parte de tu estructura de autoridad.

Así es la situación para los no creyentes ahora. Ellos sirven a una malvada estructura mundial autoritaria, a la carne y el diablo. Cuando estas autoridades dicen: "Salten", las personas preguntan: "¿Qué tan alto?". Cuando esos líderes dicen: "Pequen", ellos responden: "Por supuesto". Este triunvirato de iniquidad es tan exigente y sus devotos están tan comprometidos que seguirlos es todo para ellos. ¿Quién podría ver que existe una alta autoridad capaz de otorgar paz, esperanza y perdón mientras un sargento pecador le grita al oído que caiga pecho a tierra y haga veinte despechadas?

¿Qué pasaría si desaparecieran esos líderes negativos? ¿Las personas pondrían más atención al comandante en jefe si uno o dos de estos sargentos estuvieran en el calabozo? En este capítulo vamos a ver qué pasa cuando las influencias del mundo, la carne y el diablo se reducen. ¿El alivio momentáneo de las tentaciones conducirá al éxito a largo plazo de la rectitud? ¿O la humanidad repetirá los mismos patrones que nos condujeron al Día del Señor?

Satanás encerrado

Un día, David se sentía inspirado. Tomó su bolígrafo y motivado por el Espíritu Santo escribió: "Jehová dijo a mi Señor: Siéntate a mi diestra, Hasta que ponga a tus enemigos por estrado de tus pies" (Salmos 110:1).

En Apocalipsis 20, esa profecía mesiánica se convirtió en realidad. Las traducciones usualmente no hacen justicia al siguiente pasaje bíblico. En hebreo el texto dice: "Yahvé dijo a mi Adonai". Este es el Padre hablando con el Hijo. Está diciendo que llegará el tiempo cuando el Hijo gobernará junto al Padre, y todos los que han luchado contra el Hijo serán vencidos. Será cuando el Padre le entregue las naciones a Jesús, el Mesías, como una herencia, y todos confines de la tierra serán de Él. El Rey legítimo hará de este planeta su hogar y restaurará lo que se perdió en el Jardín del Edén. Génesis es el libro del "Paraíso perdido" y Apocalipsis el libro del "Paraíso encontrado".

Para que esto ocurra, debe ser removido el que obtuvo la autoridad temporal sobre este mundo. Eso es exactamente lo que ocurre.

> Vi a un ángel que descendía del cielo, con la llave del abismo, y una gran cadena en la mano. Y prendió al dragón, la serpiente antigua, que es el diablo y Satanás, y lo ató por mil años; y lo arrojó al abismo, y lo encerró, y puso su sello sobre él, para que no engañase más a las naciones, hasta que fuesen cumplidos mil años; y después de esto debe ser desatado por un poco de tiempo (Apocalipsis 20:1-3).

Satanás es poderoso, pero no es todopoderoso. Lo único que hace falta es que un ángel actúe con la fuerza de Dios para someter al diablo y echarlo al abismo donde, si recuerdas, están los demonios y las fuerzas oscuras. Es el pozo sin fondo de donde salieron las langostas demoniacas cuando sonó la quinta trompeta (Apocalipsis 9:1-3). Es el lugar ideal para que el príncipe de todos los demonios pase una larga estadía.

Volvamos a las fuentes de pecado del mundo: la carne y el diablo. En este momento en el capítulo 20, Jesús reina sobre la tierra desde su trono en Jerusalén. Eso elimina el malvado sistema del mundo. El diablo está encadenado y chamuscándose en el abismo. Ya nadie puede decir: "El diablo me obligó a hacerlo". Lo único que queda es la carne. Seguro que la carne por sí sola no puede llevar al mundo al camino equivocado, ¿o sí? Santiago, el hermano de Jesús, respondió a esa pregunta cuando escribió:

> Cuando alguno es tentado, no diga que es tentado de parte de Dios; porque Dios no puede ser tentado por el mal, ni él tienta a nadie; sino que cada uno es tentado, cuando de su propia concupiscencia es atraído y seducido. Entonces la concupiscencia, después que ha concebido, da a luz el pecado; y el pecado, siendo consumado, da a luz la muerte (Santiago 1:13-15).

Los únicos que quedarán en la tierra serán Dios y los hombres, los que han sido resucitados y los que todavía viven en la carne corruptible. Dios no es tentando por el pecado, así que si el pecado existe es un problema de los hombres. Lamentablemente, incluso con el sistema mundano y el diablo fuera, la mancha de pecado heredada de la carne corruptible será lo suficientemente fuerte como para alejar a la gente de la rectitud. Cuando el diablo sea liberado, luego de mil años, encontrará fácilmente a quienes están dispuestos a seguirlo en rebelión contra el gobierno de Jesús.

El milenio o "El Milenio"

En este capítulo y en todo el libro, he hablado sobre el milenio, conocido también como el reino de mil años de Cristo en la tierra.

Sin embargo, tenemos una doctrina etiquetada por una palabra que muchos afirman no está en la Biblia, pero eso no es cierto. La palabra griega de la cual obtenemos "mil" es *chilioi*, y de ella también obtenemos el prefijo métrico *kilo*. Pero, antes de que existiera una palabra como "kiloaño" la Biblia fue traducida al latín. El griego *chilioi* se convirtió en el latín *mille*, a la cual se le agregó *ennium*, de la palabra *annus*, que significa "año". Entonces "milenio", al igual que "rapto", tiene sus orígenes en el latín, a partir del original griego.

La pregunta que muchos se hacen es si mil años realmente significa mil años. ¿Tal vez Juan usa un número grande para referirse a un extenso periodo? En realidad, nunca quiso que "mil" se tomara literalmente, dicen algunos. Refuerzan su argumento con lo que escribió Pedro en 2 Pedro 3:8: "Para con el Señor un día es como mil años, y mil años como un día". ¿Ves? Ni siquiera Dios considera que mil años sean mil años. En Apocalipsis "mil años" es simplemente un recurso bíblico usado para referirse a un extenso periodo.

Estaría de acuerdo con que Pedro usó esa frase como un recurso literario muy efectivo para demostrar lo paciente que es la naturaleza de Dios. Sin embargo, solo porque la frase "mil años" es usada una vez como un efectivo recurso literario no significa que, en otros pasajes, se considere fuera de los límites para denotar el tiempo real. De lo contrario, la frase profética "el día del Señor" negaría cualquier uso de la palabra "día" para referirse a un periodo de veinticuatro horas, y ¡olvídate de cualquier uso literal de la palabra "pronto"!

Al final, todo se resumen a cómo interpretas las Santas Escrituras. ¿Tomas de forma literal la Palabra de Dios a menos que el pasaje en cuestión claramente deba ser leído de otra manera, basándote en el contexto y verborrea? ¿O te acercas a la Biblia considerando que sus historias son alegóricas, por lo que siempre buscas el significado más profundo que hay detrás de las palabras? Hay muchos teólogos que pertenecen a una y otra de estas corrientes.

El difunto Grant R. Osborne fue profesor del Antiguo Testamento en la Escuela Evangélica de la Divina Trinidad durante muchos años. Su opinión era que los mil años deberían tomarse simbólicamente:

La pregunta para nosotros es si esto debería ser considerado un período literal o el uso simbólico de unos números. Los números que aparecen en Apocalipsis suelen ser simbólicos y es probable que acá ocurra lo mismo. Mientras la media hora en Apocalipsis 8:1 y la hora en Apocalipsis 18:9-19 hacen referencia a cortos periodos, es probable que estos años connoten un período largo. Ponle atención a los contrastes entre el corto período de tiempo durante el reino del anticristo (42 meses) y el largo período del reinado de Cristo que aparece acá.[22]

Primero, date cuenta que Osborne usa palabras como "suelen" y "es probable". Estas palabras no son base firma para construir una doctrina teológica. La pregunta más importante frente a este argumento es si sus conclusiones son el resultado de un cuidadoso proceso de exégesis (obtener la verdad del texto) o eiségesis (darle un significado al texto). Pensarías que, con sus títulos y experiencia, Osborne sería un excelente exégeta; y puede que sí lo sea cuando comenta otras partes de la Biblia. Pero apresuró sus conclusiones cuando escribió:

Debemos entender Apocalipsis tal y como lo escribió Juan, y él entendió todos los simbolismos a través de la perspectiva que tenía por ser un judío del siglo I. Tener conocimiento previo del siglo primero nos ayudará a entender los simbolismos de Apocalipsis, y vamos a tamizar las posibles interpretaciones para determinar el más probable antecedente.[23]

Viendo todo con un lente reformista, Osborne se acercó a Apocalipsis creyendo que Juan usó el conocimiento que tenía de la literatura judía apocalíptica como base para los "símbolos" que aparecen en el libro. ¿Pero cómo sabemos esto? ¿Y cómo encaja esto con el Espíritu Santo revelando la verdad para que Juan la vea, la oiga y la copie? Pensar que Juan pasó el texto a través de un filtro hecho de su conocimiento de la teoría de pensamiento judía del primer siglo implicaría que él dijo algo como: "Bueno, esto es lo que veo, lo que me recuerda a esta interpretación que leí una vez. En vez de escribir lo que veo, voy a comunicarlo usando referencias que yo conozco". O podemos simplemente asumir que Dios reveló su verdad a Juan usando conceptos y símbolos judíos apocalípticos. Pero ¿cómo puede tener eso sentido si la carta se envía principalmente a iglesias gentiles? Es un paso enorme decir: "Voy a filtrar los textos bíblicos a través de otras fuentes para encontrar su verdadero significado", sin tener un respaldo textual, en vez de interpretar la Biblia tal y como fue escrita.

Jesús le dijo a Juan: "Escribe las cosas que has visto, y las que son, y las que han de ser después de estas" (Apocalipsis 1:19). Estoy de acuerdo con que debemos reconocer la cultura del primer siglo al interpretar las Sagradas Escrituras, pero también debemos tener cuidado de no imponer esa cultura en el texto sagrado y en sitios donde no pertenece.

Tener un acercamiento alegórico esencialmente dice que los números en Apocalipsis deben ser interpretados de forma simbólica en vez de forma literal, a menos que sea obvio que son números literales, como las siete iglesias. Sin embargo, los literalistas bíblicos dicen que los números en el libro del Apocalipsis deben ser interpretados de forma literal, no simbólica, a menos que sea obvio que son números simbólicos.

Maestros y académicos de la Biblia como David Jeremiah, Charles Swindoll, John Walvoord, Charles C. Ryrie, Tim LaHaye y Hal Lindsay usan este acercamiento literal. Ellos y yo estamos de acuerdo que cuando Apocalipsis 20 dice que Satanás será sometido por mil años, entonces Satanás será sometido por mil años. Cuando Juan escribió que Cristo reinará la tierra durante ese período, entonces Cristo reinará la tierra durante esos mil años. ¿Por qué es tan difícil de aceptar y comprender esto? ¿Por qué debe haber un significado oculto? La única razón es forzar una presuposición teológica que, tomada literalmente, contradice lo que alguien ya ha decidido que debe ser la verdad.

Reinando con el Rey

Ahora llegamos a una de las épocas más interesantes de la historia humana: el tiempo cuando Dios reina sobre la tierra, y la humanidad mortal e inmortal habite el mismo espacio durante mil años. Leyendo esta última frase, puedo entender por qué hay quienes intentan encontrar una explicación diferente para el milenio. Lo que dicen las Sagradas Escrituras revela una época inusual.

> Y vi tronos, y se sentaron sobre ellos los que recibieron facultad de juzgar; y vi las almas de los decapitados por causa del testimonio de Jesús y por la palabra de Dios, los que no habían adorado a la bestia ni a su imagen, y que no recibieron la marca en sus frentes ni en sus manos; y vivieron y reinaron con Cristo mil años. Pero los otros muertos no volvieron a vivir hasta que se cumplieron mil años. Esta es la primera resurrección. Bienaventurado y santo el que tiene parte en la primera resurrección; la segunda muerte no tiene potestad sobre estos, sino que serán sacerdotes de Dios y de Cristo, y reinarán con él mil años (Apocalipsis 20:4-6).

¿Quién entra al reino milenario de Cristo? Primero, habrá quienes estén vivos en la tierra, en su cuerpo físico. Estos son los creyentes que no adoraron o aceptaron la marca de la bestia, que sobrevivieron la persecución y la devastación de la tribulación. También estarán todos los judíos que sobrevivieron y se entregaron a Jesús a la hora de su regreso. Segundo, estarán los mártires de la tribulación. Ellos habrán recibido sus cuerpos de resurrección—hablaré más al respecto—y reinarán con Cristo. En ese momento, los santos del Antiguo Testamento también resucitarán. Finalmente, estará la Iglesia, la esposa de Cristo, quien reinará junto al Novio, según la promesa que Jesús hizo a los discípulos: "De cierto os digo que en la regeneración, cuando el Hijo del Hombre se siente en el trono de su gloria, vosotros que me habéis seguido también os sentaréis sobre doce tronos, para juzgar a las doce tribus de Israel" (Mateo 19:28).

¿Cómo es reinar con Cristo durante el milenio? No sabemos realmente. Primero, no tenemos idea de cuántos sobrevivientes mortales habrá. Indudablemente, conforme pasa el tiempo, ese número aumentará. La población mundial en el año mil d.C. era de unos trescientos diez millones. Ahora mismo hay más ocho mil millones de personas en la tierra. ¿Puedes imaginar cómo se multiplicará la población durante mil años en un mundo sin enfermedades, desastres naturales y violencia? Lo más probable es que nuestra carga de trabajo como gobernantes aumente considerablemente con el paso de los años.

Es emocionante pensar que tendremos responsabilidades en el reino de Dios. A mí me encanta trabajar y la idea de unas vacaciones de mil años me provoca ansiedad. Pero ¿diez siglos para trabajar en algo, perfeccionando mis habilidades mientras sirvo al Señor? ¡Apúntame en esa lista!

Las resurrecciones

El profeta Daniel escribió: "Y muchos de los que duermen en el polvo de la tierra serán despertados, unos para vida eterna, y otros para vergüenza y confusión perpetua" (Daniel 12:2).

Hay quienes leerán este pasaje y verán allí una gran resurrección. Sin embargo, cuando estudias el resto de la Biblia, encuentras que hay dos resurrecciones, divididas en varios eventos. En Apocalipsis 20, Juan menciona la primera resurrección y luego dice: "Bienaventurado y santo el que tiene parte en la primera resurrección" (versículo 6). Esos dos adjetivos indican que esa primera resurrección es la de los creyentes. En ningún momento alguien que no ha sido limpiado por la sangre del Cordero puede ser considerado "bienaventurado y santo".

Mientras que la segunda resurrección ocurrirá de una vez, la primera resurrección ocurrirá en un periodo de dos mil años o más. Inició una mañana de domingo en la tumba de José de Arimatea. Un grupo de mujeres fueron a atender el cuerpo de Jesús, pero encontraron que la piedra del sepulcro había sido removida. En vez de ver al Salvador, las mujeres descubrieron a dos hombres que brillaban con luz propia y que les preguntaron: "¿Por qué buscáis entre los muertos al que vive? No está aquí, sino que ha resucitado. Acordaos de lo que os habló, cuando aún estaba en Galilea, diciendo: Es necesario

que el Hijo del Hombre sea entregado en manos de hombres pecadores, y que sea crucificado, y resucite al tercer día" (Lucas 24:5-7).
Jesús, el Mesías, quien fue crucificado, se levantó de la tumba el tercer día. Según Pablo, esto fue el advenimiento de algo nuevo, algo
que afectaría la eternidad de cada persona de todos los tiempos.

> Mas ahora Cristo ha resucitado de los muertos; primi-
> cias de los que durmieron es hecho. Porque por cuanto
> la muerte entró por un hombre, también por un hom-
> bre la resurrección de los muertos. Porque así como en
> Adán todos mueren, también en Cristo todos serán vivi-
> ficados. Pero cada uno en su debido orden: Cristo, las pri-
> micias; luego los que son de Cristo, en su venida. Luego
> el fin, cuando entregue el reino al Dios y Padre, cuando
> haya suprimido todo dominio, toda autoridad y potencia
> (1 corintios 15:20-24).

Porque Jesús es primicia, podemos estar seguros de dos verdades.
Como mencioné antes, si Él es el primero, eso significa que habrá más.
Segundo, igual que al inicio de una cosecha, debemos esperar que toda
la cosecha posterior será similar. No empiezas recogiendo los primeros
frutos de un manzano y luego recoges plátanos. Recoges las primicias
de tus manzanas, y luego recoges el resto de tus manzanas. Recoges
los primeros frutos de tus plátanos, y luego recoges el resto de los plátanos. Si queremos saber cómo será nuestro cuerpo luego de nuestra
resurrección, basta con ver el cuerpo de Cristo luego de su resurrección. En ese mismo capítulo de la primera carta a los corintios, Pablo
compara a Adán, el hombre del polvo, con Jesús, el celestial:

> El primer hombre es de la tierra, terrenal; el segundo
> hombre, que es el Señor, es del cielo. Cual el terrenal, tales
> también los terrenales; y cual el celestial, tales también los
> celestiales. Y así como hemos traído la imagen del terre-
> nal, traeremos también la imagen del celestial (versícu-
> los 47-49).

El cuerpo resucitado de Jesús era incorruptible. No estaba sujeto a las leyes de la física. Era capaz de sobrevivir en la tierra y en los cielos. Más allá de eso, no sabemos cómo será nuestro cuerpo inmortal. Lo que sí sabemos es que nuestros dolores y padecimientos desaparecerán. Con los problemas de espalda que he padecido durante años, ¡no puedo esperar por la nueva y mejorada versión de mi cuerpo!

La primera resurrección inició con Jesús, pero ha permanecido en pausa durante más de dos mil años. La primera resurrección reiniciará ese maravilloso día cuando nos encontremos con nuestro Salvador en las nubes.

> Porque el Señor mismo con voz de mando, con voz de arcángel, y con trompeta de Dios, descenderá del cielo; y los muertos en Cristo resucitarán primero. Luego nosotros los que vivimos, los que hayamos quedado, seremos arrebatados juntamente con ellos en las nubes para recibir al Señor en el aire, y así estaremos siempre con el Señor (1 Tesalonicenses 4:16-17).

Este es el rapto de la Iglesia y ocurrirá cuando menos lo esperemos. El Señor vendrá del cielo y luego "en un momento, en un abrir y cerrar de ojos, a la final trompeta; porque se tocará la trompeta, y los muertos serán resucitados incorruptibles, y nosotros seremos transformados" (1 Corintios 15:52). Primero los muertos regresarán a la vida, y luego quienes estén vivos serán transformados. Pero ahí no termina la primera resurrección. Solo la Iglesia—los salvos por el nuevo pacto—será tomada durante el rapto; pero aún hay muchas personas que necesitarán un nuevo cuerpo.

Hace varios capítulos fuimos testigos de otro evento durante la primera resurrección. Los dos testigos habían completado su misión. Al anticristo se le permitió atacarlos y asesinarlos. Sin embargo, tres días y medio después, se produjo una agitación en los cuerpos que se habían dejado pudrir al aire libre. "Entró en ellos el espíritu de vida enviado por Dios, y se levantaron sobre sus pies, y cayó gran temor sobre los que los vieron" (Apocalipsis 11:11). Una voz del cielo los llamó y ellos ascendieron en una nube.

Hay otro gran evento durante la primera resurrección. Ocurre al final de la tribulación y aparece en Apocalipsis 20:4-6. Durante esta resurrección, todos los creyentes que fueron martirizados durante los siete años de ira o murieron durante la devastación recibirán su cuerpo resucitado. Con ellos estarán los santos del Antiguo Testamento. Han estado esperando pacientemente todo este tiempo y finalmente recibirán su gloriosa recompensa. Esta será la época de la cual habló Jeremías cuando dijo que, luego de la "angustia para Jacob" las personas "servirán a Jehová su Dios y a David su rey, a quien yo les levantaré" (Jeremías 30:9). Jesús, el Mesías, reinará el mundo desde Jerusalén, mientras David resucitado será de nuevo rey de Israel.

Habrá una segunda resurrección, pero hablaremos de eso en unos momentos. Primero parece como que el reloj se detuvo. Ya pasaron los mil años y alguien obtendrá libertad condicional.

De vuelta a las calles

Cada día, durante un milenio, el diablo razguña una marca en la pared del abismo. Para su suerte, es un pozo sin fondo, así que hay espacio para muchas marcas. Una mañana, hace el razguño número 365 250 (tuvo que tener en cuenta los años bisiestos), se abre el pozo, caen sus cadenas y él es libre.

> Cuando los mil años se cumplan, Satanás será suelto de su prisión, y saldrá a engañar a las naciones que están en los cuatro ángulos de la tierra, a Gog y a Magog, a fin de reunirlos para la batalla; el número de los cuales es como la arena del mar. Y subieron sobre la anchura de la tierra, y rodearon el campamento de los santos y la ciudad amada; y de Dios descendió fuego del cielo, y los consumió. Y el diablo que los engañaba fue lanzado en el lago de fuego y azufre, donde estaban la bestia y el falso profeta; y serán atormentados día y noche por los siglos de los siglos (Apocalipsis 20:7-10).

Cuando Satanás salga, tendrá un propósito. Ya tuvo tiempo suficiente para formular un plan. Ya sea porque piense que realmente puede lograrlo o simplemente porque quiera llevarse a todos los que pueda, reúne un ejército y da un último golpe a Dios. No tendrá problema cuando empiece a reclutar voluntarios. Como dije, no necesitas al diablo o un sistema mundial corrupto para desear el pecado. El diablo encontrará una armada completa como "el número de los cuales es como la arena del mar" dispuestos a romper la regla de la rectitud. Nosotros, los santos, estaremos en Jerusalén. No sabemos si Dios nos ha llamado o si hemos encontrado el camino de vuelta a ese lugar con el paso de los años, pues el pecado de nuevo ha deteriorado a la humanidad. Mientras el ejército de la oscuridad nos rodea, sospecho que nos distraeremos en un gran servicio de adoración. Todos habremos visto al Padre en ese momento; estamos ante la presencia del Rey de reyes y el Señor de señores. Supongo que no habrá preocupación o inquietud de parte nuestra.

Tan pronto las tropas del diablo empiecen a atacar, fuego caerá del cielo y eso será todo. Fin del juego. De nuevo, el diablo será capturado de nuevo y lanzado al lago de fuego para reunirse con sus viejos amigos, la bestia y el falso profeta.

Un tropo común es que Satanás gobierna el infierno. Se presenta como su cuartel general desde donde controla todas sus legiones demoníacas. Cuando las nuevas almas son enviadas al infierno, él les da la bienvenida y disfruta cuando debe planificar el sufrimiento de cada una. La verdad es que el diablo también es una víctima del infierno, al igual que todos los que se rebelan contra Dios y rechazan su gracia. No habrá alegría, alivio o misericordia, solo una expectativa de tormento eterno como la justa recompensa por sus pecados.

Por un corto tiempo, en el infierno solo estará el Eje del Mal integrado por tres personas. Pero pronto se les unirán otros. Y ahí es cuando nuestra narrativa se vuelve verdaderamente desgarradora.

El Juicio del gran trono blanco

Muchas personas no creen en un infierno literal. Puede que no tengan ni idea de lo que sucederá luego de su muerte, pero están seguros de que no irán al infierno. Incluso, si por alguna loca casualidad, existe un lugar de tormento eterno, están seguros de que no han hecho nada tan malo como para ir allí. Tendrías que ser un Hitler o un Stalin, un Bundy o un Dahmer para ir ahí, ¿no? Lamentablemente, para muchos, llegará un día en el que se enfrentarán a esta verdad: cuando nuestras creencias y la realidad divergen, es la realidad la que gana.

> Y vi un gran trono blanco y al que estaba sentado en él, de delante del cual huyeron la tierra y el cielo, y ningún lugar se encontró para ellos. Y vi a los muertos, grandes y pequeños, de pie ante Dios; y los libros fueron abiertos, y otro libro fue abierto, el cual es el libro de la vida; y fueron juzgados los muertos por las cosas que estaban escritas en los libros, según sus obras. Y el mar entregó los muertos que había en él; y la muerte y el Hades entregaron los muertos que había en ellos; y fueron juzgados cada uno según sus obras. Y la muerte y el Hades fueron lanzados al lago de fuego. Esta es la muerte segunda. Y el que no se halló inscrito en el libro de la vida fue lanzado al lago de fuego (Apocalipsis 20:11-15).

Entre los versículos 10 y 11 de Apocalipsis 20, ocurre un evento: la segunda resurrección. Todos los creyentes que murieron durante el milenio obtendrán la resurrección, al igual que los creyentes de toda la historia. Como puedes ver, no solos los cristianos enfrentarán la resurrección, sino todos. Cuando los judíos retaron a Jesús en Juan 5, Él les hizo saber que tenía la autoridad para juzgar (versículo 22). No deberían escandalizarse, dijo: "No os maravilléis de esto; porque vendrá hora cuando todos los que están en los sepulcros oirán su voz; y los que hicieron lo bueno, saldrán a resurrección de vida; mas los que hicieron lo malo, a resurrección de condenación" (versículos 28-29). Un cuerpo hecho de carne es un cuerpo mortal y no podría soportar las llamas del infierno. El cuerpo resucitado que está destinado para la condena, está diseñado para sufrir las interminables consecuencias del pecado.

Quienes experimenten la segunda resurrección harán una fila frente al trono del juicio de Cristo. Uno por uno, comparecerán ante

Él. Si murieron durante los mil años del reinado del Señor, obtendrán su recompensa eterna. Sin embargo, si su nombre no aparece escrito en el libro de la vida, donde están los nombres de quienes pertenecen a la familia de Dios, como resultado del arrepentimiento y el perdón, será declarado "culpable". Esa persona será enviada al lago de fuego donde pasará la eternidad.

Me cuesta escribir esto. Como judío que vive en Israel, tengo tantos familiares y amigos que piensan secularmente o que están comprometidos con un antiguo pacto de doctrina de obras. Su caso será rechazado si se ubican frente al trono y declaran su compromiso con la ley. La realidad del infierno me acompaña a donde voy. Está en las reuniones a las que voy, en los actos escolares a los que asisto, en las calles cuando camino. Sí, vendrá el día cuando Israel obtenga la salvación, pero dos tercios de las personas que veo todos los días no llegarán tan lejos.

Amigo mío, el infierno existe. La buena noticia es que la única forma en que irás ahí es si lo decides. No caigas víctima de la segunda muerte. La primera muerte nos separa de nuestra vida física. La segunda muerte te alejará de la Fuente de Vida para la eternidad. Decide hoy recibir la gracia y el perdón que Dios te ofrece.

Para aquellos que tienen familiares y amigos ateos, permite que esto te motive. La única eventualidad peor a saber que soportarán la tribulación es pensar que tienen el juicio y el lago de fuego esperándolos. No permitas que el miedo, la apatía o los fracasos del pasado te paralicen. Esto es demasiado importante. Esto no es solo vida y muerte, es eternidad.

QUINTA PARTE

ETERNIDAD
(APOCALIPSIS 21-22)

CAPÍTULO 20

TODO ES NUEVO

APOCALIPSIS 21-22:5

S e acabó. La ira terminó. El reino ha sido establecido. El juicio llegó a su fin. Los castigos han sido decretados. Lo viejo ha pasado. He aquí que lo nuevo ha llegado.

¿Cómo va a ser todo? Claro, solo podemos especular. Durante años había habido mucha actividad con el reinado y el juicio. Luego hubo el gran alboroto con la liberación del demonio, seguido de la batalla final. Cuando llegue el momento del juicio del Gran Trono Blanco, no sé qué haremos. No puedo imaginarme viéndolo porque será algo muy triste y desgarrador. Es posible que tengamos una comprensión tan clara de la santidad de Dios que podamos compartimentar nuestro dolor por el sufrimiento de los demás en favor de nuestra comprensión de la justicia de Dios. Esa empatía que sentimos por el dolor ajeno, en parte expresa nuestro *imago dei*, la imagen de Dios en nosotros. Pero eso es tangencial.

Ahora que el juicio ha concluido, lo que queda son las personas que aman a Dios y se han comprometido con Él. Si bien nuestra vida eterna empezó cuando aceptamos a Jesús como Señor y Salvador, en este momento es cuando realmente empieza la eternidad.

El nuevo cielo y la nueva tierra

Hace poco vi un video de China que mostraba que en una propiedad había quince rascacielos sin terminar. Por lo que pude ver, el nuevo dueño de la propiedad quería derribar los edificios para iniciar los que él proyectaba. Vi cuando explotaron explosivos colocados en la base de los edificios y, uno tras otro, cayeron. Pronto, lo único que se veía era una enorme nube de polvo.

Dios no da detalles sobre la demolición del cielo y de la tierra, pero pienso que será más espectacular que esa de China. En vez de mostrarnos la demolición, Dios hace saltar a Juan hacia la apertura de la gran cortina y la revelación del nuevo cielo y la nueva tierra.

> Vi un cielo nuevo y una tierra nueva; porque el primer cielo y la primera tierra pasaron, y el mar ya no existía más. Y yo Juan vi la santa ciudad, la nueva Jerusalén, descender del cielo, de Dios, dispuesta como una esposa ataviada para su marido (Apocalipsis 21:1-2).

Un nuevo inicio, ¡qué maravilla! A veces algo está tan deteriorado que lo único que podemos hacer es empezar de nuevo. En griego hay dos palabras que significan "nuevo". Una es *chrono* que se refiere a "nuevo en el tiempo". Tú solías tener un auto viejo, pero ahora tienes un auto nuevo. La otra palabra es *kainos* y se refiere a "nuevo en especie". Juan usa *kainos* en este pasaje.

El nuevo cielo y la nueva tierra no solo serán más recientes, además, serán más importantes y de mejor calidad. Estos nunca perecerán, como los antiguos. Esta nueva creación no ha sido infectada por el pecado, ni lo estará jamás. La muerte nunca se verá en la obra actualizada de Dios. Cuando se vaya lo viejo y venga lo nuevo, todo será mejor.

El hecho de que lo nuevo haya mejorado no significa que lo antiguo fuera malo. Cuando Dios creó todo, declaró que sería bueno. Fue hasta que tomamos lo que Dios creó con nuestras manos pecaminosas que todo empezó a deteriorarse. Hay un precedente de que Dios mira a su alrededor y decide empezar de nuevo.

Si bien la creación empezó a partir de una relación cercana entre Dios y los primeros dos humanos, tan pronto el pecado entró al mundo, empezó la corrosión. Si hay una actividad en la que la gente destaca, es la rebelión. Conforme las generaciones que siguieron a Adán y Eva se expandieron y multiplicaron, también fue así con su capacidad y creatividad para pecar. Para cuando llegó Noé, todo estaba irremediablemente fuera de control.

> Y vio Jehová que la maldad de los hombres era mucha en la tierra, y que todo designio de los pensamientos del corazón de ellos era de continuo solamente el mal. Y se arrepintió Jehová de haber hecho hombre en la tierra, y le dolió en su corazón. Y dijo Jehová: Raeré de sobre la faz de la tierra a los hombres que he creado, desde el hombre hasta la bestia, y hasta el reptil y las aves del cielo; pues me arrepiento de haberlos hecho. Pero Noé halló gracia ante los ojos de Jehová (Apocalipsis 6:5-8).

En esa última línea aparece la esperanza de la humanidad. La rectitud de ese hombre es la razón por la que tú y yo estamos vivos. Dios vio que debía deshacerse de lo viejo antes de crear lo nuevo, así que envió una inundación para destruir todo excepto lo que estuviera en el arca. Una vez que la inundación se calmó y Noé volvió a pisar tierra firme, experimentó el nuevo comienzo de Dios.

Cuando la humanidad pecó contra Dios, trajo la muerte. Esta mortalidad no era solo para los humanos, sino también para la naturaleza. El profeta Isaías aludió a esto:

> Alzad a los cielos vuestros ojos,
> y mirad abajo a la tierra;
> porque los cielos serán deshechos como humo,
> y la tierra se envejecerá como ropa de vestir,
> y de la misma manera perecerán sus moradores;
> pero mi salvación será para siempre,
> mi justicia no perecerá (Isaías 51:6).

Ese será el estado de la tierra luego de la tribulación. Estará vieja y rota, como una camiseta manchada, deshilachada y llena de agujeros. Ni todo el amor del mundo o el sastre más cuidadoso podría restaurarla. Es mejor tirarla a la basura y comprar una nueva. Isaías nos dice que eso es exactamente lo que Dios hará: "Porque he aquí que yo crearé nuevos cielos y nueva tierra; y de lo primero no habrá memoria, ni más vendrá al pensamiento" (Isaías 65.17). El apóstol Pedro también se refiere a esta nueva creación e incluso nos muestra lo que podría pasar durante la demolición.

> Puesto que todas estas cosas han de ser deshechas, ¡cómo no debéis vosotros andar en santa y piadosa manera de vivir, esperando y apresurándoos para la venida del día de Dios, en el cual los cielos, encendiéndose, serán deshechos, y los elementos, siendo quemados, se fundirán! Pero nosotros esperamos, según sus promesas, cielos nuevos y tierra nueva, en los cuales mora la justicia (2 Pedro 3:11-13).

Igual que en la época de Noé, Dios protegerá a los justos de la destrucción y nos liberará en tierra firme, donde seremos parte de su nuevo comienzo.

Cuando Juan comprueba la nueva creación de Dios, observa que no hay mar. "Amir, ¿cómo puede ser el paraíso? No puedo imaginar la vida si no puedo mover los dedos de mis pies entre la arena o ver el atardecer sobre el océano". Primero, nos acercamos a la parte del capítulo 21 donde "no habrá más sol", así que estarás doblemente decepcionado. Y segundo, aquí es cuando debes confiar en Dios y en las cosas maravillosas que hará. Lo que el gran Creador ha planeado para su nuevo cielo y su nueva tierra te hará olvidar que alguna vez tus pies jugaban en la tibia arena.

La pregunta sigue siendo: ¿Por qué no hay mar? No lo sabemos. Sin embargo, antes de que se enojen todos los que tienen ganas de un buen sashimi de atún, vean que Juan dice que "No más *mar*". No dijo que ya no habría cuerpos de agua. Actualmente, la mayor parte de la tierra está cubierta de agua salada. Es posible que Dios simplemente quiera redistribuir la proporción que hay entre tierra y agua.

Entonces la fuerte voz del trono vuelve a hablar:

> Y oí una gran voz del cielo que decía: He aquí el taber-
> náculo de Dios con los hombres, y él morará con ellos;
> y ellos serán su pueblo, y Dios mismo estará con ellos
> como su Dios. Enjugará Dios toda lágrima de los ojos
> de ellos; y ya no habrá muerte, ni habrá más llanto, ni cla-
> mor, ni dolor; porque las primeras cosas pasaron (Apoca-
> lipsis 21:3-4).

Este será un mundo de Emanuel, ¡Dios estará con nosotros! Nuestras plegarias no serán solo de espíritu a Espíritu Santo o de corazón
a corazón, sino serán interacciones cara a cara. ¡Imagínate eso! Con
razón no habrá lágrimas o sufrimiento. ¡Estaremos en la presencia del
Todopoderoso! Y, por supuesto, ya no habrá muerte o dolor. Estaremos luciendo nuestros cuerpos incorruptibles de resurrección.

Nuevos cuerpos es igual a paz física.

Presencia de Dios es igual a paz espiritual.

Señor, ¡estoy tan preparado y listo para ese día!

Un mensaje del trono

Luego habla Dios. Imagina la quietud en toda la creación mientras la voz del Creador retumba:

> Y el que estaba sentado en el trono dijo: He aquí, yo hago
> nuevas todas las cosas. Y me dijo: Escribe; porque estas
> palabras son fieles y verdaderas. Y me dijo: Hecho está. Yo
> soy el Alfa y la Omega, el principio y el fin. Al que tuvie-
> re sed, yo le daré gratuitamente de la fuente del agua de
> la vida. El que venciere heredará todas las cosas, y yo seré
> su Dios, y él será mi hijo. Pero los cobardes e incrédulos,
> los abominables y homicidas, los fornicarios y hechiceros,
> los idólatras y todos los mentirosos tendrán su parte en el
> lago que arde con fuego y azufre, que es la muerte segun-
> da (Apocalipsis 21:5-8).

El Señor introduce una declaración de resumen cuando dice: "He aquí". Esto significa esencialmente: "¡Presta atención! Tienes que escuchar lo que voy a decir". ¿Qué quiere que sepamos? Que su obra está completa. Él ha terminado su recreación, e inherente a sus palabras está la declaración "¡Y es bueno!". Esta es la declaración que da a todos los que están con Él en su nuevo cielo y su nueva tierra, incluyendo a nuestro "yo" del futuro.

Pero entonces, Él tiene algo más que decir, esta vez, a los actuales nosotros. Para demostrar esta transición, Dios habla directamente a Juan, lo que probablemente hizo que las rodillas del escriba comenzaran a tambalearse un poco. Recuerda que el propósito de Juan es tomar lo que escribió y llevarlo de vuelta a la Iglesia. Este es su cuádruple mensaje para nosotros.

Primero, el juicio de Dios es por una razón y solo por una temporada. Debe cumplirse porque el pecado exige una indemnización. Para quienes acepten el pago que Jesús hizo por sus pecados, ya no deben pagar más. Para aquellos que rechazan su regalo de salvación, la paga de su pecado es la muerte, la separación eterna de Dios. Pero llegará un momento en que el plan de Dios se completará y dirá: "¡Hecho está!".

En segundo lugar, podemos estar seguros de que el plan que Dios ha trazado en este libro se llevará a cabo. ¿Por qué? Porque Él es el Alfa y la Omega, el principio y el fin. Él es el soberano que tiene el poder para llevar a cabo sus designios, así como la sabiduría y la bondad para asegurar que sea un plan justo y perfecto.

En tercer lugar, para los que nos comprometemos a seguir a Dios, todo lo bueno que se encuentra en los veinte capítulos anteriores del libro nos pertenece. Somos su familia y vamos a heredar todas las cosas, tal y como Pablo escribió en Gálatas: "Así que ya no eres esclavo, sino hijo; y si hijo, también heredero de Dios por medio de Cristo" (Gálatas 4:7). Esto incluye vida eterna, y el nuevo cielo y la nueva tierra.

Finalmente, para aquellos que aún viven en sus caminos pecaminosos, todo lo malo que se encuentra en los veinte capítulos anteriores del libro les pertenece. La ira, el juicio y castigos eternos están reservados para quienes decidan confiar en sí mismos para su eternidad, en vez de Dios. Tendrán exactamente lo que su rebelión merece.

La nueva Jerusalén

Cuando Dios terminó de decir lo que tenía que decir, uno de los ángeles de las copas volvió para llevarse a Juan.

> Vino entonces a mí uno de los siete ángeles que tenían las siete copas llenas de las siete plagas postreras, y habló conmigo, diciendo: Ven acá, yo te mostraré la desposada, la esposa del Cordero. Y me llevó en el Espíritu a un monte grande y alto, y me mostró la gran ciudad santa de Jerusalén, que descendía del cielo, de Dios, teniendo la gloria de Dios. Y su fulgor era semejante al de una piedra preciosísima, como piedra de jaspe, diáfana como el cristal (Apocalipsis 21:9-11).

Desde el punto de vista del ángel designado por Juan, él ve algo sorprendente. Una ciudad desciende del cielo. ¡Es enorme! No es como una ciudad o como un país grande. Es del tamaño de un continente. Es más ancha que Europa, de Londres a Kiev. Juan tuvo que haber estado sobre una cima muy alta para ver tan solo una pequeña parte del enorme muro de esa ciudad. Cualquiera que sea la cima de la montaña en la que Juan estaba parado, debió tener una gran elevación para ver más que solo una pequeña porción de una enorme pared. Ah, y otra cosa, ¡es hermosa! Como la más perfecta de las piedras preciosas son sus muros, sus cimientos, sus puertas y calles.

Durante los siguientes veintidós versículos, Juan presenta una descripción de la Nueva Jerusalén que está vestida como lo estaría una hermosa novia para su marido. ¿Por qué Dios da esos detalles? Tal vez porque quiere crear un poco de expectativa respecto a nuestro futuro hogar. Si Él da muchos detalles, podríamos enforcarnos demasiado en el futuro y nuestro servicio no sería tan útil hoy. Si nos da muy pocos detalles, no habría expectativa. Entonces, igual a un padre que envuelve los regalos de Navidad con papel especial y moños elaborados para motivar la imaginación de sus hijos, Dios nos presenta la imagen suficiente para despertar nuestras fantasías y construir nuestras expectativas.

Como ya dije, Juan comienza hablándonos del tamaño de la ciudad. Hubo una época cuando Jerusalén era una gran ciudad. Cuando el rey Salomón tomó control de Israel de su padre, David, el Señor lo bendijo con sabiduría, poder y riquezas. La capital atrajo a personas de muchas naciones que llegaron solo a escuchar las palabras del rey y ser testigos de la belleza de la ciudad. Pero luego, bajo el control de Roboam, el hijo de Salomón, el reino se dividió y Jerusalén nunca más fue la misma. Incluso hoy, si bien puede ser "grande" en influencia regional, no puede considerarse así en tamaño y riqueza.

Lo que Juan vio descender del cielo está más allá de los superlativos. No me gustan las palabras inventadas como "megaenorme", pero creo que en este caso puedo hacer una excepción. Porque la Nueva Jerusalén no puede ser descrita con exactitud ni siquiera con frases como "súper masiva" y "realmente muy, muy grande", Dios decidió proporcionar un número. Juan describe la escena: "El que hablaba conmigo tenía una caña de medir, de oro, para medir la ciudad, sus puertas y su muro. La ciudad se halla establecida en cuadro, y su longitud es igual a su anchura; y él midió la ciudad con la caña, doce mil estadios; la longitud, la altura y la anchura de ella son iguales" (Apocalipsis 21:15-16). Doce mil estadios miden más o menos 2220 kilómetros. De nuevo, grande como un continente. Pero esta ciudad cuadrada no solo es así de grande en cada lado, también es así de alta.

"¿Ya ves, Amir? Así puedes saber que estos son números simbólicos. Es un número demasiado grande". Estoy de acuerdo con que son números muy grandes, mi querido amigo fanático de las alegorías. Pero decir que es ridículo que la ciudad literalmente sea tan grande, como hacen algunos, es disminuir al Dios que acaba de completar su segunda creación de un cielo perfecto y una tierra perfecta. No voy a poner a mi Dios ni a sus actos de creación dentro de una caja que diga "Grande, pero no tan grande". Puedes ubicar tu casa eterna en cualquier aldea periférica que quieras. Pero yo buscaré un lindo apartamento de cuatro habitaciones por el piso 240000 del rascacielos de la Nueva Jerusalén. Una vista panorámica genial, y espero que con elevadores supersónicos.

El siguiente hecho que aprendemos de la Nueva Jerusalén es que no hay palabras para describir su belleza. Si ya hicimos una excepción con "megaenorme", tal vez debemos pensar en otra palabra como "megabellísima". Mientras Juan intentaba describir lo brillante que eran los colores que vio, acudió a comparaciones con objetos que son hermosos y muy valiosos: las piedras preciosas.

> El material de su muro era de jaspe; pero la ciudad era de oro puro, semejante al vidrio limpio; y los cimientos del muro de la ciudad estaban adornados con toda piedra preciosa. El primer cimiento era jaspe; el segundo, zafiro; el tercero, ágata; el cuarto, esmeralda; el quinto, ónice; el sexto, cornalina; el séptimo, crisólito; el octavo, berilo; el noveno, topacio; el décimo, crisopraso; el undécimo, jacinto; el duodécimo, amatista. Las doce puertas eran doce perlas; cada una de las puertas era una perla. Y la calle de la ciudad era de oro puro, transparente como vidrio (Apocalipsis 21:18-21).

Es muy posible que cada capa de los cimientos fuera exactamente lo que Juan dijo que era: una enorme piedra preciosa, creada milagrosamente. Pero es el "oro, como el cristal transparente" lo que me hace pensar que tal vez él se enfrenta a algo tan sorprendente que el idioma griego simplemente le falla.

Cuando Juan mira a su alrededor, se da cuenta de que falta algo. ¿Cómo puede ser esta la ciudad de Dios si no hay un templo donde adorar? Un templo, o el deseo de un templo, ha sido un factor definitorio de Jerusalén desde la época de los planes de David y la construcción de Salomón. Pero ahora en esta ciudad definitiva y permanente, falta el edificio sagrado. Rápidamente, sin embargo, Juan se da cuenta de lo que está pasando y explica que "el Señor Dios Todopoderoso y el Cordero son su templo" (versículo 22). ¿Por qué es necesario tener una estructura que represente la presencia de Dios cuando se tiene a Dios mismo en la ciudad? Todos tendrán acceso al Padre y al Cordero, y no habrá necesidad de sacrificios porque el pecado y la muerte han sido eliminados.

También hay un cambio en los cielos, de modo que el sol y la luna ya no son necesarios. Juan escribió: "La ciudad no tiene necesidad de sol ni de luna que brillen en ella; porque la gloria de Dios la ilumina, y el Cordero es su lumbrera" (versículo 23). La luz para el mundo vendrá de la Luz del Mundo. "Pero, Amir, a mí me cuesta dormir si hay mucha luz en mi habitación. Si no duermo me voy a convertir en un zombi". Te entiendo, solo recuerda que tendrás tu cuerpo de resurrección. No se agotará como lo hace ahora. Así que no te preocupes si no duermes ocho horas todas las noches. Y si quieres hacer una siesta porque te gusta dormir, lo único que tendrás que hacer es correr las cortinas.

A continuación, Juan se ve sorprendido por una verdad más. Al fin la ciudad santa es literalmente la ciudad santa. No habrá pecado ni oscuridad. Solo habrá rectitud. Eso es porque los únicos que vivirán allí son "los que están escritos en el Libro de la Vida del Cordero" (versículo 27). ¿Cómo puede Juan estar seguro de ello? Porque ellos son todos los que quedan. Todo aquel cuyo nombre no estaba en ese libro —que pertenece al Cordero— ya ha sido juzgado y está trágicamente sufriendo su castigo.

El río y el árbol

Uno de los hijos de Coré escribió un salmo profético. En él, escribió sobre la ciudad de Dios y una vía navegable:

> Del río sus corrientes alegran la ciudad de Dios,
> el santuario de las moradas del Altísimo.
> Dios está en medio de ella; no será conmovida.
> Dios la ayudará al clarear la mañana" (Salmos 46:4-5).

Durante la mayor parte de la existencia de Jerusalén, hubo una importante fuente de agua conocida como el manantial de Gihon. En la segunda venida, cuando Jesús regrese al final de la tribulación, Ezequiel nos dice que el agua fluirá de debajo del templo y eventualmente se convertirá en un río. Pero ambas fuentes solo produjeron agua común y corriente. En la Nueva Jerusalén habrá un nuevo río con un tipo especial de agua.

> Después me mostró un río limpio de agua de vida, resplandeciente como cristal, que salía del trono de Dios y del Cordero. En medio de la calle de la ciudad, y a uno y otro lado del río, estaba el árbol de la vida, que produce doce frutos, dando cada mes su fruto; y las hojas del árbol eran para la sanidad de las naciones. Y no habrá más maldición; y el trono de Dios y del Cordero estará en ella, y sus siervos le servirán, y verán su rostro, y su nombre estará en sus frentes. No habrá allí más noche; y no tienen necesidad de luz de lámpara, ni de luz del sol, porque Dios el Señor los iluminará; y reinarán por los siglos de los siglos (Apocalipsis 22:1-5).

El agua de la vida brota de la Fuente de la Vida: Dios mismo. Mientras se derrama por la calle, nutre al árbol de la vida, que se levanta majestuosamente sobre la corriente de agua. El árbol da frutos, y sus hojas sirven para curar. ¿Por qué hace falta sanar si no habrá enfermedades o muerte? La palabra sanar no se limita a la idea recibir sanidad de una enfermedad. También puede referirse a una curación terapéutica, lo que encaja en la idea del árbol de la vida y el agua de la vida. Aunque es posible que todo esto se refiera a alguna necesidad física de nuestros cuerpos resucitados —es decir, ser alimentados y refrescados para mantener su vitalidad— no parece ser el caso, debido a la naturaleza incorruptible de nuestros cuerpos renovados.

Se han ofrecido muchas explicaciones, pero ninguna satisface plenamente. Por lo tanto como resultado, deberíamos conformarnos con tomar esto como lo que es: una maravillosa declaración final que Dios nos ofrece para despertar nuestra imaginación sobre lo que viene, pero reteniendo la mayoría de los detalles, porque Él sabe que ninguna lengua hablada en la tierra podría describir la maravillosa eternidad que nos espera.

CAPÍTULO 21

AUN ASÍ, VEN

APOCALIPSIS 22:6-21

Por fin hemos llegado al final de nuestro recorrido por el sexagésimo sexto libro de la Biblia. Recuerdo lo que leímos en el primer capítulo sobre las bendiciones de Dios para quienes leen, escuchan y aplican las verdades del libro de Apocalipsis en su vida. Sé que he sido bendecido por haber escrito este libro y sé que tú has sido bendecido por haberlo leído. ¿Cómo lo sé? Porque Dios prometió bendecirnos, y acá al final de esta carta Él lo promete de nuevo. Primero, leemos estas palabras:

> Y me dijo: Estas palabras son fieles y verdaderas. Y el Señor, el Dios de los espíritus de los profetas, ha enviado su ángel, para mostrar a sus siervos las cosas que deben suceder pronto (Apocalipsis 22:6).

El ángel que le está dando a Juan este recorrido —uno de los que había derramado las siete copas— le aseguró la veracidad de lo que había oído y visto. Pensarías que como el Señor fue quien provocó que ocurrieran estas cosas, la afirmación del ángel es innecesaria. Pero como ya hablamos, y veremos más adelante, hay muchos que dicen: "Sí, las palabras puede que sean fieles y verdaderas, pero las palabras en sí mismas realmente no significan lo que suelen significar". El ángel aquí contrarresta eso diciendo, con toda certeza, que lo que está leyendo es realmente lo que está leyendo.

Jesús irrumpe

De repente, Jesús irrumpe la plática y dice: "¡He aquí, vengo pronto! Bienaventurado el que guarda las palabras de la profecía de este libro" (Apocalipsis 22:7). Esta es la primera vez en este capítulo que el Señor habla de repente (versículos 7, 12-13, 16 y 20). En dos de esas cuatro ocasiones, Él dice: "¡Vengo pronto!". Si te preguntas: "¿Pronto? ¡Una semana, un mes, un año, incluso una década es pronto! ¿Dos mil años? ¡Eso ya no es pronto!". Déjame recordarte que deberías estar agradecido porque la definición que Dios tiene de "pronto" es muy diferente a la tuya. Si Él limitó su significado a nuestra definición terrenal y temporal, en lugar de verlo a través del lente de la eternidad, entonces habría regresado hace mucho tiempo. Eso significa que tú no existirías. No hubieras tenido la oportunidad de experimentar las alegrías de esta vida, la bendecida esperanza de la salvación, las glorias de una eternidad con Dios y la libertad que tienes de quejarte sobre lo "mucho que ha tardado" el Señor en volver a la tierra.

En la segunda parte de la declaración de Jesús es donde encontramos la bendición prometida del Apocalipsis. Pero al recordarnos esto, el Señor también reitera que la lectura del Apocalipsis no es un deporte de espectadores. Eso significa que aprendemos de las palabras de Jesús a las Iglesias en los capítulos 2 y 3, asegurando que mantengamos nuestro primer amor, que nos mantengamos fuertes en medio de la persecución, que protejamos nuestras congregaciones de la herejía y la inmoralidad, y que no caigamos en el nauseabundo estado de la fe tibia.

De los juicios también aprendemos que debemos confiar en que Dios ejecutará su plan perfecto en el momento que decida hacerlo, y que podemos amar a nuestros enemigos con la certeza de que Él traerá justicia en su momento; y como el tiempo es corto, debemos ser una luz para nuestros amigos y familiares ateos y para todas las personas con quienes Él nos ponga en contacto.

Finalmente, estos últimos capítulos nos recuerdan de nuestra recompensa futura, la cual nos ayuda a darnos cuenta de que no somos protagonistas de esta corta vida que vivimos en la tierra. Estamos aquí en esta tierra para ser siervos de Dios. Hemos sido llamados para sacrificarnos y seguir y realizar todo lo que el Señor nos pide hagamos. Además, debemos saber que, desde una perspectiva eterna, nuestra vida en la tierra es apenas un parpadeo comparado con la eternidad que pasaremos disfrutando de las recompensas de nuestra fe y servicio.

Juan se confunde

No sabemos cuánto tiempo pasó del momento que Jesús se le apareció a Juan en Patmos al momento en que termina la revelación. Pero luego de tantas visiones impresionantes, una montaña rusa de emociones y viajes de aquí a allá, mientras escribía todo lo que veía, este anciano discípulo se sintió desubicado.

> Yo Juan soy el que oyó y vio estas cosas. Y después que las hube oído y visto, me postré para adorar a los pies del ángel que me mostraba estas cosas. Pero él me dijo: Mira, no lo hagas; porque yo soy consiervo tuyo, de tus hermanos los profetas, y de los que guardan las palabras de este libro. Adora a Dios. Y me dijo: No selles las palabras de la profecía de este libro, porque el tiempo está cerca. El que es injusto, sea injusto todavía; y el que es inmundo, sea inmundo todavía; y el que es justo, practique la justicia todavía; y el que es santo, santifíquese todavía (Apocalipsis 22:8-11).

¿Adorar a un ángel? Sería fácil reprender a Juan, pero no puedo imaginar haber estado en su lugar. Aprecio cómo el ángel manejó esta situación tan incómoda. Él corrigió a Juan, pero no lo condenó. Detuvo a Juan y le dijo por qué lo que estaba haciendo era incorrecto. Luego le dijo lo que debería hacer. "No me adores. Apenas soy otro siervo. Adora a Dios".

¿Cuánta más gracia y misericordia habría en la Iglesia si nos tratáramos así? En cambio, la cultura del ataque se ha arraigado en la novia de Cristo. Te sorprendería si pudieras ver apenas unos pocos correos o mensajes de redes sociales que recibo todos los días de "personas religiosas" que me atacan porque no están de acuerdo con mi teología o mis decisiones personales. Peor aún, quienes son parte de la Iglesia le hacen lo mismo a quienes están fuera de la familia de Dios; están lanzando palabras de oscuridad a los demás cuando deberían brillar y compartir la luz de Cristo.

Hay otra lección que podemos aprender de este incidente. Vivimos en una cultura que se enfoca mucho en celebridades y personalidades. Jóvenes pueden obtener millones de seguidores en sus cuentas de redes sociales, y esto pasa también en la Iglesia. Los pastores, predicadores y ministerios también tienen seguidores. Esto no es necesariamente algo malo. Pero debemos considerar dos posibles consecuencias. No debemos dejar que estos grupos de seguidores dividan a la Iglesia, y nunca debemos permitir que la admiración que sentimos por una persona eclipse nuestro enfoque en el Señor, lo hagamos de forma intencional o no. Esto es lo que ocurrió en la iglesia de Corinto. Miembros de la congregación eligieron a su líder cristiano favorito y a partir de eso empezaron a formar bandos. En vez de celebrar su posición como seguidores de Cristo, se llamaron a sí mismos seguidores de Apolos o seguidores de Pablo. Pronto, las divisiones se hicieron aparentes dentro de la Iglesia y rápidamente Pablo detuvo esto diciendo: "Así que, ninguno se gloríe en los hombres; porque todo es vuestro: sea Pablo, sea Apolos, sea Cefas, sea el mundo, sea la vida, sea la muerte, sea lo presente, sea lo por venir, todo es vuestro, y vosotros de Cristo, y Cristo de Dios" (1 Corintios 3:21-23).

Estoy muy agradecido por la gran cantidad de seguidores con la que Dios ha bendecido al ministerio Behold Israel. Sin embargo, pido que las personas no acudan al ministerio por el trabajo de las personas, a menos que esa persona sea Jesucristo, el verdadero Mesías, el Rey de reyes, el Señor de señores, el Salvador del mundo. Como todos ustedes, he sido bendecido con ser un simple siervo y seguir el llamado que Dios puso en mi vida.

De nuevo en su sano juicio, Juan escribe el resto del mensaje. El ángel le dice a Juan que se asegure de que las palabras del mensaje que ha escrito se difundan por toda la Iglesia, rápidamente, porque el tiempo es corto. Este es otro recordatorio que el libro del Apocalipsis es para todos. No debería ser solo para teólogos, maestros de profecías, pastores o profesores de seminario. Como toda la Biblia, este libro fue escrito para que las personas lo lean, para que aprendan y para que lo usen como un ejemplo de cómo vivir.

¡Jesús irrumpe de nuevo!

Una vez más, Jesús irrumpe en la conversación. Comienza como esperamos:

> He aquí yo vengo pronto, y mi galardón conmigo, para recompensar a cada uno según sea su obra. Yo soy el Alfa y la Omega, el principio y el fin, el primero y el último (Apocalipsis 22:12-13).

Jesús viene, y trae su recompensa con Él. ¿Qué es esa recompensa? Es ir al lugar que ha preparado para nosotros y una vez ahí experimentar el juicio *bimah,* durante el cual seremos recompensados por nuestro fiel servicio acá en la tierra. Recuerda, Él no viene para llevarnos a un juicio de salvación. Eso no es necesario porque si no eres un creyente de Cristo, no irás con Él. Cuando nos levantamos de esta tierra, no hay nada más que el bien esperándonos para el resto de la eternidad.

Bendiciones del libro

Juan recuerda una vez más al lector que este es un libro con aplicaciones. Haz lo que dice, y serás bendecido:

> Bienaventurados los que lavan sus ropas, para tener derecho al árbol de la vida, y para entrar por las puertas en la ciudad. Mas los perros estarán fuera, y los hechiceros, los

fornicarios, los homicidas, los idólatras, y todo aquel que
ama y hace mentira (Apocalipsis 22:14-15).

La bendición que Juan presenta acá es la última de las siete bendiciones que hemos visto en este libro.

Bienaventurado el que lee, y los que oyen las palabras de
esta profecía, y guardan las cosas en ella escritas; porque
el tiempo está cerca (1:3).

Bienaventurados de aquí en adelante los muertos que
mueren en el Señor. Sí, dice el Espíritu, descansarán de
sus trabajos, porque sus obras con ellos siguen (14:13).

Bienaventurado el que vela, y guarda sus ropas, para que
no ande desnudo, y vean su vergüenza (16:15).

Bienaventurados los que son llamados a la cena de las
bodas del Cordero (19:9).

Bienaventurado y santo el que tiene parte en la primera
resurrección; la segunda muerte no tiene potestad sobre
estos, sino que serán sacerdotes de Dios y de Cristo, y reinarán con él mil años (20:6).

Bienaventurado el que guarda las palabras de la profecía
de este libro (22:7).

Bienaventurados los que lavan sus ropas, para tener derecho al árbol de la vida, y para entrar por las puertas en la
ciudad (22:14).

Antes de abrir este libro, ¿tenías idea de que el Apocalipsis es un
texto de tanta bendición? La mayoría lo ve solo como un libro de
mal agüero. Sin embargo, la Estrella Brillante de la Mañana resplan-

dece a través de la noche oscura de la ira. ¡Jesucristo es nuestra esperanza, nuestra alegría, nuestra paz y nuestra salvación!

De nuevo, Jesús vuelve a irrumpir

Jesús nos recuerda que Él es el autor de este libro, los ángeles han sido los guías turísticos y Juan es solo el escriba.

> Yo Jesús he enviado mi ángel para daros testimonio de estas cosas en las iglesias. Yo soy la raíz y el linaje de David, la estrella resplandeciente de la mañana (22:16).

Esta es la primera vez, desde el capítulo 3, que vemos a la Iglesia. De nuevo, para quienes quieren ver a la Iglesia durante la tribulación, no está ahí. La tribulación no es una época amorfa de "prueba espiritual" para el pueblo del nuevo pacto de Dios durante largo tiempo, como dicen algunos. Tampoco se trata de una purificación de siete años de la novia, como afirman otros. ¡La tribulación no es para la Iglesia! Este periodo, durante el cual la ira de Dios caerá sobre la tierra, tiene dos propósitos: disciplinar a la no creyente nación de Israel y castigar a los gentiles ateos. Si no estás contento con esa declaración, debo decir que no te entiendo. Lo que digo no solo se alinea con lo que hemos visto bíblicamente, además nos hace ver el futuro con alegría.

¡Ven!

Cuando mi esposa Miriam y yo nos comprometimos, atesoré cada momento que tuve con ella. Estar a su lado se sentía tan bien. Juntos estábamos completos. En los momentos que nos separábamos, no podía esperar a que estuviéramos juntos de nuevo. Nuestro deseo de estar juntos se basaba en el amor y la alegría, y en el conocimiento de que Dios nos llamaba a unirnos como uno solo. Ese mismo tipo de emoción siento cuando leo estas palabras:

> Y el Espíritu y la Esposa dicen: Ven. Y el que oye, diga: Ven. Y el que tiene sed, venga; y el que quiera, tome del agua de la vida gratuitamente (Apocalipsis 22:17).

Estas palabras están llenas de pasión. A veces escucho a predicadores leerlas durante sus servicios de una forma tan tediosa y monótona que me dan ganas de saltar de mi asiento y preguntarles: "¿Te das cuenta de lo que acabas de leer?". El Espíritu Santo, quien conoce los planes que el Padre tiene para la Iglesia, le pide a la novia que llegue a su lado. La novia, cuyo amor por su prometido es tan profundo que podría escribir una segunda parte al Cantar de los Cantares, clama para que el Hijo la lleve con Él al hogar que ha preparado.

Entonces Juan se dirige a ti, el que ha escuchado estas palabras, el que ha leído esta carta, con la plena expectativa de que tu respuesta sea igual a la del Espíritu y la novia. "¡Ven!", clamas. "¡Señor, estoy listo para verte! ¡Ven! Llévame a tu lado. Ven, Señor Jesús, ¡ven!".

Si no estás listo para pedir a gritos el retorno de Cristo, Juan tiene algo que decirte. Si no has tomado suficiente Agua de la Vida, ven. Está ahí para ti, ven. No cuesta nada para ti, ven. Te dará todo lo que verdaderamente importa, ven. Si tu deseo es pasar la eternidad con Dios en el nuevo cielo y la nueva tierra, bebe del Agua de la Vida, amigo mío. Recibe a Jesús como tu Salvador. Síguelo como tu Señor. Bebe libremente del Agua de la Vida y Él te hará suyo.

Una advertencia

Cuando la carta llega a su fin, Juan hace una advertencia. Él sabe la naturaleza de las profecías de esta carta. Él sabe que el engañador ya está trabajando dentro de la Iglesia e intenta destruir lo que Dios ha establecido a través de los apóstoles. Sabe que lo último que quiere Satanás es que la gente sepa que los "rumores" de su futura desaparición no son en absoluto exagerados, sino totalmente exactos. Así que Juan advierte a la gente y les dice que lo mejor para ellos es no manipular el texto.

> Yo testifico a todo aquel que oye las palabras de la profecía de este libro: Si alguno añadiere a estas cosas, Dios traerá sobre él las plagas que están escritas en este libro. Y si alguno quitare de las palabras del libro de esta profecía, Dios quitará su parte del libro de la vida, y de la santa

ciudad y de las cosas que están escritas en este libro (Apocalipsis 22:18-19).

No es la primera vez que un escritor bíblico hace una advertencia como esta. Moisés quería asegurarse de que nadie, después de él,
empezara a cambiar cosas de la Torá, así que escribió: "No añadi-
réis a la palabra que yo os mando, ni disminuiréis de ella, para que
guardéis los mandamientos de Jehová vuestro Dios que yo os orde-
no" (Deuteronomio 4:2). Agur, en el libro de Proverbios, dio una
advertencia general de no meterse con las palabras de Dios, diciendo: "Toda palabra de Dios es limpia; Él es escudo a los que en él esperan. No añadas a sus palabras, para que no te reprenda, Y seas hallado
mentiroso" (Proverbios 30:5-6).

El libro del Apocalipsis, como el resto de la Biblia, es un regalo para la humanidad. Dios quería darnos una visión general, desde
antes del comienzo del tiempo hasta que el tiempo no sea más, así que
comisionó al Espíritu Santo para que moviera a los hombres fieles
a escribir su historia. Eso es exactamente lo que encontramos desde
Génesis hasta Apocalipsis. Cada libro, cada división, cada versículo
tiene un propósito y nos fue dado por una razón. Imagina lo perdidos que estaríamos sobre las cosas que importan en este mundo si
no hubiéramos sido bendecidos con la Biblia, este libro tan precioso.

Otra vez Jesús irrumpe, una y otra vez

Una última vez, nuestro amoroso Esposo nos recuerda que viene
por nosotros:

> El que da testimonio de estas cosas dice: Ciertamente
> vengo en breve. Amén; sí, ven, Señor Jesús (Apocalip-
> sis 22:20).

Si alguna vez has querido ver el corazón de Jesucristo, solo mira
en su triple recordatorio, en este capítulo, que no pasará mucho
tiempo hasta que lo veamos. En cualquier momento que tengamos dudas o ganas de gritar: "¿Cuánto más, oh, Señor?", debemos

recordar estas palabras. Así como estar otra vez con Miriam borraba los recuerdos de cuando estábamos lejos el uno del otro, la emoción de finalmente ver el rostro de nuestro Salvador será tan maravillosa que disipará la larga espera de su retorno.

Así, cuando Jesús nos dice que viene pronto, repetimos las palabras de cierre de la carta de Juan y las utilizamos para concluir este libro:

> El que da testimonio de estas cosas dice: Ciertamente vengo en breve. Amén; sí, ven, Señor Jesús. La gracia de nuestro Señor Jesucristo sea con todos vosotros. Amén. (Apocalipsis 22: 20-21).

NOTAS

1. Paige Patterson, ed. E. Ray Clendenen (Nashville, TN: B&H, 2012), introducción Logos Bible Software.

2. Stanley Toussaint, *Revelation*, una clase en video para los exalumnos del Seminario Teológico de Dallas, media.dts.edu.

3. Toussaint, *Revelation*.

4. Robert L. Thomas, *Revelation 1-7: An Exegetical Commentary, Vol. 1* (Chicago, IL: Moody, 1992), ubicaciones en Kindle 9216-9219.

5. Toussaint, *Revelation*.

6. "¿Israel obtuvo todas las buenas tierras?", *Israel Advocacy Movement*, www.israeladvocacy.net.

7. "La población de Israel aumenta 9.25 millones, a pesar de la tasa de crecimiento, disminuyó la migración", *The Times of Israel*, 16 de septiembre de 2020, https://www.timesofisrael.com/israels-population-up-to-9-25-million-but-growth-rate-immigration-down/.

8. John F. Walvoord, *The Revelation of Jesus Christ* (Chicago, IL: Moody 1989), 142.

9. Thomas, *Revelation 1-7: An Exegetical Commentary*, 476-477

10. Albert Barnes e Ingram Cobbin, *Barnes' Notes on the New Testament* (Naples, FL: Grace Works Multimedia, 2008), ubicación en Kindle 100000.

11. Charles C. Ryrie, *Revelation* (Chicago, IL: Moody, 2008), ubicación en Kindle 72.

12. Chris Baraniuk, "¿Cómo es navegar un barco enorme en los mares más activos de la tierra?", *BBC Future*, BBC, 26 de noviembre de 2016, https://www.bbc.com/future/article/20161128-what-its-like-to-sail-colossal-ships-on-earths-busiest-sea.

13. Walvoord, *The Revelation of Jesus Christ*, 194.

14. Ryrie, *Revelation*, ubicación en Kindle 121.

15. Walvoord, *The Revelation of Jesus Christ*, 214.

16. Tim LaHaye y Timothy E. Parker, *The Book of Revelation Made Clear* (Nashville, TN: Thomas Nelson, 2014), ubicación en Kindle 118.

17. W.E. Vine, Merrill F. Unger, and William White Jr., *Vine's Complete Expository Dictionary of Old and New Testament Words* (Nashville, TN: Thomas Nelson, 1996), 26-27.

18. Walvoord, *The Revelation of Jesus Christ*, 259.

19. Ryrie, *Revelation*, ubicación en Kindle 145.

20. LaHaye and Parker, *The Book of Revelation Made Clear*, ubicaciones en Kindle 146-147.

21. Charles R. Swindoll, *Charles R. Swindoll's New Testament Insights: Insights on Revelation* (Grand Rapids, MI: Zondervan, 2001), 230.

22. Grant R. Osborne, *Revelation Verse by Verse* (Bellingham, WA: Lexham Press, 2016), ubicaciones en Kindle 314-315.

23. Osborne, *Revelation Verse by Verse*, ubicación en Kindle 12.